园中偶拾

一位幼儿教师的教育叙事

凌素凡 著

浙江工商大学 出版社
ZHEJIANG GONGSHANG UNIVERSITY PRESS

·杭州·

图书在版编目（CIP）数据

园中偶拾：一位幼儿教师的教育叙事 ／ 凌素凡著
. — 杭州：浙江工商大学出版社，2024.8
ISBN 978-7-5178-5886-7

Ⅰ．①园… Ⅱ．①凌… Ⅲ．①幼儿教育学－文集
Ⅳ．①G610-53

中国国家版本馆CIP数据核字(2024)第005133号

园中偶拾：一位幼儿教师的教育叙事
YUAN ZHONG OU SHI：YI WEI YOUER JIAOSHI DE JIAOYU XUSHI
凌素凡 著

责任编辑	唐　红
责任校对	林莉燕
封面设计	朱嘉怡
插　　画	缪锦芊
责任印制	包建辉
出版发行	浙江工商大学出版社
	（杭州市教工路198号　邮政编码310012）
	（E-mail：zjgsupress@163.com）
	（网址：http://www.zjgsupress.com）
	电话：0571-88904980，88831806（传真）
排　　版	杭州彩地电脑图文有限公司
印　　刷	杭州捷派印务有限公司
开　　本	710mm×1000mm　1/16
印　　张	16
字　　数	260千
版 印 次	2024年8月第1版　2024年8月第1次印刷
书　　号	ISBN 978-7-5178-5886-7
定　　价	62.00元

园中偶拾，妙手得之

浙江师范大学教授　步社民

素凡曾是我的学生。不过，这些年，我对她有了新的认识。

岁月积淀，经过幼教职场多年的耕耘磨炼、多年的实践思考，她有了更丰富的专业内涵，她的眼神里更增添了智慧之光。这本《园中偶拾：一位幼儿教师的教育叙事》就充满了智慧之光。

"偶拾"是专业成长的方式。聊聊与孩子们的那些事儿，与课程的那些事儿，与阅读的那些事儿，聊着聊着，我们与孩子一起成长了。素凡在和我讨论本书结构的时候，她忽有所悟，觉得"偶拾"其实是幼儿园一线教师开展叙事行动研究的一种常态化方法、一种朴素的路径、一种专业成长的范式。我深以为然。我们在幼儿园里做教师，需要"用成长陪伴成长"。所谓"常态化"，就是在实践中研究，基本的方法就是叙事；叙事的基本路径，就是与孩子们互动，就是课程实践、阅读思考；而"事"从哪里来？园中偶拾。

偶，是不经意的、情境中的；拾，是有选择的，要有发现的眼光。"偶拾"的过程，发生在幼儿一日生活中，发生在师幼互动、课程实施、同侪协作、环境创设及家园协作中。对"偶拾"的叙事，是一个讲故事的过程，也是一个反思的过程。"偶拾"的不断积累、回味和琢磨，促进了教师成长、幼儿园教育质量的提升。

"偶拾"是集腋成裘的过程。用心很重要。幼儿园里的"事"在常人看来平凡又琐碎，一时承受不算什么，但天天面对，会消磨很多人的初心和热情。难能可贵的是，我们能从平凡和琐碎中发现意义，发现对孩子成长、对自己成长的意义，进而发现自己所从事的工作对家庭幸福、社区美好、社会进步的意义，我们的感受就不一样了，初心和热情就会被持续点燃，我们就会发现时时处处皆有可"偶拾"的珍珠。就如素凡在本书里描述的："作为游戏的观察者，我很喜欢用文字记录、思考每一个孩子的各种表现，形成一个个故事。我发现，每一个小故事里都藏着大道理。"眼中所见，心中所感，有爱有生活，在朴实和真切中便见意义。这种可贵，在于迷恋。范梅南说："教育学是迷恋人的成长的学问。""迷恋"赋予了我们一双慧眼、一双妙手，让平凡而琐碎变得有趣而动人；而且我们会因此长出一种"吸收性心智"，那些平日里的平凡都会变成有意思的场景，让我们的"偶拾"变得丰富多彩。就如《幼儿园教师之歌》的歌词"生活琐碎里，圣化终有时"，琐碎之所以能"圣化"，是因为琐碎的日常中有"大道理"——一种藏于生活细节里的价值感和方向感。

文章本天成，妙手偶得之。"天成"的意思就是不刻意。刻意去做研究、写文章、做项目，曾让我们苦不堪言。我们只是"偶拾"，在保教生活里"偶拾"，在"偶拾"里思考，在"偶拾"里收获。这多好啊！

读《园中偶拾：一位幼儿教师的教育叙事》，先是有亲切感，因为一切都是我们熟悉的场景；再是有敬佩感，类似的情境我们也遇到过，但我们往往觉得很平常，但到了素凡的笔下，怎么就妙笔生花了呢？

妙笔生花，功夫在身外。其一，要依托自己熟悉的生活，这是把故事讲得生动的前提。故事需要细节，没有人比我们更了解细节、更了解现场，这是我们的优势。教育学者莫源秋说："我从未写过，也从未尝试去写自己工作和生活以外的东西。我所有的文章中都可以找到我工作或生活的影子。我主张，大家研究和写作应该充分利用我们所熟悉的工作和生活，写出我们在其中的所获与所悟。"在熟悉的生活里，"偶拾"才会发生；写熟悉的生活，我们才能得心应手。这本书里的所有文字都与"熟悉的生活"有关。

其二，在"熟悉的生活"里思考。写熟悉的生活，目的是改善熟悉的生活，探索更美好的风景，那一定离不开思考。素凡在书里谈到《3—6岁儿童学习与发展指南》颁布10余年，大家都学习了，有的地方还组织了考试，但保教实践依旧没有得到根本的改变。究其原因，最大的阻碍是教师缺乏反思性学习能力，也缺乏温故而知新的时间和空间。素凡说，教育生活里可以有无数的偶拾，在偶拾里不断发现、探索，我们才能把握事物内在规律，从而在梳理与思考中真正获得专业发展。幼儿园教师的职业生涯由许多琐碎的小事堆积而成。随着时间的积累，我们可以获得经验。经验确实是宝贵的，但又是个人化的、局部的、碎片的、感性的，经验上升到理性层面才可称作"把握事物内在的规律"，才可以发挥举一反三的作用。

如何让经验成为养料助推我们更好地成长呢？就是要把这些经验及时写下来，白描式的、情境式的，再加上我们的反思，日积月累，必有妙处。这个过程中有两个要素缺一不可："经历的琐碎"和"我们的反思"。没有"琐碎"，意味着没有情境、没有故事、没有细节，就看不到自己走过的脚印，就失去了思考和研究的基础；但"琐碎"若只是流水账式的记录，没有感悟，没有思考，就看不到"琐碎"折射出的亮点，看不到"琐碎"对于孩子成长的意义，判断不了教师的行为是否适宜，"琐碎"就成了纯粹的琐碎。

其三，带着细节与思考去阅读。在素凡的叙事里，我们能读到大量的引用文字。本书第三辑"与阅读的那些事儿"更是以阅读为线索品味保教现场的经历与细节。这些信手拈来的引用拓展了看问题的角度，让"叙事研究"站到了巨人的肩膀上。做到"信手拈来""大量引用"，其背后是博览群书。她说，作为一名儿童研究者，书是引领研究方向、深化研究思维、照亮研究过程的方向灯。特别令人赞赏的是，她的阅读从来不是"纯粹"的，她总是从书中跳到书外，让书与自己在幼教实践中的种种经历勾连起来；又从书外跳到书内，让源头活水与半亩方塘相映照，让不同的观点在比较中碰撞、在交织中丰富。这样的阅读是对话式阅读、参与式阅读、联想式阅读，其过程是反思和实践，这个厘清观念的过程，也是阅读审美的过程，值得同行学习与借鉴。同时，她在阅读中实现了对保教实践活动的审视，提升了思想表达能力。这是一个美丽的循环：实践、反思、阅读、写作，更清晰的实践、更深刻的反思、更广泛而有针对性的阅读、更精彩的写作……如此不断反复，螺旋式上升，引导我们进入幼教专业能力提升的美妙境界。

其四，把"写"当作自己喜欢的事儿。素凡说："从教20余年最喜欢做的事情，无疑是写点东西——将自己的所见所闻用文字描绘出来。"她还说："做孩子喜欢的老师是我一辈子最想做的事情。20多年来，我认识了四五百个孩子。每一个孩子都是独立的个体，都会给我带来不一样的故事，而每个故事又带给我不一样的情感体验和深入思考。我觉得我与每一个孩子的遇见都是最美好的缘分，我爱每一个孩子，我也谢谢每一个孩子，做他们的启蒙老师，是我最荣幸也是最值得炫耀的事情。"这里有两个"最"：最喜欢写点东西，最想做孩子喜欢的老师。细细品味，这两个"最"表达了共同的取向。正如素凡自己所说："在这个过程中发现的乐趣、思考的乐趣、表达的乐趣、专业的乐趣，最终会归结到对孩子、对幼教独特性的理解上。"

"没有什么能比在纸上写下一行行句子，更有魔力，更加美好。全部的美都在这里了。一切都在这里。任何奖赏也都没有写作本身更伟大，其他都是次要的。" 美国作家查尔斯·布考斯基说。他还说："写作是唯一的，在你和不可能之间。"就幼儿园教师来说，我们通过写作记录、表达我们在保教现场的"偶拾"及其感悟和思考，表达我们的教育主张，体现我们的创造力和思想力，彰显我们这个行业从业者的专业水准，改变幼儿园教师婆婆妈妈的刻板印象，把很多"不可能"变成"可能"，把"可能"变成"现实"。越来越多的幼儿园教师这样做了，整个行业就会因此变得美丽起来。

在柔美的文字中发现叙事的力量

温州市学前教育指导中心主任　陈　苗

素凡曾说，自己没什么爱好，就是喜欢写点东西。当我翻开她的书稿时，近 30 万字，才真切体会到她的"小爱好"里藏着"大宇宙"啊！她以自己独特的视角来拾取、叙述她与儿童、与课改、与阅读的那些事儿，每件事都来源于生活中的真实场景。她时而是一名观察者，时而是一名研究者，时而又是一名反思者。读她的文字，有现场感，充满亲和力，有温暖的感觉。

素凡始终怀着好奇心走进教育现场。每次入园调研，她总会在看似平常的物件摆放、场景布置和话语表述中发现一些"哇"的时刻，并会露出惊奇的表情，活像个"好奇宝宝"。诚然，因为"好奇"，她的所见、所思、所悟才有其独特之处。比如在一次幼儿园的等级评估中，她的"好奇"引发了大家的深度感悟，从园长的"长"字延伸到了管理智慧、课改智慧、团建智慧。这些事件如果没有一双发现的眼睛，用心地提炼，可能一晃而过，成为平常中的平凡。可见，"好奇"会让平淡的生活变得异常美好，这可能就是发现的力量。

她喜欢运用创新思维来创意实践。"人无我有，人有我优"，不管是组织活动还是撰写文章，只要坚守这样的创新意识，就能让思维活跃起来，让思考变得深刻起来，让行动变得有趣起来，让文字变得灵动起来。在她担任幼儿园教科室主任期间，为了破解课题结题方向的迷茫、整理的匆忙、人员分工忙乱等难点，她创新提出了"三维研讨式"成果提炼法，将课题组成员分成问题发现组、经验分享组、提炼筛选组，让每一个成员在每一组中都能够点对点做事，充分发挥积极性，重燃研究的激情。自从创意实践之后，幼儿园的课题结题不再是一件纠结的事情，"忙、盲、茫"的现象不存在了，教师的获奖率也屡创新高，教师参与课题的积极性也高了，课题研究能力也提升了。我想，这应该就是创新思维带来的"惊喜"。在她的叙事文里，我们可以在组织结构、主题表达及内容叙述上，充分感受到创新思维引发的叙事思考和创意实践的独特性。创新让叙事变得有力量。

她善于利用"三力"来叙事。"眼力、脑力、手力"是她写文章的三要素。观察是叙述表达的核心要素，反思是提升写作深度的根源，撰写是积累教育思想的主阵地。一是提炼核心要素，练就眼力。观察可以是聚焦式观察，也可以是全景式观察。每次步入教育现场，都要怀着好奇心来捕捉"兴趣点""共鸣点""生发点"。比如儿童的一个动作、专家的一句话、场景中的一个材料、活动中的一个环节等，将"敏锐度"与这些"点"进行交互，而后形成素材。二是巧思凝结新观点，练就脑力。反思是写作的重要因素，在不断的质疑、思考中才会形成自身的理念与思想。喜欢思考与质疑，才有深究的可能。三是妙写构筑美文，练就手力。"看了，就要写出来；做了，就要写出来；想了，就要写出来。"这良好的"写作"习惯滋养了她爱写、能写、会写的能力与特质。她说，写好一篇文章是一次最放松的解压方式。敲着键盘、码着文字，就像是与自己进行一次最亲密、最透彻的对话。一次，我与她讨论"儿童文化"的时候，她对"儿童文化"这一概念甚是喜欢，也很想深入了解，于是就购置了与"儿童文化"相关的书籍，并通过文献研究、实践案例解读的方式，从教育场景描述切入，在对话式的行文结构中撰写了一篇《从文化视角发现儿童、尊重儿童、理解儿童》的文章。

我想，素凡对写作的热爱是源于她对叙事思考的内驱力，源于她对叙事表达的行动力，源于她对叙事历程的创造力；而"园中偶拾"更给内驱力、行动力、创造力赋予了叙事的力量。

第一辑　与儿童的那些事儿

第二辑 与课改的那些事儿

第三辑　与阅读的那些事儿

第一辑 与儿童的那些事儿

　　走进儿童的世界，用心观察、用情记录、用脑思考，将儿童生活中、游戏中、学习中发生的事件以一个个小故事进行串联，形成了一个个温暖且有诗意的叙事。对于儿童来说，幼儿园是他们开启人生教育起点的第一站，也是美好童年图景的创生地。这里，有他们最喜欢玩的游戏，有他们最爱逗留的小乐园，有他们最愿意交往的小伙伴，有他们最信任的老师……偶拾，每一空间、每一场景、每一节点的美好，相互交织，成就彼此。

上幼儿园是一件美好的事情

　　米切尔·雷斯尼克在其《终身幼儿园》一书中指出，"在我心中，过去一千年中最伟大的发明是什么呢？是幼儿园"。世界上第一所幼儿园是由德国教育家福禄培尔开办，是一所"发展幼儿活动本能和自发活动的机构"，招收 3—7 岁幼儿。他正式把这一机构命名为"幼儿园"（Kindergarten——幼儿园如同花园），幼儿如同花儿，教师又如园丁，儿童的发展犹如植物的生长，充满生命力与活力。幼儿园，将赋予幼儿一个美好且值得回忆的童年。然而，当孩子要上幼儿园了，也就面临着离开熟悉的环境——"家"，迈入人生的第一个社会——"幼儿园"，家长的焦虑也接踵而来。那么，如何化解"焦虑"，让入园变得美好，这是本章要讲述的内容。

一、化解"入园焦虑"的小妙招

"入园焦虑",主要是指幼儿在刚上幼儿园时出现的分离性焦虑状态。通俗地讲,也就是刚入园的幼儿由于对新环境不适应而出现"惶恐"的心理。很多人认为,"入园焦虑"只是指小班新生,是小班新生出现的不肯入园、哭泣等现象。其实,有"入园焦虑"的还有一群人,他们就是陪同新生入园的"新家长"。通过观察,我们发现这些"新家长"的"焦虑"症状比孩子更加明显,只不过他们呈现的方式不是"哭闹"而已。

◉ 故事:为什么优秀的班主任都是别人家的?

自圆圆决定要上这个幼儿园之后,圆妈就张罗着给她找最好的班主任。因为大家都说,好的幼儿园还不如找一个好的班主任。那么,好班主任的衡量标准是什么呢?有爱心,责任心强,态度和蔼可亲,对孩子耐心、细心……反正好的班主任就是"无可挑剔"的。就这样,圆妈开始向已经毕业的或者已经升入中班的小朋友的家长打听:圆圆这届小班哪位老师是最优秀的?最终,通过各方支援,孩子被安排到大家一致认为优秀的班主任的班级。

但是,只过了半个月的光景,圆妈就觉得这个班主任并不像别人说的"优秀":午睡起床,不会帮孩子穿鞋子;喝水的杯子,要孩子自己放到户外场地;家人发送的信息不会及时回复……在圆妈的眼里,这都是"不作为的表现",照顾宝宝不贴心,家长工作不到位,家长、孩子的体验感不强。反正,优秀的班主任不应该是这样的。

◉ 思考:"不作为"真的是不为吗?

从上述的"故事"里不难发现,家长理所当然地认为:"孩子小,老师帮助他做好所有的事情就是对他最好的照顾。"是这样吗?我们不妨换一种视角,一起来探寻"不作为"行为背后隐藏的教育价值。

我们先来看圆妈认为的"不作为":午睡起床不帮助孩子穿鞋子,户外活动孩子要自己拿杯子。

从立足儿童发展的立场看,这些"不作为"的背后藏着教师的教育智慧呢！首先，穿鞋子是一个基本生活技能，穿好鞋子、穿对鞋子，也是一件不简单的事情。第一步，先要将鞋子摆好；第二步，双脚按左右位置套入鞋子；第三步，粘上魔术贴或拉上小拉链，蹬一蹬腿儿，穿上鞋子啦！老师让孩子自己穿鞋子，是培养孩子自我服务能力，更是帮助孩子习得"自己会做的事情自己做，自己不会的事情学着做"。其次，让孩子自己带水杯也是有原因的。每一个孩子自备一个水壶，就能在户外活动时随时补充水分。很多时候，孩子如果没有带水壶，就会懒得喝水；有了自己的水壶，不用老师提醒，也会自行取用。而户外活动结束后，孩子们再将自己的水壶拿回教室，次数多了孩子就会在与水杯的互动中形成"自己的事情自己做"的良好习惯。

我的脑海里忽然浮现出这样一幅画面：一天清晨，入园的孩子身上背着水壶和背包，手里还拿着被褥，他们有的独立走，有的与大一些的孩子结伴走，自信满满。看到这里，不知道圆妈是否有所启发。"每一个孩子都是独立的个体，只有学会放手，孩子才会长大"，而优秀的班主任会让孩子从入园第一天开始就形成这样的意识：我是一个独立的人，我会做自己的事情，不会的事情学着做。

圆妈提到，老师不及时回复家长信息，其实幼儿园有明确的规定，教师在带班时间是不能带手机的，带班就要全身心地关注孩子。而班主任下班之后，自然会一一回复，只不过是"不及时"而已。相信圆妈了解了之后，一定会改变原先的看法。

● 支招：缓解家长"入园焦虑"三部曲

透过圆妈的故事，我们可以感觉到，很多小班新生家长的"入园焦虑"无非就是希望老师照顾自己的孩子多一点，关注孩子的话语暖一点，孩子在幼儿园里的状态反馈得及时一点，等等，这些都是人之常情。作为老师，我有哪些建议呢？我想，可以从三个方面着手：

一是快速巧妙提炼"关注单"。在小班新生入园之前，大部分幼儿园老师会通过入园前的家访、问卷调查等方式，第一时间了解孩子的兴趣点、需求点等。其实家访和问卷调查可不简单。细心的老师会发现，孩子的兴趣点、需求点就是"家长"的关注点。透过家长的视角，老师初步获悉孩子的一些习惯与爱好。所以，在新生入园时，教师需要结合之前的访谈单、调查单梳理而成的内容，快速形成"关注单"，让个别家长在这段"最漫长"的入园适应期里被关注、被满足，"焦虑"就会得到适当缓解。特别是这些期待"被关注"的家长，在后期有可能成为班级最得力的智囊团、支援团，为班级的家园工作打下扎实的基础。

二是创建小事件"话聊吧"。今天宝宝在幼儿园里吃饭了吗？今天宝宝睡觉了吗？今天宝宝有没有哭呀？……这是新生家长最想咨询的信息。因此，小班的老师可建立"话聊吧"，及时捕捉幼儿生活中的小事件，通过随时记录的方式梳理成"小故事"，发送到班级微信群，让家长亲眼看到孩子"我会自己吃饭""我会自己喝水"等场景，并用孩子的话语告诉家长"自己的事情自己做"的必要性。同时播放一些培养幼儿自理能力的小视频，让家长通过听、看、说的方式，慢慢改变育儿观，懂得放手的价值与意义。

三是形成一家子"关系体"。幼儿园对于孩子来说，就如同一个小社会。如何让孩子以最快的速度、最舒服的方式融入这个圈子，喜欢这个圈子？最关键的是孩子身边的两个人物——"老师与家长"。当老师悦纳每一个孩子，让孩子觉得在园里与在家里同样的安全、温暖时，他自然也就喜欢上幼儿园；当家长学会信任班级老师，她（他）也就会安心地将孩子交到老师的手里，也就会慢慢懂得放手。所以，家长和老师要如同家人一样，相互信任、相互理解、相互体谅；孩子只有生活在"如家"的环境里，才会心情放松，身心愉悦，才会缩短"焦虑期"，真正步入人生的第一个"社会圈"。

二、老师合不合适，由孩子自己说

有的家长说，我家宝宝胆子小，老师需要温柔些，轻声细语最好！

有的家长说，我家宝宝在家里太调皮了，老师应该严厉一点，管得住他！

有的家长说，我家宝宝在家里最喜欢唱歌跳舞了，如果有个活泼可爱、能歌善舞的老师，宝宝一定会很开心，每天都想见到老师！

有的家长说，我家宝宝很多事情都不会，需要一位细心、耐心的老师。

……

"怎样的老师适合自家的孩子？"永远是家长喜欢聊的话题之一。但是，每一个孩子都有不同的个性，老师也是一样的。老师每天面对不同的孩子，不同的孩子每天要面对同一个老师，如何让不同的孩子从同一个老师身上找到各自喜欢的理由，并且对自己的"选择"感到满意呢？关键在于家长的引导，我认为，"老师合不合适，老师好不好"，由孩子自己来说 更为贴切。

我作为一名家长，又是幼儿园老师，从不会在女儿面前谈论她的任课老师怎么样，而是会提及班级里每一位老师对她的关爱与帮助；也会和孩子以"XX 老师最有趣的地方""XX 老师最有意思的动作"为话题闲聊；孩子在听、说、学的过程中总能找到老师的闪光点，拉近与老师的距离。

当然，有时候在接孩子回家的路上，与她分享老师、小伙伴的故事，她也会不经意间提到"今天 X 老师对 Y 小朋友好，对我不好"之类的话语，这时，我就会告诉她，老师对每一位小朋友都是一样的，只不过今天 Y 小朋友在某个方面比你表现好一些，老师肯定先会表扬他，但并不代表老师对你不好哦！孩子可能不是很懂，但是会明白，在同一个时刻同一个场景，为什么先要表扬一些小朋友，而不表扬另外一些小朋友；先照顾一些小朋友，而不去"理睬"另外一些小朋友……孩子在不断的体悟与思考中，终会理解"老师的用心与爱心"。

孩子与老师的相遇是一份缘，而相处是否合适，还是得看彼此之间的关系处理得怎样。

让孩子在不同的环境中、不同的时段去适应不同的人群，也是生长的力量的一种体现！

"老师合不合适，老师好不好"，让孩子自己来说，这也是符合儿童视角的一种评价方式。只要保持这种正面引导、平等对话，每一位老师在孩子的眼里都是"合适"的，都是"好老师"。

三、长辈带娃需"淡定"

随着生活节奏的加快，年轻的父母忙着为生计奔波，长辈们则成了接送和照护孩子的主力军。而当孩子要上幼儿园的时候，家里的长辈，特别是奶奶，就开始变得不再淡定！

"我家宝宝在家里吃饭都是我喂的，到了幼儿园宝宝自己不会吃饭，老师会不会喂他吃呀？"

"我家宝宝上厕所要抱着才行，坐着、蹲着都不可以，老师可不可以个别照顾一下？"

"我家宝宝喜欢听表扬的话，如果做错了什么，老师不能马上批评，要先鼓励才能批评，不然他就会哭个不停。"

"我家宝宝性格比较内向，需要找个活泼、开朗的老师带，让他变得活泼些。"

……

从这些言语中我们不难发现，这些"爱唠叨"的长辈其实都是善于观察、乐于表达、喜欢研究的"照顾者"。尤其是祖辈因为在自己的孩子小时候没能仔细照料，便转而对孙辈用心百倍地照看。时代、环境的不同造就了教育氛围的不同，他们也感受到现在带孩子不仅要给孩子充足的物质条件，还要满足孩子各方面的心理需求。

我认识几位奶奶，他们在带娃的过程中，从不淡定到淡定，还形成了特有的"育孙"方式，值得大家互鉴与学习。

朱奶奶是一名资深的科研工作者，退休之后开始带孙子，陪他玩识字卡、听四书五经。孙子一周岁时，就可以独自一人翻阅图书，"自主阅读"达半个小时以上，养成了爱读书、喜欢听故事，乐于表达自己的习惯。据了解，朱奶奶将孩子的妈妈培养成了一名学霸，对孙子的教育也非常用心。入园前，奶奶专门去了解了幼儿园的基本情况，以及孙子所在班级的老师的情况；之后，和宝宝妈妈一起将宝宝的基本情况详细地告知带班老师。刚开始，带班老师觉得招架不住，这位"奶奶家长"怎么有这么多事情呢？可是，在后来的接触中，带班老师发现这位"奶奶家长"真是不得了。

事情是这样的：宝宝在入园的时候，正逢弟弟出生，他的性情发生了很大变化，原本友好的他变得异常霸道，原本善于表达的他变得异常沉默。善于观察的奶奶发现了宝宝的变化，及时告知班级老师，并寻求帮助。老师告知奶奶要学会"淡定"，先不着急；同时，与奶奶一起想办法，帮助宝宝度过艰难的"孤独期"。老师建议奶奶可以结合自身的专业特长，运用研究思维来帮助宝宝做一些"缓解压力、放松心情"的事情。于是，奶奶想到了"心情记录"这一方式，即让宝宝用"口述"的方式来表达自己的想法与需求，奶奶边倾听边记录，然后通过和宝宝玩"过家家""搭积木"等游戏来满足孩子的需求、实现他的想法。很快，宝宝变得开朗、友善了。特别是在一次幼儿园大带小活动中，本来是大班的孩子去指导小班的孩子拉小提琴，但宝宝表现很棒，被老师特邀到"大带小"的队伍中，成为最小的指导员。淡定的奶奶带出了慧娃！

南奶奶是一位充满活力的退休干部，带孙子是她退休生活的主要工作。因为孙子是早产儿，她照顾得特别细致，只要自己能做的就帮助他做了，以至于孩子到了幼儿园，什么都不会。午睡时，鞋子不会脱也不会穿；吃饭不会用勺子，甚至是一些稍微硬点、大块的食物连怎么咀嚼都不会。孙子入园之后，奶奶就很不放心，生怕孙子被照顾不好。老师告诉奶奶，要让孩子学会"自己会的事情自己做，自己不会的事情尽量学着做"，老师会给予适当的支持与帮助。但是，奶奶总觉得孩子还小，长大了自然就会，反而对老师的建议"不予理睬"。在一次活动中，我们邀请奶奶来当家长志愿者，让奶奶去比较孙子与同龄孩子的差距。那天，奶奶看到其他孩子的表现惊呆了：原来这些小不点儿自己会穿衣、自己会擦桌子、自己会端托盘，饭量不够还会自己去盛；而自己的孙子连拿勺子都困难，吃饭只会喝汤，连一点点肉末都不会吃，怎么会这样呢？过了几天，她跟我们说："我必须放手，必须相信孩子。"随后，她主动向老师提出要求：在园里，让孩子自己吃饭、自己穿脱鞋，能做的事情尽量自己做，自己不会的事情慢慢学着做；在家里，她也以同样的要求来鼓励孩子用自己的小手来为自己服务。领悟力很高的奶奶转变了"育孙观"，学会了鼓励，及时还给孩子一片自由成长的天空。孩子变得大方了，变得能干了，变得合群了！

祖辈带娃已经成为一种社会常态，怎样让奶奶们带娃带出新气象？我认为重要的是要更新育孙理念，大胆放手，乐于与老师沟通，愿意配合。"淡定"的奶奶们一定会带出一群"慧宝宝"！

四、你喜欢上这样的幼儿园吗？

鄢超云教授曾说过：幼儿园应该有幼儿园的样子；幼儿园应该是一个可以从后院玩到屋顶的大玩具；幼儿园应该是一个充满游戏的地方，是一个时时可玩、处处可玩的地方，是一个有趣的地方。①

有人说：幼儿园规范办园，那是根本；

有人说：幼儿园智能管理，那是现代；

有人说：幼儿园生源爆满，那是人气；

有人说：幼儿园距离家近，那是幸福；

有人说，幼儿园设施齐全，那是优质；

有人说，幼儿园课程适宜，那是品质……

不难发现，不同的视角所表达的好的幼儿园也截然不同。

那么，孩子们喜欢的幼儿园又会长什么样子呢？

在日本，有一所幼儿园名为"屋顶上的幼儿园"，也叫"藤幼儿园"。②园长名叫加藤积一，是一名普通的企业员工。他从父亲的视角来形成幼儿园的建筑理念——传递亲情，展示力量。

藤园长说：

"（园舍）建筑本身就是孩子们的大玩具！"

"会从树上掉下来的孩子，一开始就不会选择去爬树！"

"孩子们知道自己能够做到极限。"

"在噪声中仍能保持注意力，才是使孩子们受益终身的真正的注意力。"

"越不教，越想学，这就是孩子们的心理。"

"儿童时期让孩子充分玩耍，养成良好的习惯，长大以后才能成为独立自主的人。"

这些话语正是藤园长的儿童观、教育观、课程观、游戏观、生活观。

我想，话语背后还传递出这样的信息：悦纳孩子，相信孩子能够用自己的力量获得成长；放开孩子，支持孩子用自己适宜的方式体验成长；拥抱孩子，鼓励孩子用自己的节奏成长。

我想，这样的幼儿园应该与鄢教授心中的幼儿园是长得一样的……

藤幼儿园至今已有50多年历史，创建之初是一座近似四合院形的木制

---

① 参见鄢超云：《幼儿园应该是一个可以从后院玩到屋顶的大玩具》，《幼儿教育》2018年第16期，第4-5页。

② 参见加藤积一：《藤幼儿园的秘密》，北京师范大学出版社2018年版，第1页。

二层建筑，后来把其中的一部分改建成钢筋混凝土结构，但是三棵超过50年树龄的大榉树始终矗立在幼儿园的中心位置。藤园长说：孩子与自然的接触是非常重要的。土、木、草、花、动物、园舍、老师……所有的这些都是孩子们成长的"工具"，为支持孩子们的成长与发展发挥着各自的作用。孩子们在各种各样的场所、情境中，亲身体验、思考、行动，渐渐长大，那股源于本能的"自主成长之力"才能得到淋漓尽致的发挥。

"树""屋顶""自然""游戏""园舍是帮助孩子们成长的工具""游戏和成长为一体的园舍""孩子们日思夜想的地方""跟树玩耍的空间""能在屋顶奔跑的园舍"……这些关键词都是幼儿园改建的思路与理念。藤园长说：孩子成长的样态通过建筑的形式得以体现。

藤园长提出了"原始的未来"这一概念。在幼儿园里，他们会故意给孩子们制造一些小小的"不方便"，孩子们通过思考，想办法解决，从而提高了问题解决能力，并从中获得发展。这不就是在"原始的未来"中去发展"未来的儿童"吗？我认为，"未来儿童"所要具备的核心素养就是发现问题、解决实际问题，能够通过自己的行动、体验来创造幸福。在这些"小小不方便"中，孩子们会遇见每一天中的一份份小确幸，会收获每一行为中的一个个小惊喜，更能感受到生活中的每一个来之不易。

北京中华女子学院附属实验幼儿园园长胡华老师曾说，一所幼儿园好不好，答案其实特别简单，不是看硬件或者标签。一所幼儿园太豪华，会让你觉得手脚没地方放，心情不放松，就像去富丽堂皇的人家做客；更重要的是人的因素，而这看一看孩子们的眼睛就知道。"一所好的幼儿园，本质上是尊重生命，将儿童居于中心位置。好的幼儿园，能够发现孩子的灵性，这比外在的那些标签都有意义，同时，孩子们的眼睛是亮的，是熠熠发光的。这可不是一日之功。"我觉得特别有道理。

上这样的幼儿园，你会喜欢吗？

别小看了小不点儿

俗话说，人小鬼大。有时候，你的一个不经意动作却能引发孩子的关注，甚至是对这一行为的深度观察，从而改变了你对事态的判断；有时候，你的一场不经意安排却能让孩子的思维绽放光芒，在不断的体验、锻炼、互动中，他们创造出自己的作品，表露自己的心声，积累自己的经验……孩子是艺术家，孩子是科学家，孩子是演说家，孩子是哲学家，孩子是发明家。

一、小举动，大智慧

"凌老师，你有袋子吗？"

有一次，我在幼儿园门口值日，一个小不点儿一手牵着奶奶的手，一手拿着一件衣服，仰着小脑袋站在我的跟前，请我帮一个小小的忙——借一个袋子。他的奶奶站在一旁，手里端着一个玻璃瓶，里面盛满了水，有一条小金鱼畅游着。还没等我回过神来，奶奶急着说："你怎么向老师要啊？"

我定睛一看，原来是端午节的时候，这个小女孩手里捧着一个大鹅蛋，我看着欢喜，就随手拍了几张照，并于当日来到她的班级，当着她的面向她的老师交代，一定要将照片转发给她的家长。她当时站在一旁，就这样记住了我。后来有几次，她在门口遇见我，总会向我笑笑，并贴着接送人的耳朵轻声说："这个就是上次给我拍照的老师。"

我赶紧俯下身，问小女孩："要袋子装什么呢？"

小不点儿用手指了指奶奶手里的金鱼瓶。奶奶说："我也不知道今天有这个瓶子。妞妞看我手里拿着这么多东西，认为你这里可能有袋子，就跑来要了，不好意思哦。"奶奶还说："在自己班级里也没有向老师要，只管跑下来直接找你要。"我跑到办公室，终于找到一个花袋子，虽然我很喜欢这个袋子，但还是送给了她。因为小不点儿向我要袋子，是对我的喜欢与信任。

奶奶拿了袋子，乐坏了："这个袋子真是太好了。"说着，就把玻璃瓶、蜡笔、文件夹、防晒衣一股脑儿装进去了。小不点儿拍着小手说："我就知道凌老师肯定会有袋子。"我摸了一下她的小脑袋，向她竖起了大拇指："你真厉害，凌老师藏着这么好的袋子都知道。"奶奶连声说"谢谢"，小不点儿抿着嘴偷着乐。我突然莫名地感动：原来，孩子的目光是"犀利"的，对我是信任的。她通过观察、接触，认为我是值得信任、值得交往的人。

有时候，大人总觉得孩子小，不必太在乎他们讲的话、做的事。但我认为，孩子的世界是纯洁的，眼光是独特的，直觉力也是敏锐的，只要你认真对待孩子的每一件事，你就会在孩子的心中驻留。

加拿大教育学家马克斯·范梅南在《教育的情调》中指出：何谓儿童？看待儿童其实就是看待可能性，一个正在成长过程中的人。给予孩子尊重，让可能性在尊重与鼓舞中被激活；给予孩子信任，让他们在周边环境的催化下，激发自己的力量。生命的力量，只有在得到尊重、激励、鼓舞时才会被激活，可能性才会处在活跃的状态。

小举动，大智慧。

让我们从点滴做起，尊重孩子，倾听孩子，相信孩子，从孩子的需求出发，关注孩子的行为，让每一次互动都能见证生命成长的力量，发现更多成长中的可能。

二、小故事，大道理

作为游戏的观察者，我很喜欢思考孩子们在游戏中的各种表现，并将它写成一个个故事，在"小故事"里探寻"大道理"。以下是一个4岁娃的游戏故事。

● 喂奶事件：原来与朋友共事也是一门艺术

一男孩和一女孩正在给"小花"（巧虎的妹妹）喂牛奶，我习惯性地插上一句："哎哟，小花真幸福啊，爸爸妈妈一起给小花喂奶喝。"小女孩说："我不是妈妈。"小男孩也马上接上去："我不是爸爸。"说完，两个小孩就不理睬我了，继续喂奶。小女孩将小花抱起来，对小男孩说："小花说，哥哥泡的牛奶不好喝，要姐姐泡的。"小男孩拿着小奶壶不放手，眼睛忽闪忽闪地像是在思考。他察觉到姐姐也想干"倒牛奶"的活儿，就拿起另一个玩具，说："小花要吃这个。"但是小女孩不理睬。小男孩突然蹦出一句："牛奶还满满的。"小女孩只好把小花放下，拿起奶瓶说，"那你再倒一些吧。"喂了一会儿，小花可能喝饱了，小男孩递了一个玩具给小女孩说："让小花先玩一会儿。"两人就抱着小花跳啊、唱啊。过了一会儿，可能觉得玩够了，小花的肚子要"饿"了，小男孩将目光投向小女孩："你说牛奶怎么泡呀？"小女孩话锋一转："你泡吧，小花都要喝。"然后，姐姐就和哥哥继续"你倒我喂"，玩得不亦乐乎！

故事里的哥哥、姐姐就像生活中的两个同事，在某些事情的处理上，都有自己的想法。当一个人想将自己的想法很直接告诉对方时，不如换种方式，用第三人称来说出自己的想法，让对方在不同的情境中也能从容面对，避免尴尬，就像故事里的"哥哥""姐姐"，从中让我们领会到友好相处的小技巧。

◉ 停车场里：做好朋友可不是那么简单的事儿

停车场里，一群孩子在搭积木。红衣男孩对小伙伴说："大家都是我的好朋友。"我赶紧凑上一句："我是你的好朋友吗？"红衣男孩马上反驳："你不是我的好朋友。"原来在孩子的潜意识里，朋友与好朋友是不一样的关系。我很好奇，蹲在他的旁边，静静地观察。他完全沉浸在与自认为是"好朋友"的合作中，你一块我一块，轮流往上搭。哎呀，不好，积木拼接不牢固，全部倒塌了。"没关系，我们再搭一次吧。"他们没有争吵，也没有抱怨，只有笑吟吟地对话。

我忍不住插了一句："我为什么不是你的好朋友，是不是没有和你一起玩？"红衣男孩大声地说道："是。可是你会玩得这么好吗？"我一时语塞。

红衣男孩的行动告诉我们：好朋友是真正玩在一起的真伙伴，志同道合，三观一致。没有共同经历，也没有共同体验，是不能成为好朋友的。

◉ 喜欢医生绘本的小男孩

午后，我来到教室里，想拿一本绘本拍照。一个小身影来到身边，用手指戳了戳我的后背。哎哟，肯定是那个小家伙。果然，我一转身，他就马上咧嘴笑了。我赶紧蹲下身，抱了小家伙一下，说："嗨，你好，今天心情是不是很好呀？"他微笑着点点头，然后将手里的绘本拿起来对我说："我今天已经看了好几本。""这么厉害，最喜欢看哪一本呀？""鳄鱼医生拔牙。"原来这个小家伙依然对医生这一角色情有独钟。

记得他上小班的时候，我临时到他们班级帮忙。他一见我就不哭，还喜欢让我抱。我发现他很喜欢看绘本，就买了一本关于医生的绘本送给他，具体的书名已经不记得了。想不到有了绘本连线，我与他的关系更加融洽。自从看了医生的绘本，他就深深喜欢上了医生这一角色，每次玩游戏扮演，他总要扮医生。

轮到我值日，他总会拉起妈妈或者阿姨的手，走到我身边，和我打招呼，还会隆重地介绍我："这是嗨老师，我可喜欢了。"偶然我去他的教室，不管他在做什么事情，总会跑来和我打招呼——"嗨"，然后抱一下我，好像我是他幼儿园里最要好的朋友。

"嗨"，成为我和他打招呼的特定词语；"嗨"，也成为我与他关系的纽带。我很喜欢这个用"嗨"称呼我的小男生，每一次看到他，就觉得很温暖，很有趣，很真诚。我想，人与人之间最好的关系不过如此吧！

三、小垫子，大作为

最近一段时间，我总是在思考一个问题，一块不起眼的垫子，为什么在孩子的视野里可以发挥无限的创意？

孩子说，垫子可以拼搭，竖着插，横着插，立起来，叠起来，就可"造起"一座牢固的房子，可观赏，可游玩，可挡雨，可躲藏！

孩子说，垫子是一块画布，用自己喜欢的画棒在垫子上画出自己心中的样子，可欣赏，可讲述，可表演，可装饰！

孩子说，垫子像一条长长的小河，我和小伙伴手拉手在小河中游泳。

孩子说，垫子可以是一把雨伞。下雨啦，下雨啦！垫子就可以当雨伞，遮风挡雨！

原来，垫子在孩子的视界里是如此多彩多姿。

在小（3）班，垫子赋能孩子游戏归属权的场景随处可见，每一个孩子都拥有自己的"归属地"。

游戏开始，孩子们两人或三人一组，各拿一块垫子找到自己喜欢的地方，然后将垫子放好，拿取游戏材料，相互商量游戏主题，最后开始拼搭。在垫子小天地里，他们是一个游戏研究的共同体，交流、互动、和谐相处。

谁说小班的孩子不会合作？有了这块神奇的垫子，孩子之间是如此默契，不仅学会了合作、沟通、表达，更学会了情感的交流。一块垫子，可以是一个家园、一个店铺、一个游乐园、一个医院、一个泳池……

《西方儿童地理学的发展阶段、研究视角及启示》一文中指出，"在新童年社会学研究影响下，多学科兴起了童年研究的热潮，其中儿童地理学成为新进的学科，它从空间维度来思考儿童所在的空间，主要研究童年的社会空间与儿童的地方体验"①，意思是既要关注儿童的空间体验，也要关注儿童的社会空间。

在孩子的眼里，垫子其实就是一个属于他们游戏、对话的空间，他们在这个地方创造了自我空间，用自己的经验自由建构，从而让垫子变成了一个有生命、有灵气的乐园，成了儿童的"发展地图"与"学习地图"。

用哲学视角来审视，垫子给了孩子安全感和归属感，而孩子赋予垫子生命力。垫子与孩子，就像身与心的依托，灵与性的美化，情与境的融合。"小垫子"实际上藏着"大学问"呢！

四、小心思，大情怀

"妈妈，我生病了在家里，我的朋友会不会想我呀？"

"妈妈，我要是告诉他们我生病了，他们会不会担心我呀？"

"妈妈，我要快点好起来，他们看不到我会不高兴的。"

一位家长朋友将生病在家的小宝的心里话发到朋友圈，还附上一句话：太自信的儿子，生病在家还"惦记"着班里的小朋友会不会为他担心、会不会太想他。

我被小宝的真情表白感动了，很想探究其中的原因。

一个小班的孩子，以换位思考的方式表达自己对别人的爱与关心，这样的"小心思"可不简单哦！从这三句表达可以清晰地看到，小不点儿与小伙伴的关系不错，社会交往能力尚可；他在班级里肯定有自己的好朋友，也有想和他一起玩的小伙伴；情感极其细腻，会从不同的角度来思考"想念"这一美事。是呀，每一个孩子本身就具备一定的思考能力与学习能力，而这样的"小心思"恰恰是对人与人之间关系的思考。那么，这份"小心思"是怎样养成的呢？

---

① 参见王艳：《西方儿童地理学的发展阶段、研究视角及启示》，《早期教育》（教育科研）2019 年第 3 期，第 2-7 页。

◉ "小心思"是这样产生的

第二天，我怀着好奇的心理来到小不点儿的班级，与他的小伙伴来了一场有趣的对话。我问孩子们："宝宝们，今天有谁没有来上学呀？"孩子们很快报出一连串名字来（因为天气原因，请假的孩子确实挺多）；在一连串的名字里我一下就听出了"小心思"的名字，可见他人缘还是不错的。我就赶紧和孩子搭话："XX是我的好朋友，今天他怎么没有来幼儿园呀？"孩子们就七嘴八舌地议论起来，有一半人认为"小心思"可能生病了，有部分人说他可能出去玩了，极个别人认为可能去喝喜酒了……但是没有一个幼儿提出"他不想上幼儿园""他与谁吵架了"之类的负面话。看来，"小心思"所在的班级氛围还是很融洽的，"小心思"接触的伙伴也都是很喜欢班级、喜欢老师、喜欢幼儿园的。然后，我就告诉孩子们："XX发烧了，所以今天不能上幼儿园。"我又问："你们想他吗？"孩子们异口同声地答道："想。"孩子们举起手，我顺势数了一下，有16位小伙伴想他，占了80%。看来"小心思"平时的确与小伙伴玩得挺好！

"我也很想他，等他回来了，我要送一辆小火车给他。"

"我也很想他，等他回来了，我要和他一起看书。"

"等他回来了，我要买一个蛋糕给他，还要给他开一个派对。"

"等他回来了，我要和他一起搭一辆大卡车。"

……

每一个孩子表达的想法都不同，有想和他一起看书的，有想和他一起搭积木的，还有想和他一起吃蛋糕的。看来，"小心思"是个交际小能手。

后来，我将这次探索的收获和"小心思"的妈妈进行了交流，让我惊喜的是，这几个孩子的想法都是"小心思"平时喜欢做的事情，而且这些小伙伴也是"小心思"在家中时常提起的小伙伴。"看来，儿子的'小心思'是有原因的，以后可不能小瞧了他的'小心思'。"妈妈这样说道。

◉ "小心思"可不简单哦！

在日常生活中，我们总会听到：只要花点"小心思"，生活就会变得更加完美。"小心思"其实表露的是一个人对生活的态度，对周边发生的事情富有见地的思考。蒙台梭利在《有吸收力的心灵》中这样说，儿童非常乐于做那些能让自己更完美的事情，他们是朝着完善、完美的方向迈进的。每一个儿童都是独立的个体，别看他们人小，其实心不小。

生病的宝宝一个人在家想念幼儿园里的小伙伴，想念与小伙伴一起玩的游戏，想念一些自己喜欢做的事情，这些就是他的"小心思"。"小心思"虽是无意识的，但是在我与他的小伙伴的对话中，发现背后藏着很多动听的故事，这也反映出宝宝生长的环境是温暖的、舒适的、富有爱心的。

我很欣赏那些在作画的过程中花点"小心思"的人，在某一个情境里添上几笔，让内容更生动；我也喜欢那些在游戏的过程中花点"小心思"的人，让伙伴间的交流更加顺畅，游戏玩得更加有趣；我更喜欢那些在对话的过程中花点"小心思"的人，一个不经意的动作、一句贴切质朴的话语都会让人感动好久。

"小心思"，虽只是一处细微的思维萌动，却是心底最美好的真情之表露。

多点"小心思"，让孩童朝着完美的方向发展；

多点"小心思"，让孩童在成长之路上遇见更好的自己！

五、小建议，大收获

随着六一儿童节的临近，"让孩子过一个怎样的六一节"又成为大家热议与思考的话题。这次我想转变思路，打算倾听孩子的心声，让孩子自己来做主，围绕"你的六一准备怎么过？"这一话题，我与孩子进行了零距离对话。

在大（3）班，我对孩子们说："你们知道自己都过了几个六一节吗？"有的说7个，有的说6个；他们很快就将过的节日与自己的年龄对照。为了帮助幼儿梳理、回忆以往过节的情景，我又问道："让你印象最深的是哪一次，它是怎么过的？"孩子们思考了一下，纷纷表达出印象最深的那一次：有的说是走模特秀，有的说是打水枪的游戏，有的说是在家里边看电视边玩积木……在孩子的表述中，我即刻感受到，"玩"是六一的主基调，六一最快乐的元素就是"玩"。

我提出了几个具有代表性的事例与节日进行链接，如度假式六一、欢乐购六一、观影节六一、表演型六一等，让孩子结合自己的兴趣、需求来选择喜欢的主题，并说出理由。

选择度假式六一的孩子说，可以和爸爸、妈妈一起去海边玩沙、捉螃蟹；和好朋友一起去楠溪江玩，带上帐篷吃烧烤。

选择欢乐购物的孩子说，这样的六一可以逛超市，买玩具、买零食。但是也要做好预算，要选自己最喜欢的，也是最需要的，购物最多不超过三样，理性购物才是对的。

选择看电影的孩子说，看电影是他们最喜欢做的事情，可以吃爆米花，可以爸爸、妈妈一起陪着；可以看自己喜欢的电影。

选择表演的孩子说，到台上表演可以穿平时不能穿的衣服，可以化妆，还可以获得赞扬。

用自己喜欢的方式过一个属于自己的节日，已经成为孩子过节的一项最普通也最易实现的目标。

有了前期愉快的讨论，我给每一个孩子发了一张白纸、一支画笔，让他们做一个"策划师"，为自己量身定制一个"六一节"，于是就出现了以下设想：

A. 我要穿上美美的公主裙，带上妹妹，和妈妈、爸爸一起去超市买自己喜欢的玩具；

B. 妈妈会送我一张贺卡，因为，妈妈过节日我也给她送过贺卡。

C. 我会陪着妈妈、爸爸一起看电影。

D. 我想约好朋友一起到我家玩，玩好多好多游戏。

E. 我什么地方都不去，就想待在家里，看会儿电视，玩会儿玩具。

……

孩子们的想法很多，孩子们的策划也很有个性。

"倾听孩子真实的想法，追随孩子真切的步伐"，已经成为日常教育教学的主旋律。让孩子为自己的节日做主，赋能孩子自主权、话语权、行动权，孩子会成长得更好！

做幸福的儿童研究者

　　成尚荣老先生说，儿童研究是教师的"第一专业"。做一名儿童研究者，不仅是我最喜欢做的事情，更是我一生的追求。我想，一名儿童研究者，不仅要有教育情怀，更要立足教育实践，践行自己的教育思想和理念。

一、做儿童研究者的"三个让"

有学前教育专家曾呼吁，"要把儿童研究作为幼师专业发展的头等大事"。这引发了我的思考。

做儿童研究是提升教师自身专业能力、完善教师自身专业素养的路径与方法。我想，只要是一个喜爱、忠诚于自己专业的幼教工作者，一定会如"花婆婆"所说的一样，"把儿童研究作为自身专业发展的头等大事"。但是，做儿童研究不是搞形式，也不是追求品牌效应，而是一种先进教育理念引领的行动研究，是发现儿童、支持儿童的过程研究，更是体现儿童立场、展示儿童本位、赋予儿童使命的专业研究。

◉ 让儿童有真作为

在课程改革的大背景下，很多幼教工作者的教育观、儿童观、课程观也发生了翻天覆地的变化，无论在教育实践中还是在文本撰写中，总会加上这样的字眼——"基于儿童立场""让儿童站立在课程中央""儿童是活动的主体"等等，但是，在很多教育现场，我们总会发现"儿童缺位"，教师是隐性的经验链接者，而儿童则成了"假经验"的传递者。

在一次进班观察中，我发现带班老师在区域材料的投放上有点问题。为了让孩子快速发现哪些材料是可以被磁铁吸住的，她投放了两类材料；当孩子完成了第一个目标之后，她就再次投放其他材料，让孩子去完成下一步目标。看似材料的投放有先后、有递进，其实忽略了幼儿"实际意义"的探索过程，一切的"探究行为"都是在预设的目标中一步步完成。其实这样的儿童研究行为存在一定的虚假性，是让儿童在"应该作为"中去完成老师的研究，儿童应有的探究行为没有展开，应有的探究地位没有体现，应有的被研究权利没有行使。我认为，教师应该从心里认同儿童研究的价值与意义，而不是为了配合研究而给儿童提前设定路线，只有心中真正给予儿童的主体地位，才能让他们有真作为。

◉ 让儿童有真故事

近年来，幼儿园里流行"游戏故事""课程故事"，并用它们作为孩子发展行为评价的依据，作为孩子成长的记录方式。孩子是故事的主角，教师是见证者、记录者、评析者。有些幼儿园让孩子用绘画的方式来记录自己的游戏故事，有些幼儿园通过拍视频、摄影的方式记录孩子的游戏行为再让孩子描述；有些幼儿园则要求教师通过撰写游戏案例的形式来呈现孩子的故事。我想，不管是哪种形式都在向大家证明，孩子是故事的主体。

但是，在现实生活中，很多教师为了自己想要的故事而让孩子去演绎预设的故事。某娃在桂花树下捡了好多桂花，偷偷放在口袋里想带给妈妈，老师发现了，觉得这个行为可以引发一个"爱的教育"的故事。于是，她就发动所有的孩子去桂花树下采桂花，让他们将桂花放在口袋里，带给妈妈。有些孩子不情愿，因为他不想让自己的口袋里藏着花儿；有些孩子另有想法，它想让桂花悄悄藏在树叶里，可以玩躲猫猫的游戏。可是老师不允许，认为这样的举动形成不了想要的故事，也没有体现"爱妈妈"的教育价值。还有很多的课程故事也是这样，在幼儿无准备、无经验的情况下，教师一意孤行，为了故事而去研究"故事"，并让幼儿去演绎"故事"，而把真故事当成了一种愿景。如何做一名儿童研究者，我觉得应该让孩子自己去寻故事，去做故事，去享故事。

◉ 让儿童有真思考

我们所倡导的教育环境应该是让幼儿能够在自由、自主的环境中去学习、去探究、去创造、去思考，从而获得真正意义的成长。而这些过程需要一定的情境，一定的空间与时间。但在很多的活动中，教师总是操之过急，不愿意等待；幼儿连思考的时间都没有，看似获得了成功，其实不过是在原有经验的基础上又验证了一次。还有的教师只看到幼儿操作的结果——成功或是失败，不会去关注过程中的细节——幼儿的困惑、收获及新发现，导致幼儿的思考没有深度与广度。

我认为，做儿童研究若能做到三个"让"——让儿童有真作为、让儿童有真故事、让儿童有真思考，那么教师离儿童研究者的距离也就不远啦！

二、在不同的视域里发现儿童的伟大

一个儿童就是一个独特的世界，儿童的世界丰富多彩，与众不同，令人惊叹，令人着迷，又叫人难以捉摸。然而，很多一线教师，总是习惯性地用"单纯"来形容儿童与儿童的世界。究其原因，可能是教师存在成人视角、儿童伪立场。

儿童会用自己的双手去创造世界！有一次，有一所位置比较偏远、设施陈旧的乡村幼儿园要改造，我带着一位设计师来到幼儿园。户外场地大，是乡村幼儿园特有的优势。户外的小山坡上种着几棵与园龄差不多的果树，几枝树杈已经被成熟的橘子压弯了腰，园长非常客气地摘了一些橘子给我们吃，并且说"别看它长得丑，但是味道还是非常独特的"。设计师看着压弯的果树，随口问了一句："都可以吃了，怎么不让孩子摘下来吃啊？"园长一愣，说："还没有把摘橘子设计成项目活动。"随后我们转弯来到了种植园地，只见整齐划一，非常整洁，应该是打理过的；里面的大白菜、韭菜、卷心菜等都仰着脑袋，好像在说：我们可以上桌啦！设计师看着忍不住问："泥地里种菜应该是农村里最常见的生态，这么整齐划一的田地，孩子们喜欢吗？"园长没有直接回答，而是拿出手机翻到小红书上下载的一幅"未来种植田地场景图"给设计师看，"五谷杂粮"载满田园，犹如一盘烹饪完好的营养大餐，但看着就是"一种摆设"。园长边翻看图片，边对设计师说："接下来，我想将种植园打造成这样。"设计师听了皱了皱眉，感叹道："原生态的田地多好啊，如果是我，我会让儿童用自己的双手去掘地，去种自己喜欢的东西，自己选地、选种子；再将后面的围墙打开，让村里的农田与幼儿园的农田融为一体。这才是孩子的种植地。"

我仔细聆听着他们的对话，不免感慨万分。一名是从教多年的教育工作者，她的出发点是为孩子打造整齐干净的田园，为孩子规划采摘果子的项目，她的儿童立场应该是站在成人视角的一种儿童立场。而这位设计师，他的专业并不是研究儿童，但是他的出发点却是"为儿童着想"：让孩子通过实践，观察果子的生长、成熟，品尝丰收的喜悦，那一切都是自然的状态；让孩子选择土地与种子，看似杂乱，然而细细品味，就不难发现，这才是真正的赋权儿童、最具真意的种植活动、最有实践性的劳动教育。

在乡村、融乡村，幼儿园如能立足乡村娃的特质，融合乡村独特的教育资源，将围墙打开，让资源共享，建构乡村幼儿园的课程文化，营造乡村幼儿园的儿童文化，不是很好地实现"教育共富"的一种路径与方法吗？

"凌老师，这个视频会比较难改，因为我不了解这个幼儿园的孩子。"我一听这个摄影师的话，顿时愣住了，原来剪辑视频也要从"读懂儿童"出发。

"每次，我要给幼儿园拍摄视频的时候，都需要花上个把月的时间。首先，我要与园长对话，通过与园长的对话了解园所的文化背景、实施课程、幼儿参与的各种活动以及幼儿家庭背景情况；其次，我要从不同的角度来选择镜头下的幼儿园，比较镜头中的场景与真实场景中的不同，选择最让眼睛舒服的拍摄角度；最后我要蹲点幼儿园，看孩子玩游戏，捕捉孩子在游戏中玩得最兴奋、笑得最灿烂、做得最专注的镜头，这些都是我了解孩子的出发点，也是根本。孩子有孩子的视角，而我的视角就是让镜头下的孩子'活生生'。"摄影师说。

是呀，如果你不想懂儿童，就不会走进儿童的世界，观察不到儿童的行为，就捕捉不到令人心动的刹那。

摄影师剪辑视频的出发点是，要在每一个镜头里看到"活生生的孩子，让孩子成为主角"；在有限的镜头下，让你感受到"同频共振"的教育魅力。我想，这应该是敬畏儿童、理解儿童、认同儿童的一种表现，是独特的、散发着光芒的镜头下的儿童美的教育。

"怎样在幼儿园的微信公众号看见儿童的力量？"一位经营了十多年公众号的资深人士说自己经常会问幼儿园公众号的编辑们："你们公众号的对象是谁？为什么点击率这么低？分析过产生这个数据的原因吗？"他不是从事教育工作的，更不是学前教育专业毕业的。但是，他的这个问题引发了我的思考。

的确，现在几乎每一所幼儿园都建有自己的微信公众号，然而，很少有人去研究公众号面向的群体是谁。这个问题其实指明了它的读者群是家长，而家长最关注的对象是儿童。

在"互联网＋"的时代背景下，如何通过微信公众号让家长看见儿童的

成长？

深圳彩田幼儿园在公众号推文里，将家长最关心的"后勤保障管理"——食堂的运营、食物的选择、食物的制作过程、保健保育管理等放在最重要的版面，图片、文字的描述等都从家长视角出发，让家长真实感受到"精细化管理"助力儿童真成长。

中华女子学院附属实验幼儿园微信公众号的每一篇推文都立足于儿童发展，介绍儿童的奇思妙语、家园的共育行为、教师的专业思考，每篇文章点击率突破5位数。这些文章将"儿童优先"放在首位，将"服务家长"意识放在前沿，将儿童教育的一切都与儿童紧密地交织。让我们赋予儿童真实的发展空间，展现儿童气息、儿童文化的独特生态吧！

三、儿童，并非一张白纸

曾经，"儿童生来就是一张白纸"是大家的共识。尼采也曾说过，孩子犹如一张纯洁的白纸，他们的思想行为完全由环境和教育形成。但是，孩子真的是一张白纸吗？

温州学前教育公众号曾发布了一篇以"假睡好不好"为话题的儿童辩论赛作为素材撰写的课程故事。我看到这样一位读者的留言："儿童并非一张白纸，儿童有自己的朴素视角与文化世界。"这句话引起了我的共鸣。是的，每一个儿童都是独立的个体，有与生俱来的独特性，有自己的视角。他们，并非一张白纸。

● 藏在"对话框"里的儿童的朴素视角

儿童辩论赛是幼儿园的一种高级的语言活动，幼儿辩论的核心是运用不同的方式说服别人。辩论对于幼儿来说，具有很大的挑战性。这个挑战不仅来自阐述自己的观点，还要反驳不同的观点；反驳不仅要说清楚观点，还要说出理由：这是语言能力的训练，更是思维方法的训练。它是一个渐进的过程，需要前期准备、信息搜集与处理、新旧经验的迭代更新。

在幼儿园午睡环节，很多孩子都会睡不着，但为了不影响他人睡觉，老师就会温馨地"暗示"：可以假装睡觉。于是，有的孩子就开始眯着眼睛"假睡"，有的孩子则认为"假睡"还是睡不着，躺着很难受。于是，为了让孩子们各抒己见，说出自己的想法，也为了能够让孩子们清晰认识到"午睡对身体的好处"，老师召集孩子们以"假睡好不好"为主题，开展了辩论。

认为"假睡好"的一方这样阐述自己的观点：

幼儿1：我认为假睡挺好的，不一会儿就真睡着了。

幼儿2：我觉得假睡挺好的，躺在床上还可以想一些有趣的事情。

幼儿3：我喜欢假睡，因为我假装睡觉，不会影响别人。

……

认为"假睡不好"的一方这样阐述自己的观点：

幼儿A：我觉得假睡不好，睡不着的时候，我就想讲话，会影响别人睡觉。

幼儿B：中午不睡觉，人会长不高的。所以一定要睡着才好。

幼儿C：我觉得假装睡觉不好，躺在床上难受极啦！

……

从双方的观点看，儿童的视角十分朴素，认为不好的，是因为假睡会影响身体，长不高；认为假睡好的，是因为不睡觉可以想想自己喜欢的事情。可见，儿童有儿童的思考，儿童有儿童的视角，他们在这样的辩论中通过对话、倾听、思考、表达发展了自身的思辨力、合作力、学习力。

◉ 藏在"探究圈"里的儿童的朴素视角

儿童是天生的探究家，科学基因是儿童与生俱来的，表现在儿童身上就是好奇、好问、好探索。这种鲜明特征正是从我们祖先那里承袭而来的锲而不舍的精神的反映。探究，对于孩子来说，是满足求知欲的重要手段，是探寻这个世界的重要途径。辩论赛之后，为了验证各自的观点是否成立，孩子们回家与爸爸妈妈继续讨论"假睡"到底好不好，而且还通过AI手表测试仪来了解睡眠质量与人的身高之间的关系，以及与人的情绪表现的关系，从而意识到"假睡"是为了帮助自己更好地入睡。之后，幼儿通过师幼合作探究、共读绘本、亲子体验实践等从点到线到面的圈式探究，体悟到了好好睡觉的价值与意义。

通过这样的探究式体验，儿童真切理解了睡觉对自己的成长和发展的重要性，懂得了良好的睡眠习惯和充足的睡眠时间可以促进身体更健康、脑袋更聪明、情绪更稳定。

◉ 藏在"游戏场"里的儿童的朴素视角

在儿童游戏世界里，不同的故事每天都在发生，有惊喜，有矛盾，有争抢，有对材料的探索，有对规则的挑战……他们乐此不疲。"玩什么、和谁玩、怎么玩"都由孩子自己说了算，他们确定游戏主题、制订游戏计划、体验游戏过程，用自己喜欢的方式表征游戏经历，用话语表述玩什么、怎么玩、还想怎么玩……在辩论赛之后，为了拓展孩子的经验，老师与孩子一起学习了绘本故事《白天与黑夜》。从故事中，孩子们了解了白天与黑夜的特点与不同的作用，黑夜保持充足的睡眠是为了白天更好地享受生活。孩子们自己创设游戏环境，准备游戏材料，开展了属于他们的"白天与黑夜"的游戏。

白天，我可以玩滑滑梯、过山洞、捉迷藏等好多好多游戏。

中午，我们可以将午睡室光线变得暗一些，老师可以给我们听听故事，我们就很容易睡着了。

晚上，等我睡着了，我还可以做一个好长好长的梦！

儿童通过游戏来重新审视"假睡"的利与弊，并结合一些生活、学习中的亲身体验来拓展经验，加深认识，从而形成自己的新的观点。

是的，儿童并非一张白纸，儿童带着特定的性情和天赋来到这个世界，他们有自己的朴素视角和文化世界；敬畏儿童就是在敬畏生命，倾听儿童就是在与心灵对话。让我们做一名懂儿童、爱儿童，与儿童共情、共长的教育者吧！

四、孩子说：幼儿园变得不好玩了

一日清晨，我正在上班的路上，微信收到了一段"求助"的话语：

亲，请教一下，孩子在家里待太久了，上幼儿园很紧张，怕自己做不好，还找各种理由拒绝上幼儿园，比如要戴吸汗巾，睡觉被音乐吵醒，要做操等，反正理由很多，不知道该怎么和他对话……

我头脑里立刻闪现出几个想法：孩子被"疫情"困扰了；人小心不小；幼儿园的规矩是否有点多了；大人与小孩要有一场平等的对话。

　　我将此编辑成一段文字发送给求助的人：不要小看孩子，他是挺有想法的。上幼儿园紧张有两种可能：一是规矩太多，孩子怕做不好会没面子，实际上是对自己要求高，你可以和老师沟通、协商一下，多说鼓励的话，多给他在同伴面前展示优势的机会，树立信心；另外一种可能是，在常态化疫情防控下的幼儿园，一切活动都会比以往更有规律，哪个节点需要做什么，哪些事情不能做，哪些环节要注意什么，对于孩子来说，在生理与心理上都有一个适应期，在家里要和他多聊聊，为什么这么做，在生活细节上多关注，有点小进步就马上表扬。

　　我编辑完毕，就直接发过去了。

　　可是，还没等我回过神来，对方又给我发了一条信息：已经在幼儿园门口罢工，要回家。

　　啊？不会吧，这么严重？那还是先回家吧！

　　哭着鼻子的娃终于顺利实现了自己"执拗"的小目标。

　　原以为事情如我想的一样，但结果还是有点出乎意料，原来这是两个小伙伴的一场"密谋"。

　　小家伙一到家，就开始雀跃起来，忘了自己先前发的一大堆唠叨，得意忘形地说了一句："我的好朋友 XX 今天也没有上幼儿园。"

　　我的朋友赶紧到另一个房间，给我拨了电话。我们才恍然大悟，这一出戏是两个小家伙'密谋'好的。

　　到底是什么原因让两个孩子会有这样的计划？两个孩子到底是怎么看待疫情后的幼儿园生活的呢？

　　我们都知道，2020 年是一个特殊年，幼儿园经历了很多挫折才在 5 月 18 日开学。在常态化的防控措施下，有许多制度和场所的开放程度确实发生了变化，像"一米线的距离""隔板""消杀""不能拥抱"等在某种程度上都源于大人视角，是立足于成人立场对儿童的保护，而忽视了儿童视角，没有了"很儿童、有儿童"的场景。

　　不想上幼儿园的理由，最多的就是"做好多自己不愿意做的事情，玩不了很多自己想玩的游戏"。

　　是的，孩子回家可能会发这样的牢骚："幼儿园变得不一样了：爸爸妈妈不能到班里接送我；玩游戏要分场地玩，我们今天分到的这块地没有滑滑梯；每天玩具玩的时间都不够，还没玩尽兴就被老师收走了，说要消毒……"但爸爸妈妈会说，老师是为了你们的安全，等疫情过了，就可以和以前一样玩了。

于是，有些孩子就开始行动了！

我们是否应该思考这两个孩子不想上学背后的原因。疫情之下，儿童发现的不合理、无法接受的东西，都被教师的"合理"代替了。成尚荣先生曾说过，立场的变化实质上是心灵的变化、思想的变化。

我想，在做好严控、安全的同时，教师是否也要思考场地的安排、环节的设置是否考虑了小朋友的想法，有没有蹲下身去倾听孩子喜欢的"久违了的幼儿园"是长啥样的？是否换个角度去考虑园内与园外的安全该如何对接？

维果茨基曾说过，在儿童期来预测其成人后适应与否的唯一的指标不是智商，不是学业成绩，也不是课堂行为，而是有充足的与其他儿童进行交往的机会。"密谋"的行为让我们看到孩子远比成人能干，他们发现了现实中的问题，而我们成人却还没有发现。

我想，只有与孩子做朋友，建立良好的关系，这样才能走进孩子的心灵，才能了解孩子的兴趣需求。让每一个孩子经历每一次该经历的事，获得每一段该收获的经验，这应该是教师持有儿童立场最好的体现。

（此文发表于 2020 年 6 月 5 日《浙江教育报》"教师周刊·教育随笔"栏目，收入此书略有修改）

五、儿童的"一米"视角

不知道大家是否发现，好多幼儿园里发生了一件非常好玩又温暖的事情，孩子们或蹲或站、或结伴或独立、或测量或绘制，做着同一件事情——"一米线"……

"一米线"这个词源于一个政策性文件——《XXX 关于做好疫情防控期间幼儿园保育教育管理工作的通知 》，文件指出合理安排一日生活，可以从时间、空间、组织形式等方面，结合幼儿的身心发展特点入手，"最大可能降低幼儿在物理空间中的分布密度"。幼儿园老师在解读这个文本的时候，有意地将疫情防控期间的"社交距离保持一米线"融入幼儿一日生活中，引导孩子在发现、思考、探究、体验、表征的过程中充分感受"一米线"带来的好处。老师通过这一举动，创新自己的教育理念，重塑自己的儿童观与课程观。

疫情结束后，"让儿童成为开学活动的主人"成为园长、教师的共识。他们想让特殊的开学活动起到特别的作用，从儿童的立场来发现、挖掘疫情下开学的特殊之处，带给孩子不一样的开学体验。于是，"一米线"就这样来到幼儿的一日生活里，孩子们非常好奇，对其充满了浓厚的兴趣。在三个月的宅家生活里，孩子们已经从各种信息渠道了解到"保持距离"是防疫措施之一，而保持多少距离、怎样保持、在保持距离中如何理解特殊时期的特殊做法？智慧的教师发现，这其实就是值得孩子探究的话题。生活处处皆课程，课程就在我们的身边。老师们提供各种工具，让孩子自己选择材料测量一米的距离到底有多远；创设环境，让孩子表达、记录哪些地方需要"一米线"；引导孩子去比较发现，不同场域的"一米线"是否有不同的意义。孩子们用各种表征（可话、可画、可演）充分表达自己对"一米线"的发现：上厕所需要保持一米线；滑滑梯排队要保持一米线；做游戏和户外运动时保持一米线，是"自我保护"的距离……

孩子与孩子、孩子与老师共同建构的"一米线"故事，显得特别有意思。原先以为"让幼儿保持距离、学会自我防护"是一件不可能的事情，但是孩子在发现、思考、体验、表达之后，已经为"保护自己"做好了准备，同时也能够亲身体验到特殊时节不一样的"爱"的表达。

鄢超云教授提出，"有儿童"不应该是一种点缀，而是在入园、离园、午睡、如厕、用餐、运动、学习时，都应"有儿童"。园长、教师、保育员、门卫、保健医生、厨房师傅，人人都应"有儿童"；活动室、盥洗室、午睡室、室内、户外、地面、走道、墙壁，处处都应"有儿童"。在"一米线"的故事里，有孩子们对自己一日生活环节中"一米线"的创设，有孩子对"一米线"的思考、研究，有每个孩童与"一米线"的惊奇相遇过程。教师在聆听、观察中，不断发现孩子的兴趣、想法、好奇心，从而记录下活动生成、学习、分享的过程。我想，这应该就是瑞吉欧教育理念中的"儿童形象"——"强壮的、丰富的以及有能力的"。

有位教育家在《从 SARS 看人生与教育》一文里讲述自己经历两个多月的 SARS 疫情期之后，对教育有了重新理解，教育要教人取得成就，更要教人获得幸福，幸福才是教育的终极目标——学生的幸福、教师的幸福、全人类的幸福。而我认为，疫情之下的教学活动更应该站在儿童的立场，创设多元途径支持、帮助、鼓励孩子通过自己的双手去发现和体验，从而感受教育与生活的美好。

疫情终将过去，但是它启迪我们重新定位与思考教育价值。只要我们做一个有心人，做一个有思想的教育者，就能获取幸福、感受幸福，让孩子在学涯中有无数次的"幸福相遇"，充分感受教育带来的美好与温暖！

六、与儿童保持"共同思考"，一起成长

"保持共同思考"由英国有效学前教育项目专家组提出。他们认为，"保持共同思考"是一种有效的教学互动，两个或两个以上个体以智力合作的方式弄清概念、解决问题、评估活动或扩展叙述（故事或对话）等，互动双方共同促进知识的构建和思维的拓展。这一概念要求参与互动的教师和儿童必须有思考，在理解的基础上发展和扩展叙述。

那么，在幼儿园的一日活动中，教师该如何与幼儿保持共同思考？我想，关键是立足儿童视角、引导儿童参与、坚持儿童优先、维护儿童权益，在学习活动中，时刻关注儿童的反应、敏感地察觉他们的需要，及时以适当的方式回应，从而真正成为儿童学习活动的支持者、合作者、引导者。

当下，幼儿园非常注重儿童的自主、自愿、自发的活动，比如游戏活动、自主探究活动、自发阅读活动等。儿童自发活动中，教师普遍有这样的意识：在环境的创设中以儿童的需要和兴趣为出发点，构建儿童活动的情境、提供种类丰富的活动材料，支持儿童在积极互动的过程中发展自己的经验。但很多时候，意识在前行动在后，意识与行动相脱节，导致"教师思考为主、幼儿思考为辅"，与"保持共同思考"相差甚远。

一日，我作为一名观察员来到一所幼儿园。孩子们在区域内自主选择材料做手工。我看到每个孩子手里都拿着一个一次性纸杯，并时不时用辅助材

料来装饰。孩子们的动作如此一致，我忍不住与他们聊了起来。

师："你们在做什么呀？"

女娃："做笔筒呀！"

师："好像大家都在做笔筒，对吗？"

女娃："对的，老师做的海报说，大家都要做笔筒。"

师："你们喜欢做笔筒吗？"

男娃："我不喜欢，我最喜欢做章鱼……"

女娃强调："老师说，大家都做笔筒。"

师："如果由你来定，会喜欢做什么呢？"

只有女娃在继续，她是一名乖乖女，虽然有自己的想法，但觉得应该先完成老师的任务，再做自己喜欢的作品。而其他三位孩子，听我一说，即刻转变手中的活儿，章鱼、风车、城堡……尤其是说话的那位男孩，还特意向我展示了整个制作过程。

在该案例中，教师的出发点是通过做笔筒来帮助幼儿掌握新技能，获得新经验。但是她忽略了一点，自己的思考没有与幼儿保持同步。教师在引导幼儿参与该活动之前，是否先倾听、观察、了解了孩子们的需要、兴趣、经验？在这类自主探究式的美工活动中，教师是否注重幼儿个性化的表达？笔筒的制作相较于自由创作的作品，在空间构造、剪刀运用等方面确实更简单，但如果教师能够与幼儿保持"共同思考"，做什么，怎么做，为何做，和谁做，那么，幼儿就会进行深度思考，让"剪"在原有经验上获得提升。与幼儿保持共同思考是支持教师能用未来的眼光来实施当下的教育，看见未来儿童，成就未来儿童。

日本学者佐藤学教授在《学习的快乐——走向对话》书里提出，教师是一种"对话性他者"的存在，能够充当懵懂儿童的替身，在学习共同体中是他者，在与儿童进行对话性实践，能够激发和促进儿童的自利性、活动性的思维，推进反省性、探究性思维。[1]与幼儿保持共同思考，其实就是与幼儿

---

[1] 参见佐藤学：《学习的快乐——走向对话》，钟启泉译，教育科学出版社2014年版，第48页。

成为学习共同体，在"对话思维、对话探究"中进行思维互动。

男孩一直在看水面上漂浮的各种物品："看那个（圆锥体），有气泡冒出来。"

教师回应道："它在旋转呀。"（教师模拟儿童的好奇心或想进一步探索的语气和神态。）

男孩想了想说："因为里面有空气。"

教师拿起圆锥体，向孩子们展示空气是如何以螺旋的方式绕着圆锥体旋转，并解释道："空气从气泡里冒出来，推着圆锥体旋转。"

女孩把塑料管放入水中，吹起来，说道："看！气泡。"

教师惊讶地问道："你往水里放了什么？管子里有什么东西？"

女孩回答："空气。"

——摘自学前期有效教学法研究

在以上案例中，当教师关注到男孩对圆锥体的兴趣，便变身为儿童，加入儿童的探索行为中，在语言的互动中表现出自己对这一探究行为的极大兴趣，也从侧面引导男孩将自己的经验进行共享："因为里面有空气。"那么，"空气是如何以螺旋的方式绕着圆锥体旋转的？"教师敏锐地捕捉到生长点，就将这一学习点进行了梳理与提升："空气从气泡里冒出来，推着圆锥体旋转。"女孩在倾听、观察中发现了其中的关键要素气泡，教师再以"学习伙伴"的方式给儿童提供经验支持，引出答案。可以看到，教师与幼儿保持共同思考的策略就是参与到儿童的探究活动中，追随儿童的兴趣，与儿童形成学习共同体，在融洽、自然、和谐的师幼互动中，通过对话来帮助儿童获得新经验，与儿童进行持续的、共同的思维交流，保持共同思考，促使互动中共享式体验的发生。

思考，是思维的一种探索活动。

与儿童"思考"同频共振，持续共同思维，重构师幼角色，赋能师幼互动，一起生长。

七、从文化视角发现儿童、尊重儿童、理解儿童

"第一次走进学校，打动我的不是陈校长身上的一系列光环，而是学校的文化，让我看到了一位校长对教育的理解和他的教育立场，即儿童立场。也就是你所做的决策，是与孩子有关的，一定要从学生出发，再回到学生中去。"

这段话来自中国教师报编辑部副主任褚清源撰写的一篇题为《学校文化是校长的教育立场》的篇首语。

一日，在朋友圈看到这篇文章，这是从文化的视角来讲校长的教育理念、办学理念。我被深深打动。

文化视角阐述的是一种文化美。"尤其与孩子有关的决策，一定是从学生出发，再回到学生中去"；学校是儿童学习、生活、游戏、交往的场所，儿童本身就是教育目的。学校文化的塑造要基于儿童立场，让学校成为童心、童趣、童真的最美的风景，这就是"儿童文化观"教育场的构建、实施与迭代创新。我联想到了海德格尔的"此在文化"，儿童是"此在"的人，学校是"此在"的地。

什么是"儿童文化"？这个概念最早见于儿童人类学与文化人类学的研究。儿童文化特指儿童这一群体中普遍存在的特征与共性，它是儿童特有的行为、观念、态度和思想方式的总和，是儿童群体特有的精神生活和物质生活的复合体，体现了儿童用自己的视角观察周围世界的所见、所思、所感和所为。"基于儿童文化背景下园本化课程的构建"，其实是对"儿童、幼童本位、儿童立场"另一视角的研究、课程重构的再思考。"孩子是幼儿园的主人，本就以儿童视角来进行环境创设、活动创生；发现儿童、尊重儿童、倾听儿童、与儿童合作研究，教师研究儿童，儿童研究如何做生活、学习、游戏的主人"。

教师是儿童研究者，教师也是教学研究者。我想，当教师与幼儿在学习、游戏、生活场域架构起自由、自主、自发表达的学习共同体时，就会将"爱与自由的种子"播撒在课改的沃土上。

席勒在《摇篮中的婴儿》中写道："幸福的婴儿！摇篮还是你无限的空间。长大了，无限的世界就变成狭隘。"[①] 当儿童进入教育机构，他们就拥有了一个新的身份——学生。那么，儿童与学校（幼儿园），到底是和谐还是冲突？美国的布约克·沃尔德曾经将儿童文化与学校文化进行了对比：

表 1　儿童文化与学校文化的区别

儿童文化	学校文化
生态整体性	教学分割性
总体生命的发展	每一门课程的进步
生存	规范化
真实的	间接的
时间的连续性	时间的破碎性
口语的	书面语的
体能相近的	体能距离

他认为，每个儿童与生俱来有一种以韵律、节奏和运动为表征的力量和创造性的力量，而现代教育不仅分离了这种儿童特质，还压抑了儿童的天性和儿童文化的生长。

庆幸的是，陈加仓校长提倡的学校文化是基于儿童立场，让"儿童做学校的主人，站立在课程的中央"；温州学前教育的课改理念"看见爱与自由、看见生长的力量"，让课程的出发点与落脚点都归位儿童，在园本化课程研究领域，教师不仅对儿童和儿童的知识进行了关注，更将课程与儿童文化进行了衔接。是的，学校文化与儿童文化并没有冲突，理念对了，行动跟上了，那么就和谐了。

基于儿童文化来重建课程，需要从理性的角度再次反思儿童文化与儿童课程的关系，对儿童文化与课程的解释和理解，应该是一个"建构—反思—审视—重新建构"的周而复始的过程。我想到了两所学校教育中儿童文化的和谐生长。

一是"展望学校"。有一个收藏孩子作品的档案室、一个描述性探究中心，开展成人教育课程，包括为有经验的专业人员开办讨论会、研习会和夏季短

---

① 参见胡益民主编：《中外哲理名诗鉴赏辞典》，昆仑出版社 1999 年版，第 459 页。

训班等。他们将"每一种经验都是一种发展的力量"作为"学校文化"努力追求的东西：引领性的学习经验。正如杜威所说，这种学习经验激发好奇心，强调创新、树立愿望和目标，这些愿望和目标强烈地带领一个人在未来越过死寂的地方。学习经验的经历、建构、重塑、积累，就是生命的延续，在课程的实践中看见儿童生长的力量。这应该就是学校课程中的儿童文化。

二是"瑞吉欧幼教学校"。瑞吉欧的教育哲学是把儿童看作社会中平等、重要的成员。儿童发展的目的和手段只能从儿童那里学到。瑞吉欧的体系中没有固定的课程内容，课程主要以项目活动的方式开展，儿童在教师的支持、帮助和引导下，围绕大家感兴趣的某个问题或课题进行研究、探讨，在共同的研究、探讨中发现知识、理解意义、建构知识。儿童是有力、强壮与能干的学习者。每天，教师就好像在"同三分之一的确定性和三分之二的不确定性与新奇性打交道"。课程是儿童之间以及儿童和老师协商的结果。档案是瑞吉欧课程中的重要内容，"它既是学习的过程、交流的手段，也是一种探究、反思、对话与参与文化创造的预先设定"。在这里，儿童与同伴、教师、家长、管理者以及其他人联系并交往。"丰富、茁壮、有力的儿童形象是我们一切教育经验的基石"，"想要了解儿童心灵的秘密，想要揭示教育的技巧和教育学科学的秘密，先要把每一个儿童认作是自己的老师和教育者"。可见，这里是浸润儿童文化的乐园，其课程较好实现了儿童文化与成人文化的水乳交融，相得益彰。

杜威认为，教育即生长，教育即生活，教育即经验的不断改造。教育事业是促进人的发展的事业，"人即目的"，关注儿童文化不仅是为了孩子自身的发展，也是为了人类共同的未来；尊重儿童文化，才能成为一名真正的研究型教师。

八．"四有儿童"成长记

"老师，你知道气球是怎样从上面滑下来的吗？"

"老师，你会下棋吗？我这里有三种下棋的方式，你想了解一下吗？"

"这是我画的思维导图，你能看得懂吗？里面有吃的、玩的、用的。"

"老师，你听了我的介绍，还有什么问题吗？"

当我一跨入某幼儿园大（4）班的教室，积极主动、热情大方的孩子们就滔滔不绝地向我介绍他们手中的活儿，每一个介绍的孩子都能够非常清晰、流畅地向我讲述他活儿的名称、玩法以及自己的体会。我顿时被这个班级的孩子吸引住了，俯下身来，静静聆听每一位孩子的故事，欣赏每一位孩子的自信，记录每一位孩子生龙活虎的样态。我不免想起了"四有儿童"的模样，"眼里有光、手里有活儿、嘴里有事儿、心中有梦"。

随着课改的持续推进，我们不难发现，幼儿园课程改革实践在某种程度上进入了"深水区"，在很大程度上表现出新旧观念在理念、实践层面的交锋，而新旧观念的碰撞从深层次看则反映出从业人员不同的专业知识储备、思维习惯，乃至不同文化背景、不同价值观之间的碰撞与冲突。而解决分歧的捷径之一就是将复杂问题简单化，让教育回归本位，让课程回归儿童。"以儿童发展为本""基于儿童立场"等都是很多人在课改背景下张口就来的一些说法；"让儿童站立在课程中央""让儿童成为活动的主人""让儿童成为最好的自己"也是很多人在实施课程、开展活动和制定教育目标时的方向与关键要素。但是，如何呈现适宜幼儿发展的学习场域，有序有效地将课改的行动渗透在幼儿的课程学习体验中，值得我们思考和探究。

我认为，一个好的课程、一个适宜的教育环境应该是让每一个孩子都能够发现自我、乐于展示自我、敢于表达自我；孩子的眼里会发光，他们的嘴里会说事儿，他们的身上较好地呈现出"儿童是学习的主人，儿童是课程的主体，儿童是教育最终的受益者"的效应。

"这是我们今天制作的中草药茶，里面有各种各样的花与中草药，玫瑰、菊花、大麦、山药，每次放进去一种花与药材，我都会先观察一下水的颜色变化，我会在自己的本子上做好相应的记录，但是这些茶是不能喝的，这只是我们的实验。"我蹲在两位"制药师"的身边，听着他们对自己工作内容的介绍，看着他们分工明确地进行着研制茶水、记录茶色的流程。中草药是中国传统文化之一，孩子在充分体验后认识了药材的名称、用途，并以自己喜欢的方式来记录与表征。

"老师，你知道这些珍珠是怎样穿进手链里吗？""我想应该是珍珠从线的一端穿进来的。""不对，你看这是穿珠器。"小男孩直接从一个筐里拿出一支穿珠神枪，然后非常熟练地向我演示了一颗珠子穿到已经编织好的手链上的过程。小男孩看我一脸惊讶，继续向我介绍其他编织神器，并一一演示，而在他身后的老师则不时向我投来自豪的眼光。小男孩看我听得出神，还不忘向我提出了一个问题：你还有什么问题想问的吗？俨然一副老师的神态。正如陶行知所言：创造始于问题，有了问题才会思考，有了思考，才有解决问题的方法，才有找到独立思路的可能。小男孩的介绍非常特别，他会以"问题"为主线，带着别人一起去发现、去体验、去思考。尊重、平等、和谐的学习场域不就是最适合孩子的丰富课程内容、积累生活经验、提升学习能力的场所吗？

"让每一个孩子都有人生出彩的机会。"提升生命的价值、生命的质量则是回归教育本质。每一个孩子都是独立的个体，课程是孩子独特的生命体验。在幼儿园活泼的区域活动中，我看见了每一个"活泼地生长"的孩子。发现、体验、领悟幼儿园课程的真谛，就能呈现幼儿课程的美好样态。

"未来社会的理想新人应具有高度的主体性品质。"在对幼儿主体性发展课程的构想中，冯晓霞教授提出，所谓"主体性"是指人在和谐地处理人与自然（自然环境、物质世界）、人与社会（他人、集体、社会环境）、人与自我（自己的活动、目的、行为）三种关系的活动中所表现出来的"主体品质"：积极主动性、独立自主性、社会适应性和创造性。[①]而在适宜的学习场域遇见"四有儿童"，不就是"主体品质"形成与幼儿园课程实施最有质量的一次对话，也是我们所支持发展的、所追求培育的"未来社会的理想新人"一种课改模式吗？

九、让儿童研究变得更有温度、情调和情怀

你是一个"独特"的人。你的美由内而外，令人着迷。

我这一生都在关注着你，仰慕着你。因为你的勇敢，使我自由地成长为

---

① 冯晓霞：《构建 21 世纪的中国幼儿园课程——幼儿主体性发展课程思考》，《教育科学研究》1999 年第 1 期，第 57-64 页。

一个独特的我。你让我明白故事的价值。感谢你给我时间让我能松口气。①

　　作者辛迪莉在《向儿童学习：幼儿园教学反思》一书里说这段话献给她的姐姐，而我觉得这番话是送给儿童的。

　　有一天，我临时到一个班级带班，孩子们看到我显得异常兴奋，可能是班里来了一位"笑嘻嘻的老师"吧。在排队上楼的途中，最前面的男孩子突然停下来，问了我一句："凌老师，你的牙齿怎么是歪的呀，是不是小时候吃饭不乖？"我没有马上告诉他答案，而是回应道："你观察得真仔细，凌老师自己都还没有想过这个问题呢！不过，我小时候确实吃饭不是很乖。"到了楼上，孩子们见我回答得如此诚恳，就问了我好多问题："老师，你结婚了吗？""老师，你家里有宝宝吗？""老师，你和我们Y老师关系好吗？"这些问题还挺有意思的，于是我就与孩子展开对话。

　　第一个话题：从你们对我的观察，认为我结婚了选择A，没有结婚的选择B，还要说出理由哦！

　　A.工作这么久，应该结婚了。

　　穿得这么漂亮，结婚了。

　　戴着耳环，肯定结婚了。

　　人长得有点黑，所以结婚了。

　　……

　　B.穿着裙子，没有结婚。

　　老师长得这么苗条，没有结婚。

　　手上没有戴戒指，所以没有结婚。

　　……

　　从孩子的表达中，我惊喜地发现，每一个孩子的回答都是有依据的，那是他们基于自身的经验做出的判断。认为我没有结婚的是从穿着、身材、佩戴饰品出发，而认为我结婚了是从工作时间、肤色、着装等方面出发。孩子们用肤色来比较大概是源于班级中的两位老师正好一位已婚，另一位为未婚，

---

① 辛迪莉·维拉瑞尔：《向儿童学习：幼儿园教学反思》，叶小红译，南京师范大学出版社2018年版，第1页。

没有结婚的长得比较白、平时穿裙子。

第二个话题：猜猜我几岁了。

孩子们的回答五花八门，有说 35 岁的，也有说 19 岁的；我将自己的属相、女儿的年龄等几个关键要素作为条件提出来，孩子们可厉害了，一下子就推算出了我的实际年龄。

第三个话题：你最想和凌老师做一件什么事情？

在宽松、愉悦的对话的基础上，我还想和孩子们的关系更进一步，于是我又抛出了这样一个话题：你最想和凌老师做一件什么事情呢？我提议让孩子将自己的想法用绘画的形式记录下来，在交流中获得情感的升华。我说："如果你的画作能够表达出你的想法，还可以得到一份小礼物哦！"晚上回家，我第一时间去商场为孩子购置了第二天要互换的礼物。我相信每一个孩子都会记录与我一起做一件事的美好愿望，我也会用这份美好拉近我与孩子的关系。

第二天，孩子们纷纷将自己的愿望表述出来，也很自然地得到了我的一份小礼品。

是的，我喜欢与儿童在一起，喜欢将这些普通的故事记录下来。台湾作家黄锦敦认为，叙事是一种陪伴孩子的美学，他认为应"与孩子一起面对生命的挑战，遇见属于他们自己的幸福与光荣时刻"。[①]我喜欢用叙事手法记录孩子的行为，更喜欢与孩子交朋友。因为，我相信每一个孩子都是一个独立的个体，倾听每一个孩子的想法，会让我获得惊喜；与每一个孩子接触，会让我学到很多……

正如前面提到的辛迪莉老师，她也喜欢与儿童一起制造、叙述有趣的故事。我认为，叙事会让儿童研究变得更有温度、情调和情怀。

[①] 参见黄锦敦：《陪孩子，遇见美好的自己》，北京联合出版公司 2017 年版。

课程中的儿童立场

近年来，随着幼儿园课程改革的不断深入，人们越来越强调儿童作为教育主体的主动性和创造性，越来越关注儿童的兴趣、需要以及儿童身心发展规律在教育中的重要性。儿童立场基于儿童的生存与发展方式，强调儿童对事物的观念、理解与体验。儿童立场力图从儿童的视角来看待问题、发现问题，最大化地满足儿童的需求。基于儿童立场，最终是为了儿童的健康快乐成长，也是助力我们从研究儿童走向与儿童一起研究！

一、当幼儿的兴趣点与教师的价值认知发生冲突时……

兴趣是最好的老师，兴趣是激发幼儿探索的重要内在动力。幼儿园的教育以幼儿兴趣为导向，是为了幼儿更好地发展。

幼儿兴趣的重要性已经被越来越多的教育者认同。但当幼儿的兴趣点与教师的价值认知发生冲突时，是顺从还是终止？如何围绕孩子的兴趣点去挖掘教育的价值本身，从而做出适切的回应？

案例1：在一次午饭后散步活动中，孩子们意外发现草丛里躺着一条蚯蚓，蠕动的身躯立即引发了孩子们观察的兴趣。有的孩子拿着小树枝为蚯蚓引路；有的孩子则好奇地问："蚯蚓的眼睛长在哪里，它是怎么看东西的呢？""蚯蚓肚子饿了，会吃些什么呀？"……正当大家议论纷纷的时候，用树枝给蚯蚓引路的孩子突然一声惊叫，"不好啦！我把蚯蚓尾巴压断了！"蚯蚓的尾巴怎么会断呢，它会死吗？孩子们向老师投去了"求救"的目光。老师微微一笑，说："蚯蚓的尾巴很快就会再长出来的，它没有死，甚至还可以从一条变成两条，这叫再生。"孩子们一听，脸上的表情马上转阴为晴。"那它可以从两条变成三条、四条吗？"……为了抓住孩子的兴趣、满足孩子的好奇，老师和孩子们一起将蚯蚓带回班级的植物角，进行持续的观察。一个蚯蚓项目活动就此生成了。

在这个案例中，我们可以清晰地看到：孩子对蚯蚓有着浓厚的兴趣，他们对蚯蚓的器官、再生能力等充满了好奇。老师明确了孩子当时萌发的兴趣，并深入思考他们可能还会有哪些新兴趣，毫不犹豫地支持孩子进行深入观察，让有意义的学习发生。

有学前教育专家曾说："活动是从兴趣到思维的，教师应挖掘值得幼儿深入探究的学习，带动幼儿背后思维的沸腾。"在前面的案例中，我们可以识别出，教师的解惑与后续的支持策略，很好地将幼儿的兴趣与思维进行了切换。如果教师能够基于幼儿视角和立场来深化他们的兴趣，隐藏自己的"认知判断"，让幼儿通过查阅资料、进一步探究来发展审辩式思维，就能激发幼儿学习的内驱力，促进他们用自己的真实行为来践行真兴趣，从而进入深度学习，带动思维的沸腾。

当然，教师对幼儿兴趣点的采集可能更多来自"教育价值的判断"，带着幼儿一起观察蚯蚓，并怀着好奇心与他们一起探究"断了的蚯蚓是否还会活"可能会更具知识性和教育价值。所以，我认为，案例中的老师应该将自己先"伪装"起来，留意"幼儿是如何看待事物、人和经历的，记住他们是怎样解释和理解周围世界的"。借助幼儿积极主动的学习力量推动他们的兴趣点，这样就更能让兴趣产生意义。我想，如果教师是按照这样的目标来追随并拓展幼儿的兴趣，那这种回应幼儿所生成的课程一定会更具儿童味，更有针对性和探究性。

案例 2：孩子们在搬运积木的时候，无意间发现了大厅门框有划痕，而且有点深，孩子们就议论开了。有的说，这个划痕可能是谁搬桌子的时候，桌角划的。有的异想天开，说划痕可能是奥特曼变出来的。"奥特曼"这一形象在幼儿心中始终处于不败地位，当有人这样提议的时候，其他的孩子纷纷加入"奥特曼"的行列，还出主意说要开展一次侦探活动，看看到底是不是奥特曼变出来的。老师努力去探访孩子的"心灵世界"，于是围绕孩子的兴趣点生发了一场侦探活动。孩子们对这一次的"侦探活动"兴致极高，画线索、查资料、寻对策，遇见了很多的不确定性；同时，孩子们还将一系列的"侦探经历"演变成了"项目故事"。这时，一阵大风吹过来，门咯吱咯吱响，大家这才发现，原来划痕是这样产生的。孩子们对这一谜底充满兴趣，由此，教师意识到还可以将孩子探究的点落在"摩擦力"这一科学探究活动上。

在这个案例中，我们关注的点是：第一次探究是围绕幼儿真实的兴趣点而开展的一个项目活动，驱动性问题是"划痕是怎样来的"。而当谜底揭晓的时候，教师觉得前面的一系列活动教育价值体现不够，兴趣点生发的主题应该是"摩擦的力量"。围绕孩子的兴趣点生发的活动达不到教师的价值认知，是否显得这一兴趣点无用？

"尽管我们不可能直接观察到儿童在游戏中的思维，但教师要透过儿童的游戏行为探究儿童的兴趣、需要，分析出儿童在想什么以及怎么想的，进而找到最有效地拓展儿童思维的行为。"[①] 在案例中，教师基于儿童视角和

---

① Jane Tingle Broderick, Seong Bock Hong：《从儿童的兴趣到思维：运用探究循环规划幼儿园课程》，中文版推荐序Ⅲ，叶小红译，中国轻工业出版社 2022 年版。

立场来拓展幼儿的兴趣，思考的是"儿童在想什么，为什么这么想"，通过项目活动支持孩子去思考、去探索，其中，孩子的思维是"沸腾"的，在活动中，他们很好地将兴趣牵引到了思维，同时，在不断地寻策过程中体验到了思考带来的快乐。当最后谜底揭晓的时候，教师如果能够基于教育现场挖掘出值得幼儿开展深度学习的主题，让幼儿的兴趣持续拓展，而不是对之前的所有行为给予否定，可能会更好地助力幼儿从"兴趣到思维"的过渡。如果是我，会将儿童正在探索的主题作为活动的出发点，而不是按部就班形成一节课。只有树立幼儿兴趣动态发展的意识，教育者才能在发现幼儿的兴趣点后，围绕其兴趣去推动幼儿的深度探究与学习。

从幼儿的兴趣到思维，如何追随、如何支持、如何在兴趣点中探寻到教育价值，需要教师具备儿童视角，需要教师智慧的教育策略与深度思考，更需要教师对儿童的读懂、理解、悦纳。

二、幼儿园课程改革，其实是一场静悄悄的革命

"静悄悄的革命"即是通过和事物对话、和他人对话、和自身对话的活动过程，创造一种活动的、合作的、反思的学习。这种学习是创造以相互倾听为基础的教室里的交流；是那些力图实现创造性的、合作性学习的教师间的相互学习；也是让家长参与学校改革，使相互合作得以具体化的联系载体。[1]

2021 年是温州市第一轮幼儿园课程改革的收官之年，也是第二轮幼儿园课程改革的启动之年。回想 2018—2021 年的课改历程中使用最关键也是最多的词应该是"发现"。我静静倾听着课改体验者（管理者、一线教师）的话语，慢慢回想着自身的所见、所闻、所感、所为，《静悄悄的革命》一书的理念与情境，清晰地浮现在我的眼前。试问，幼儿园课程改革，难道不就是一场"静悄悄的革命"吗？

---

① 佐藤学：《静悄悄的革命：创造活动、合作、反思的综合学习课程》，李季湄译，长春出版社 2003 年版，中文版序。

◉ 发现：尊重幼儿的学习特点与方式是步入课改的前提

《幼儿园工作规程》中指出，游戏是幼儿园的基本活动。但是，说归说、做归做，伪游戏、真游戏，是幼儿玩游戏还是游戏玩幼儿？有人在呐喊，有人在呼吁，有人在悄悄地做教学方式的变革。无论是怎样的状态，"儿童观"的滞后都会导致"教育观、课程观"的迷茫与混乱。当教师的眼中没有幼儿的存在，心中还无法存有归属于幼儿的地位，那么，对游戏与儿童、游戏与课程、游戏与活动，其实永远没有明确的、正确的、理智的分析与见解。幼儿园课程到底如何建设，幼儿园课程在哪里，各级各类幼儿园将循着怎样的路径去使用、研发、实施属于自己园所的课程？

"看见爱与自由、看见生长的力量"，是第一轮课程改革的核心理念，"看见爱与自由"指向课程组织与实施过程中教师的行动要领，要求幼儿园教育以爱与尊重为基调，给予孩子宽松自由的空间与心理环境。"看见生长的力量"指向课程的目标、实施过程与评价，要求教育者相信幼儿内在蕴藏着一种强大的精神能量和发展潜质，给幼儿提供发展的条件与环境。有了理念的指引，发现儿童本身就是课程的目的。而课程建设的起点就是要懂得尊重幼儿，尊重幼儿的学习方式与特点，那样才是真正以幼儿为主体的课程。

"让教室里的学习成为每一个学生都能得到尊重，每个学生的差异都能得到关注的学习。"这同样适合幼儿园。我们发现，温州市的各类幼儿园都在核心理念的指引下，逐步研发并实践游戏化、生活化、综合化的园本课程。有了理念的落地，有了实践的探索，幼儿园课程改革才能从尊重幼儿、尊重幼儿的学习方式与特点起步。

◉ 发现：形成一种有质量的对话氛围是促进课改的关键

"没有哪一个教室和其他教室飘溢着完全相同的气息，有着完全相同的问题。"园本化、班本化课程就是根据这样的导向开始实施的。区域推进、园所跟进、班级走进，每一所幼儿园都以自己的方式在课程改革之路上探索、实践、反思、再实践、提炼、探索。有历史的幼儿园结合园所的文化将园本课程精雕细琢，让它更适宜幼儿的发展；新的幼儿园因为社会的需要在短时间内拔地而起，在新园舍、新教师队伍、新背景下，园所的管理者也想在最短的时间内研发出能够彰显自身特色的园本课程。老园与新园、优质园与薄弱园，目标都是让课程建设能够为幼儿园树标杆、出成效。其实，不管是怎样的幼儿园，都应该立足当下，创设多元对话的氛围，与自身对话、与相关对象对话，这才是推进幼儿园课程改革最关键的一环。

曾听一位园长说，因为想走得快些，而乱了方向，没有了底气。另一位园长说，本想以"生长点"作为课程的研发路径，但是教师缺乏对"生长点"的捕捉与拓展能力，师幼缺乏最起码的信任对话，只能再回到原点。是的，量身定制、着力而为、创新促进，"因为教育实践是一种文化，而文化变革越是缓慢，才越能得到确实的成果"。

幼儿园课程改革其实就是回归儿童、回归教育、回归本真。只有不断地对话、不断地体验、不断地反思、不断地积累，才能形成属于自己的课程，彰显生长的力量。

◉ 发现：为了智慧的生长才是未来课程建设的导向

幼儿园课程的使命是保护儿童的天性、唤醒儿童心灵成长的力量。教育专家成尚荣老先生认为，课程是一种机会，幼儿园课程就是要为儿童提供智慧生长的机会。幼儿园课程改革的根本之处在于确立为儿童的智慧生长而教的宗旨和课程框架，用智慧统领知识，把知识转化为智慧，用智慧引领儿童的生活。

我比较欣赏的是安吉游戏课程化中对儿童的再发现与再认识，他们每天做的教学工作有三类：一是观察——发现儿童的发现；二是倾听——记录儿童的行为；三是对话——个别对话和集体对话。其目的是获取儿童学习与发展信息，支持儿童的发展。

当下，温州农村幼儿园课程实施工具——九把钥匙，对以往课程实践进行再梳理、再认识、再提炼，从而形成新的经验与观点，把创新运用于新的课改实践中，为新一轮课改提供了新的路径与发展方向。它的探索与创新实践指向教师对儿童的再发现与再认识，对自我专业的再梳理与再提升，从而重塑专业自信、探寻更高的发展水平，支持教师、家长、儿童在课程中获得真成长。

温州市还推出了"未来教育"窗口园的创建。我想，关注过程、强调实践、崇尚互动，应是"未来课程"建设的核心要素，一所有生命力的幼儿园，一定有着回归教育、回归儿童、回归本真的个性化园本课程。儿童就是未来。幼儿园课程智慧的提升，就是对儿童的再发现与再认识。只有发现儿童、认识儿童，幼儿园课程才能真正成为儿童的课程，儿童才能成为幼儿园课程的永恒主体。

未来幼儿园课程是儿童自己的课程；

未来幼儿园课程是为了儿童的课程；

未来幼儿园课程是从儿童出发的课程。

三、课程审议背后的价值取向到底在哪里？

在很多关于课程审议的报道中，常有一个非常醒目的标题——"让儿童站立在课程的中央"，这个标题可能是现在所有幼教人追求的，也是想实践的，更可能是最终要落实的一个课程目标，但是，在现实的教育教学实践中，是否真如审议人所思、所说、所做呢？我觉得未必。

一线幼儿教师都知道，幼儿园的教材相比于小学、中学，选择要自由很多，但是这也给教师带来困惑，教材选择的依据在哪里？什么样的教材才真正从幼儿的发展、经验、需求出发？不同层次的教师对教材的理解是完全不一样的。在现实生活中，我们可以清晰地看到，大多数教师将省编的教材作为开展集体教学活动的主要来源，他们虽然口中念叨——要追随孩子的兴趣、根据孩子的需求来开展教学活动，但总是口是心非。因为受多种局限，如对自身专业成长需求的迷茫、对幼儿发展需求的迷茫、对原教材创新的迷茫等等，很多老师还是拿着原教材，啃着教师用书在那里开展所谓以"幼儿学习主体"为核心的集体教学，而对每一个幼儿不同的反应视若无睹。他们觉得，只要能够将课完整地上好就是最好的解读。而且在众多的课程审议的案例中，我们也发现很多审议的出发点都是教师的自身认识，而没有真正在课程审议的前、中、后发现不一样的儿童，真正聆听孩子的心声，感受孩子成长的步伐，而是让"孩子站立在课程的边缘，而教师与教材才真正是课程的中央"。这让我想到了"儿童立场"在课程审议中如何体现这一问题。

有人说：课程改革是一种合作共赢的方式，如何追随孩子兴趣要注意辩证统一，不能盲目。

　　有人说：幼儿园在课程实施中要利用周围资源，将基础课程和特色课程有机整合，根据课程目标，理清课程脉络。

　　有人说：课程推进中教师要关注儿童本位，跟随不盲从，放手不放任，做到眼中有儿童，心中有目标。

　　有人说：在课程推进过程中要思考怎样的学习方式才是幼儿所喜欢的，提出问题，解决问题。

　　…………

　　成尚荣老先生说：教师的第一专业就是儿童研究。教师只有具备了这个第一专业，才能做到"为童年设计。"

　　美国当代著名教学论专家、哈佛大学教授爱莉诺·达克沃斯提出：教学即儿童研究。儿童研究伴随着我们课程改革的整个过程，渗透和引领着教学改革。

　　杜威认为儿童的发展是在先天本能与冲动的基础上，通过与环境的相互作用而不断地增加经验的过程。

　　在瑞吉欧的教育理念中提到儿童的生长本身就是教育目的，教育应以儿童为中心，应从儿童的兴趣、需要及经验出发。他们认为在"教"与"学"两者之间，更应尊重后者，以学定教，教无定法。

　　其实，课程在实施的过程中应该在以儿童为中心、以教师为中心的两者之间找到一个平衡点。教师、教材、幼儿三者之间更应该找到一个支撑点与连接点，每一位教师对儿童研究的认识与出发点都是不同的，如果要真正地体现课程审议、主题审议的价值取向，首要条件是要去研究本园幼儿、本班幼儿甚至是个别幼儿，只有以研究的视角来发现儿童、理解儿童，从儿童视角来提出问题、解决问题，再以"审议"的名义来选择教材、制定课程，才能"让儿童站稳在课程中央"成为现实。

　　"站稳"和"站立"是两个不同的概念。站稳是保持直立，保持平衡；站立是让姿态更加独立。而在课程目标的取向上，我们追求的是儿童、教师、教材之间的平衡，我们相信儿童是有能力的学习者，但是他们的学习同样需要教师的理解、支持、沟通和合作等，需要互动资源的渗透与引领。

　　（此文发表于《温州教育》2019 年 7 月—8 月刊，收入本书时略有修改。）

四、"幼儿游戏故事"撰写的方法与技巧

近年来，温州学前教育领域的教师在"玩中学"课改理念的大背景下，以自主游戏为切入口，为孩子寻找到了快乐的源泉、自信的根基、飞翔的翅膀，开展了"幼儿'游戏故事'开发与应用"的项目研究，并于2016年11月出版了第一本著作《游戏故事》。此书共收集了38个由一线教师提供的游戏故事，我作为该书的编写者之一，在修改、提炼、梳理38个游戏故事的过程中，对游戏故事的概念、游戏故事的定位、撰写游戏故事的视角等提出了自己独特的见解，即基于"三维视角"来撰写游戏故事的方法与技巧。

● 视角一：在观察中准确把握游戏故事的自主性

所谓游戏故事，就是以自主游戏为切入点，通过叙议结合的方式来客观描述幼儿游戏行为而形成的一个故事。它可以是对一个孩子在游戏中获得成长的过程记录；对一个问题实施路径的研究记录；它反映的是教师对幼儿游戏观察、解读与支持的能力，也是教师教育的智慧。它是叙事性研究的产物，更是教师观察幼儿行为之后"质"的梳理。那么，教师该如何把握游戏故事中的自主性的特点，这就需要教师发挥在游戏指导中的特有的专业能力——观察。

观察是一种有目的、有计划的知觉活动。观，指看、听等感知行为，察即分析思考，即观察不只是视觉过程，更是融感觉为一体的思维活动。幼儿是游戏活动的主体，对幼儿而言，游戏是真实的生活和想象世界的统一。幼儿游戏有三个要素：时间、空间和同伴。和谁玩，想怎么玩，什么时候玩，玩什么，都是由幼儿自己说了算，他们在自主游戏中会根据游戏发展的需求来生发主题、选定玩伴、选择材料。观察是教师走进幼儿游戏的起点，也是教师了解幼儿在游戏中的想法、理解幼儿在游戏中的行为特征的重要途径。在观察的时候，教师应该敞开心扉，充分包容、接纳幼儿；在观察的时候，要总结出幼儿在游戏活动中获得并积累的有助于改变其自身、促进其发展的经验，促进幼儿获得实质性的发展。

在游戏故事"给力的出诊医生"里，教师在整个游戏开展过程中，选择

站在"听得见声音、看得见动作"的地方，持着手机静静地录制，记录幼儿在游戏中怎样发现问题、怎样解决问题，如何调整自身的行为与思想，教师借助现场与视频回放相结合的手段将观察解读聚焦于幼儿的心理活动与行为活动的相互映衬，在后续的多元转换中支持幼儿在游戏中获得成长。

◉ 视角二：在叙述中巧妙提炼幼儿游戏的故事性

一个好的游戏故事一定是具有思想内涵的故事，它会有一定的思路、视角、韵味和境界。它不仅可以让读者在品读的过程中感受到孩子成长的痕迹，也可以让读者赏析到教师在游戏中的支持策略。在修改 38 个游戏故事的过程中，我提炼了富有故事性的幼儿游戏的三大特点：情境式、链接化、线索性。

一是情境式的游戏故事。它带有一定的情节和意境。此类游戏故事中的幼儿会根据游戏情节的需求，产生不同的情境化的内容，如生活化、角色化、问题式的情境。所谓生活化情境，也就是幼儿在生活模拟场景中，如生活超市、快乐茶吧、美食小屋等，基于原有的生活经验来参与游戏，通过情景模拟再现已有的生活经验，在与同伴、材料、情节的互动中生发新的经验，从而获得游戏能力的提升。而角色化的情境也就是幼儿在社会性区域中根据自己的喜好来选择角色，进行职业体验式游戏。如扮演医院里的小护士、医生，快递公司里的快递员和娃娃家里的爸爸、妈妈等。不管哪个年龄段的孩子都会喜欢角色扮演。在情境式的游戏故事中还有一种类型，笔者称之为"问题式情境"，就是创设问题情境，让孩子在研究问题、解决问题中习得游戏经验，获得成长。

二是链接化的游戏故事。也就是整个游戏故事的情节环环相扣，层层递进，具有一定的关联性与持续性的特征。它可以用多片段的方式来呈现。如游戏故事"小红军的战斗形成记"，通过四个链接片段将幼儿的游戏故事进行生动地叙述。

三是线索性的游戏故事。它是指围绕一个核心的话题、关键的事件而展开，围绕某一线索（如人物、事件、材料）等来助推故事的进展。在游戏故事"阿炜，加油"中，阿炜是贯穿整个故事的核心人物，以挑战过桥为线索，跟随教师对幼儿游戏行为的逐层解读、分析，我们可以清晰地看到孩子在不断调整自己的状态去克服一个个困难，从而收获游戏的喜悦。

◉ 视角三：在描写中勾勒出游戏故事的程序化

在描述幼儿游戏故事情节的时候，要基于儿童发展的立场，要从儿童的视角来阐述游戏过程。一般游戏故事有题目、背景、过程、感悟四环节组成，如何取题目、交代背景、叙述过程、畅谈感悟其实不是一件简单的技术活儿，每一个环节都会有自己独特的描写愿景。

技巧一：取好题目做到三关键——醒目、品趣、易懂。题目有直接赚取读者眼球的功能，它是整个游戏故事核心内容的提炼，能让人一读题目就能了解该游戏故事叙述的是什么、怎么玩，以及玩的价值意义。

技巧二：交代背景做到四门道——直接、铺垫、烘托、引发。在游戏故事的文本中，开头部分就是背景描述，主要向读者交代游戏发生的时间、地点和缘由。游戏故事的背景描述至关重要，在文中要起到调味剂的作用。直接交代式、情景铺垫式、背景烘托式、问题诱导式是四种比较实用且能切合读者心理的背景交代小门道。比如，直接交代式就是直接切入主题，交代背景。在游戏故事"浩浩的发现之旅"中的背景描述是这样的：投放在户外建构游戏区里的大型木制积木，一直深受孩子们的喜爱。尤其是男孩子，经常会拿着积木建高楼、造公路、搭小桥，玩得不亦乐乎。情景铺垫式则是将背景描述创设成一种意境，能够以最快的速度引领读者融入情节。

技巧三：撰写过程做到二视角。游戏过程也就是游戏故事的中心文本，里面有幼儿游戏实施的路径（我计划、我研究、我回想），也有教师的支持策略，夹叙夹议。我认为可以结合两个视角来描述游戏中幼儿的所行、所思、所言和教师的支持策略。

一方面，要从核心的视角来提炼每一个游戏片段的标题。因为，每一个游戏故事都是由多个片段或者多个环节构成，每一个片段或者环节有鲜明的标题，使内容清晰明朗，让读者阅读起来省力。如游戏故事"纸盒路"在标题的取法上能够从文本的核心点出发——标题一：初现纸盒"路"——引发兴趣；标题二：不断调试——让"路"拓展；标题三："棋路"相逢——其乐融融。

另一方面，要从儿童的视角来叙述幼儿的游戏行为，让游戏行为更加体现玩的价值。以儿童的视角来阐述儿童在游戏场景中的外在言行表现，在文字的描述中能够让读者体会到儿童"内在"的感受与体验。如何操作？我将通过一篇游戏故事修改前后文稿的对比来进行解析。如游戏故事"欢天喜地抬花轿"中，教师先前对幼儿的游戏行为是这样描述的：

"孩子们抬花轿的方式，创造了许许多多不一样的玩法，分别是双手交叉单杠法、双手交叉双洞法、双手平行法、单座单靠背法、单座单扶手法。"

这里就是用成人的视角来描述幼儿的游戏行为，虽概括性强，但是读不出孩子玩的韵味。用儿童的视角来描述幼儿的游戏行为：

"抬花轿啦！抬花轿啦！随着孩子们的叫喊声，大家纷纷伸出小手，与小伙伴一起变出了各种各样抬花轿的办法：瞧，小手拉小手变出两条小竹竿，取其名曰'交叉单杆法'；小手拉起小手，做个交叉变出两个小洞洞，孩子们说这是'两个大嘴巴'，美其名曰'双洞法'；更有意思的是，一只小手在前，另外一只小手扶着同伴的两只交叉的手，像椅背、像扶手，太有趣啦！孩子们笑着、闹着、玩着，伙伴版的抬花轿就这样遍布在操场上。孩子们结合自己的经验，发挥想象，在同伴的合作下将自己的想法实施，小手变出山洞轿、靠背轿、扶手轿等，结合绘本内容生发游戏主题，去体验游戏的快乐。"

技巧四：感悟抒发做到精准、真实、以小见大。在游戏故事的最后部分，有一小段文字为感悟部分。所谓感悟，也就是结合整个游戏过程而抒发的感想，比如：教师领悟到了什么？孩子收获了什么？家长感叹些什么？等等。因此，感悟部分描写的时候要做到三点："精准、真实、以小见大"。如游戏故事"跳过鳄鱼池"中作者从游戏特点、游戏价值、游戏意义三方面展开，如游戏是没有年龄限制的，游戏是可以增进友谊的，游戏是可以促进家园共育的。

技巧五：插图介入做到精确到位。插图是文字描述的一个辅助说明，要注意手法新颖，凸显立体性、多维性。如提示文字组图，也就是在图片的要点部分直接用文字说明；连续画框式，也就是将图片与相关的文字框在固定的表格里，体现整体性；还有一种就是将局部细节放大，便于读者在阅读的时候能够关注细微处，阅读时更加赏心悦目。

游戏故事是幼儿游戏最美、最有价值的表达方式。作为游戏的观察者、支持者、引导者，我们需要用独特的视角去解读幼儿的游戏行为，用细腻的文字描述幼儿的游戏流程，由此，美妙、动听的幼儿游戏故事将得以记录、分享、传播。

（此文发表于《温州教育》2018 年 6 月刊，收入本书时略有修改）

当一名幼儿园老师，挺好！

　　曾经有位前辈这么评价我：素凡的眼睛里充满了儿童的光芒。也许是与孩子相处久了，与孩子交流的时间长了，孩子自然而然地成了我眼中一道抹不去的光彩。做孩子喜欢的老师，是我这一辈子最想做的事情。

一、幼师，到底该长成啥样？

最近，看到一篇文章，题为《牵绊中国学前教育发展的"百年裹脚布"——幼儿教师的"弹唱画跳"》。我着实被这题目吓了一跳，阅读全文后发现，虽然作者将幼师的专业技能"根深蒂固"与封建社会的"裹脚布"等同的观点有点偏激，但也能从两个层面反映出作者的观点：一是从正面反映出我国学前教育专业辨识度不够；二是从侧面反映出我国学前教育普遍存在着"盲目跟风"与"拿来主义"的作风。

如果有人问你，你为什么要当幼儿园老师？回答可能是以下几种：

1. 因为我长得漂亮，性格温柔，所以大家都认为我适合当幼儿园老师。——外貌协会。

2. 我比较活跃，唱歌、跳舞、画画、讲故事，样样在行，最适合当幼儿园老师。——技能占优势。

3. 我的文化成绩不够好，学前教育专业比较注重术科（技能），考学前教育把握性最大。——轻文化重术科。

4. 我很喜欢和幼儿园的小朋友一起玩，所以我想当幼儿园老师。——以爱为基础。

……

为何要考学前教育专业，前三种原因相对占多数，第四种原因占比最少。但也许只有到了工作岗位上，你才会发现原来每天与孩子在一起，是一件多么美好的事情。就我自己而言，就是这样的体会。

在大众印象中，幼儿园老师总是显得才艺出众、性格活泼、靓丽阳光；这里的才艺全能，就是指"弹唱画跳"样样通。很多地方幼儿园教师招聘考核，其中的"专业技能"占了很大的比重。有很多教师因为专业技能不够强，如舞跳得不够好、琴弹得不够流畅、画画得不够精致等原因多次落选，与编制错失"良缘"。有位学前教育专业毕业的学生，平日里带班与孩子相处得很好，家长工作也做得很好，深受园长和家长的喜欢，但是，因为才艺不够突出，每次考编的总分总是被拉得很低，始终以零点几分的差距被拦在编制门外。我个人也很为她可惜，但以当前的考核体制而言，只能在每次考编时机来临的时候，鼓励她加强练习专业技能。

事实上，在幼儿园带班过程中，"弹唱跳画"真的不是最重要的，最重要的是教师与孩子的互动关系、教师的班级管理能力、家园沟通能力、与同事的合作能力等。作为一名幼儿园老师，最重要的是要有一颗爱孩子的心、一双善于发现孩子的眼睛，还要有一颗永远长不大的童心。在与家长的沟通中，家长会说：××老师的责任心强，对孩子照顾很周到，我家孩子在这个班级很放心。而在孩子口中，他会说：我很喜欢××老师，因为她上课很有意思，总会变出很多魔法；我很喜欢××，每天都会给我一个大大的拥抱……

我也记得自己带班的过程中，很多家长愿意将孩子放在我的班级，不是我舞跳得好，歌唱得好，画画得好，而是我的真心付出、真情流露、真爱沟通，还有我对孩子的专业指导，获得了他们的信任、支持与好评！

当然，随着学前教育课程改革的推进，幼儿园老师的核心任务已经开始转变，儿童观察与分析能力、游戏活动设计与指导能力、一日生活组织与策划能力、环境创设能力、家园沟通能力、儿童学习品质的支持与研究能力等越来越重要。幼儿园的教师素养大赛，不再比弹唱画跳，而是比教师的论文撰写能力、游戏观察分析能力、教学活动设计能力、教研组织策划能力等，考验的是教师的写作力、观察力、分析力、思考力、领导力、策划力。虽仅仅为一场比赛，但它彰显的是对幼师专业辨识度的理性思考与清晰的价值引领，也能够在一定的程度上给业外人士一种新的专业界定。幼儿园老师不再是弹唱画跳的主角，而是观察儿童和课程建设的主力军。

让我们一起重温一下《幼儿园教师专业标准》（以下简称《专业标准》）。《专业标准》是国家对合格幼儿园教师专业素质的基本要求，是幼儿园教师实施保教行为的基本规范，是引领幼儿园教师专业发展的基本准则，是幼儿园教师培养、准入、培训、考核等工作的重要依据。其中，师德为先、幼儿为本、能力为重、终身学习是幼儿园教师的基本理念，而包括专业理念与师德、专业知识、专业能力等3个维度14个领域的62条基本要求组成了幼儿园教师专业的基本内容。《专业标准》的实施建议里明确提到：各级教育行政部门要将《专业标准》作为幼儿园教师队伍建设的基本依据；开展幼儿园教师教育的院校要将《专业标准》作为幼儿园教师培养培训的主要依据；幼儿园要将《专业标准》作为教师管理的重要依据；幼儿园教师要将《专业标准》

作为自身专业发展的基本依据。《专业标准》其实非常明确地告知准幼师、在职幼师在专业方面的培养重点与难点。

观念是行动的灵魂。幼师院校作为幼师的准入门口，更要注重理念的更新、行动的创新。幼师院校的文化建设、课程设置是否需要回归教育的原点？我们更应该思考创办幼师院校的教育目的是什么，育人目标是什么。"一切为了儿童，为了儿童的一切"，是老教育家陈鹤琴先生的崇高理想，也是我们当代教育改革的本体归宿。从原点思考、出发、整理、回归，将会让幼师的生长方向、价值取向变得更加清晰明朗。

当然，我们也不能否认专业技能的重要性，幼儿园老师如果在学前教育专业就读期间，修得较为深厚的文化素养，那么到了工作岗位，她带给孩子的艺术熏陶就会不一样，如：将音乐贯穿在一日生活中，用美妙的音乐来熏陶幼儿一日生活环节的习惯的养成；对一些名人的绘画作品通过不一样的视角带着孩子欣赏，让他们感受到艺术的魅力；用优美的舞姿带着孩子做操、锻炼身体，也是一幅生动的画面。黑格尔认为，"前进就是回溯到根据，回溯到原始的和真正的东西"。从事物发展的初始点、起始点思考问题，就能够更加清楚地认识事物的本质，而不会迷失方向。我认为，任何事情都有一个度，只要能够把握适宜的尺寸，收放自如、轻重得当，就不失为一件合理的事情。

文章中提到，幼师要求"弹唱画跳"是百年前的西方传统，它的由来与西方学前教育有重大关系。一百多年前的学前教育在西方社会的普及是以"拯救弱势群体的儿童"为主旨的。初衷是播种美好的种子，唤醒对大自然和艺术的美的体验和欣赏，而这些代表美好、精致、高雅的事物，是当时贫穷儿童最需要、在家庭生活中无法接触的奢侈品。而我国将"弹唱画跳"作为幼师必须掌握的专业技能，是提升教师的专业文化素养还是作为教师准入的专业技能，值得大家思考。

除了这些，我们还有很多学前教育理念也引自西方。教育家陶行知曾说，外国的经验，只要合适，采取它；如有不适用的，就去掉它。去与取，只问适不适，不问新与旧。其实，一种理念引进之后，我们更应当考虑的是孩子所处的文化背景、时代背景，这样，是否会让我们的教师更好地为专业服务，为孩子服务？

二、做幼儿园老师是一件好玩的事儿

前些日子，有幸参加了由"幼师口袋"教育研究院主办的"HOPE 幼教创新大会"。创始人李砚君女士在她的报告里，结合一些生动的教育实践案例，基于大数据分析，提出"做幼儿园老师是一件好玩的事儿"，引起了我的共鸣。

1940 年 4 月，中国教育家陈鹤琴老先生怀着极大的热情回到江西泰和，他在城郊文江村大岭山上创建了中国第一所公立幼稚师范学校。当时，这里是一座野草遍地的荒山，面对这一片荒岭和远远低于预算的建校费，陈鹤琴抱着誓将"荒山辟乐园"的愿望，决心"以最少的钱来办最好的学校"。为此他亲自参与规划设计，选购建材，组织力量开山筑路、建造校舍。同年 10 月 1 日，江西省立实验幼稚师范学校正式开学。这是一座处于松林中的幼师学校，一座错落有致、别具风格的校园。当时，招收的新生有考取的、有各县保送的，陈鹤琴称赞他们"个个都有垦荒的精神"。陈鹤琴认为现代中国人首先应该是"手脑并用""文武合一"的建设者，所以劳动生活课成了当时幼师的公共必修课。幼师的魅力还体现在师生们浓厚的生活情趣、高尚的人生理想、生动活泼的课程改革和活教活学、"教学做合一"的教学过程等方面。正如陈鹤琴亲自谱写的校歌：

幼师！幼师！美丽的幼师！松林中响的是波涛来去，山谷间流的是泉水清漪。放鹤亭、鸣琴馆是我们的新伴侣。更有那古塔斜阳、武山晚翠，陶冶我们的真性灵，培养我们的热情绪。幼师，幼师，美丽的幼师！

幼师！幼师！前进的幼师！做中教，做中学，随作随习。活教材，活学生，活的教师。大自然、大社会是我们的工作室。还有那手脑并用、文武合一。建设我们的新国家，教导我们的小天使。幼师，幼师，美丽的幼师！

试想，这样的幼儿园老师怎不美丽，怎不全面，怎不令人喜欢？心灵美了，手儿巧了，思维活跃了，见识广了，带出来的儿童怎不充满灵气、充满温暖、充满美好？做幼儿园老师挺好！

2018 年，教育部学前教育宣传月主题为"我是幼儿园教师"。当时，温州学前教育平台开设了"瓯越幼师风采"栏目，从不同的视角、不同的层级来讲述幼儿园教师的故事，呈现幼儿园教师教育实践中最平凡、最普通也最值得品味的教育故事，展现幼儿园教师的职业特点和专业内涵，从而树立幼儿园教师兢兢业业、爱岗敬业、潜心育人的形象。当时，平台共收到了来自不同区域、各级各类幼儿园的教师稿件 356 篇，最终推送了 50 篇来稿，8 篇在省级平台获奖。来稿的有"但问耕耘、莫问收获"的温州民办幼儿园男教师陈余峰，有为响应"一带一路"援外华文启蒙教育的号召，而奔赴意大利开展教学指导工作的温州大学附属幼儿园虞易来老师，还有来自农村幼儿园，扎根本土文化、诠释最初幼教情怀的园长、一线教师。在每一个故事中，我们都看到一个个活灵活现、多姿多彩、散发着专业魅力、永葆职业热情的幼儿园老师，他们用一个个生动有趣的教育实践案例，诠释与孩童一起创造的如诗如画的幼儿园生活，没有华丽的辞藻，只有质朴的情调与美好的意境。

2018 年 8 月，由浙江师范大学步社民教授作词的一首《幼儿园教师之歌》在浙江师范大学校园广为传唱：

我是幼儿园教师，我的人生在这里开启新志，我承诺做你最好的依靠，遮风挡雨。我拥有坚强翅膀，青春伴孩子，孩子做孩子，浑然乐哉里啊，花开终有时！

我是幼儿园教师，我的专业在这里长出嫩枝，我承诺做你最好的伙伴，自主游戏。我支持由衷欣赏，自然作法则，伟大见小事，观察发现里啊终有时！

我是幼儿园教师，我的理想在这里展开双翅，我承诺做你最好的老师，生长高飞。我守到麦田金黄，游戏即课程，自由出天使，生活琐碎里啊，圣化终有时。

《幼儿园教师之歌》不但唱出了幼教人的心声，而且传达了《3—6 岁儿童学习与发展指南》的精髓，表达出幼教人对教育的理解和肩负的使命及专业尊严。做幼儿园老师真好！

2020 年，是不平凡的一年，也是变数最多的一年。当年 2 月份，也是新春放假期间，幼儿园教师开设的"云端直播、云端亲子课堂"成为当时疫情之下最具有争议的话题之一。有的说，增加了幼儿园老师的负担，违背了幼儿园教育的教育准则；有的说，给幼儿园教师的专业带来了从未有过的挑战；众说纷纭。但是，我却看到了幼儿园教师的"HOPE"四大专业品质：谦逊、开放、专业、热情。她们因为"尊重儿童、敬畏儿童"，而选择了"云试水"专业体验。在疫情笼罩之下，孩子们在家不仅需要一个安全、温暖的环境，同时也要能够感受到来自周边熟悉的人的关爱与照顾。而昔日朝夕相处的老师、小伙伴在疫情期间变得怎样了？他们害怕吗，他们孤独吗？平时做"甩手掌柜"的家长如何在这样"漫长且无聊的环境"中与孩子相处，有质量地陪伴孩子？带着这样的思考，幼儿园老师从儿童的立场、教师的立场、教育的立场出发，形成了有史以来最有诗情画意的"云陪伴"。当时，温州学前教育平台就发动全市一级、二级优质园的教师行动起来，以"云采集、云研讨、云分享"的形式，结合3—6岁幼儿身心发展特点，坚持"游戏是幼儿最适宜的学习方式"的教育准则，开启了"宅家玩·学"总动员微项目，推出了线上"宅家玩·学"亲子总动员活动，设立了七个专栏（因为@爱、抗疫＆心感动、抗疫＆新视角、抗疫＆新观点、瓯越学前之声"名师书房"、长长的寒假这样过之"宅家1+N"小幸运系列报道、疫情间开学前的准备），平台汇集教师自制的示范讲解视频、幼儿宅家自制亲子运动视频、亲子游戏视频、亲子劳作技能展示视频、幼儿疫情宣讲小卫士视频等300余个。温州市幼儿园的幼教人用自己的方式为抗疫献上一份力所能及的力量，滋润着广大的幼儿，这就是充满热情、喜爱研究、乐于创造的幼教人。

北京市早教所兼职教研员周菁博士在一次讲座中分享了老师如何用不同的方法来记录幼儿的故事。倾听孩子的心声、观察孩子的举动、分析孩子的行为，尊重孩子，与孩子一起形成生命共同体，去记录、描绘人生中最美好、最纯洁无瑕、最质朴可爱的那一段旅程，该是多么有趣、珍贵的一件事情。当幼儿园老师真的很好！

三、幼师，最值得骄傲的是什么？

幼儿园老师，简称"幼师"，目前按比例来看，以女性居多，以前是大专学历居多，现在本科、硕士研究生学历也在慢慢增多，特别是博士学历的幼师数量也在悄然增长。

幼师，很普通，他们只是千千万万上班族中的一员；

幼师，很简单，他们每天面对的都是最单纯的儿童；

幼师，也很无奈，他们在做着专业的事情却被很多人质疑；

幼师，到底有没有值得骄傲的地方？

我的耳边再次响起了校长唐江澎的一席话语：好的教育应该是培养终身运动者、责任担当者、问题解决者和优雅生活者。

早在 1927 年，张宗麟创办的中国第一所乡村幼稚园，通过实践研究建构了一整套符合当时国情、乡情的本土化学前课程理论，首次确立了儿童的主体地位，形成了热爱儿童、尊重儿童的儿童观及民主的幼师观；形成了重视生活、以儿童为中心的崭新的课程观；在课程价值取向上既考虑到社会需要又侧重儿童的自身需要，形成了既有预设又有生成的课程设计思路；总结了以儿童为中心的课程方法论。

1993 年，中共中央、国务院颁布的《中国教育改革和发展纲要》明确提出教育要由"应试教育"转向"素质教育"，转向全面提高国民素质的轨道。素质教育的理念必然带来幼儿园课程的改革，充分考虑儿童主体地位的确立、主体性的发挥。1999 年发布的《中共中央国务院关于深化教育改革全面推进素质教育的决定》明确了新的基础教育课程体系；教育部于 2001 年 1 月颁布的《幼儿园教育指导纲要（试行）》（简称《纲要》）总则部分指出，"城乡各类幼儿园都应从实际出发，因地制宜地实施素质教育"。关于幼儿园课程的内容，《纲要》指出，"可以相对划分为健康、语言、社会、科学、艺术等五个领域，也可作其他不同的划分"。也就是说，国家并没有如中小学那样规定幼儿教育的科目，也就没有制定统一的科目课程标准，这实际上给了幼儿园自主决定课程内容的权利。也就是说，赋予了幼儿园"园本课程"充分的时间与空间。

所谓园本课程是指以幼儿园为基础，以本园幼儿的发展状况、现实需要、生长环境为核心，整合幼儿园、社区的各种资源而设计的课程。它更关注儿童的个性差异，更注重教师积极参与，更多地考虑影响儿童成长的社区环境、人文环境。

课程是一种机会，会为你带来无法预计的未来。

幼儿园倡导"一日生活皆课程"的教育理念，崇尚自然、回归本真、实现生长！

幼儿园课程是儿童与教师共同经验的总和。就儿童而言，生活即教育。儿童在幼儿园的所有生活构成了课程的有效内容，幼儿教育的目标也终将通过儿童的生活来实现。幼儿园的有效课程的出发点是儿童的本然状态，而非成人主观认定的"儿童状态"。教师在课程的实施中，始终保持敏锐的警觉性，关注儿童的成长，用欣赏的眼光看待儿童，学会倾听，耐心地等待他们成长。站在儿童的角度思考课程、设计课程、完成课程，幼儿和教师共同建构课程模式，教师的职责不是单纯地传授知识与技能，而是成为儿童经验的倾听者、记录者与引导者。

宁波鄞州区盛世幼儿园陈旦映园长非常喜欢日本著名幼教专家高杉自子提出的"幼儿园是孩子的生活场"的观点，在"童年是一次旅行，不是赛跑"的办园理念下，带着团队研发了"超级四合院"课程，提出"心向善、行有品、玩中学、爱中长"的课程理念。他们让孩子在"走门串访"中取得同伴的肯定与信任；在"左邻右舍"中感受同伴交往的各种美好；在"拜师学艺"中领略共情的魅力；在"两小无猜"中感受大带小的温暖、体验责任的力量……他们站在儿童的立场思考课程、构建课程、实施课程，教师不断地思考、研讨、实践再思考。

一位 92 岁高龄的繁子奶奶一直在幼儿园做管理工作，又担任教学任务。是什么让她乐于坚守"爱"与"趣"的呢？她说，只有认同、尊重孩子，才能教育好孩子。她希望他们毕业时，热衷于自己喜欢的事情，独立思考，能够发挥自身的能力（自由生存能力），富有责任感；她希望他们时刻牢记"自由生存能力和责任"，自立自强，笑对人生，享受生活的乐趣。

……

幼师，以谦卑的心态迎接专业领域的高度挑战。

幼师，以满腔的激情投入幼儿园课程变革。

幼师，以质朴的姿态支持孩子健康、快乐地成长。

要说，幼师最值得骄傲的地方是什么？那应该是一直在思考、探寻、践行"好的教育"！

四、给奋战在"云端陪伴"的幼教人说句话

2020 年因为疫情，线上教育火了，线上教育成为颇有争议的话题。有支持声，也有反对声，但无论哪种声音，大家都是为了孩子，只不过有些做法在理念上失之偏颇，在行动上操之过急，让原先要慢下来的节奏在没有考虑周全的情况下快速行进，以致负面影响过大。

作为幼儿园的信息员，他们不仅要比别人多掌握一门技能，还要比别人花费更多精力与时间来做这些事。但如果没有这次疫情，我们还真不会感受到这股新生力量在理念的传递、方法的宣传上起着举足轻重的作用。

我们该怎样为负责线上教育平台的年轻老师架起真理念，履行真行为，提供真助力？我想到了通过一个"学习端"进行不定时的培训与引领，让每一个人能够听到自己要听的，看到自己要看的，学到自己要学的。我想用"润物细无声"的方式来帮助编辑成为有思考、有想法、有创意、有作为的"云端智慧陪伴人"。在温州学前教育公众号平台，我们将不同等级、不同性质园所的小编全部加入一个"部落"里，让他们将各自编辑的线上亲子教育活动链接发送到"部落"里，大家相互学习、相互观摩；当发现理念、行动都比较靠前的做法，我就会私底下与她沟通，在一些环节上稍作修改，再由大平台推送。当我看到很多幼儿园都在发布类似的内容时，我就会推出新的专题，我将要求与做法告知大家，让编辑们能够围绕专题的关键词去搜索内容，发现新素材，提升自己挖掘新闻素材的嗅觉与灵敏度；当想到一些新的做法的时候，我就会迅速找到权威专家的话语，进行提炼与概括，并结合实际案例提示编辑们，让他们知道什么内容适合，怎样才是适宜的；当看到一些好做法的时候，我就会及时将它们推荐给编辑们，让他们试着学一学，做一做；当聊到一些好的话题、好的资源时，我就会在"部落"里鼓励大家资源共享，一起为学前教育公众号推出的内容而努力。

五、爱思考、爱游戏的"小年轻"，不简单

最近，在我的脑海里总是浮现出这样一个场景："老师，你刚才提到的做法我非常感兴趣，能不能再详细地和我说一遍？我觉得幼小衔接的话题不

仅在大班才可以开始，从小班就让孩子完成自己力所能及的小任务，学会负责，我觉得是一件非常值得做的事情。我现在正在带小班，我也想试着做一下。"一次培训讲座结束之后，一位戴着眼镜的年轻男教师拿着笔和本子，急匆匆地跑到我的跟前，边说边记。我已经好久没有遇到如此好学的"老师学员"了，就耐心为他作答。

我将自己在讲座中分享的"让孩子通过自创记录的方式来学会完成小任务"细细讲给他听，他说"小本子""小任务""小记录"这些词听起来觉得特别亲切，如果能够让每一个孩子用自己喜欢的方式来记录自己看到的、听到的、想到的，何尝不是一件美事。他想马上在班级中实施。他又提出了第二个问题："老师，现在我的班级里正在开展关于石头的项目活动，孩子们不感兴趣，有什么好办法吗？""你和孩子都玩了什么？""我先给孩子准备了很多石头，让孩子来画石头，再让他们拿着石头比大小，孩子们玩了一会儿就不想玩了。但是我接下来想让孩子在石头上画脸谱，会不会太难？"

我很欣慰，他一直在为孩子着想，但顾虑太多，而忽略了孩子才是游戏的主体，忽略了师幼关系的处理。我反问道："你和孩子一起玩石头了吗？"他愣了一下，说："没有。"我说："在一个项目活动入项之前，先要了解孩子对这个项目的已有经验，入项之后，教师与孩子要共同挖掘、体验项目实施的过程，要做到，你们的关系是平等的，你是观察者、支持者、引领者，更是孩子的合作者、对话者，也就是如同朋友关系。"男老师顿悟："我原以为项目活动就是带着孩子做一个一个活动，原来项目的推进是幼儿在先，老师与孩子要一起去发现、去体验、去收获。"他用笔快速地记录下我的话语，说："我回去好好理理，再思考一下。"可见，他的思考是建立在"看见了孩子"的基础上，虽然离"看懂孩子"还有一定的差距，但已经迈出了一步，拥有了成为智慧型教师最关键的一点——具有反思性的品质。

后来得知，这位男老师还是一名准老师，离毕业还有几个月，正好在我上课的幼儿园里实习，当晚的培训他是自愿参加的，却站在了培训的"C位"。

一位年轻的老师和孩子们站在一起，孩子们手持话筒唱着欢快的新年祝福歌，她在孩子们美妙的歌声中摇晃着身子，不时地用肢体动作配合歌词，神情是如此投入，场景是如此和谐。我看着看着，心中一阵感动，这样的画面不就是最好的"共融相长"的呈现吗？

"你知道吗？这位老师裙子上的画是孩子们画上去的。"

"不会吧？"

"是的，本来她的裙子是白色的，但是孩子们说，他们都穿着红色的外套，老师一件白色的外套太突兀了，不和谐。这些小精灵就出了主意，说给老师的裙子装扮一下。想不到这位老师一点也不介意，反而和孩子一起设计图案，一起将图案绘到裙子上，这条缀满孩子'创意'的裙子让老师爱不释手。"这只是这位年轻老师与孩子在一起时的一个小插曲。

春天到了，这位年轻的老师会和孩子们一起趴在地上观察从泥土里冒出的嫩绿的小草，神情如同孩子般专注、兴奋与好奇。

夏天到了，这位年轻的老师会和孩子们一起布置"水上乐园"，选场地、做计划、想玩法、投材料，她与孩子一起构思着游戏中的每一个细节、倾听孩子们在游戏中的每一句话语，与他们一起分享游戏中的每一个故事。

秋天到了，这位年轻的老师知道孩子喜欢踩软软的树叶、听沙沙的树叶声，她会早早和孩子约定好，收集落叶，体验快乐。

冬天到了，这位年轻的老师会和孩子一起搜集一年中的点点滴滴，感受成长带来的喜悦；还特别关照班级中那几个请假的孩子，让他们也能够体会到集体的温暖、过年的味道。

在这几个年轻老师身上，我看到了"教育活力"。年轻教师自己找方法，通过对儿童的尊重、理解来形成自身的一种文化，从而为教育带来新思维、新实践、新突破。

六、拥有"教育智慧"的幼师能更充分体验到职业的幸福感

"在任何以培养人为目标的教育活动中，必定存在着教育智慧。每位教师都应该拥有教育智慧。教育智慧体现教师的专业发展水平。教育智慧依赖于教育情境而存在，根植于生动、具体、完整的教育场景中，通过复杂、动态、

多元的教育行为反映出来。"①

什么是"教育智慧"？教育智慧是教师专业素质整体发展的体现，它是幼儿园教师在教育实践中积累的经验价值体现、专业发展能力的体现。有学者认为，幼儿园教师的教育智慧是其教育信念与师德、教育实践知识与能力的有机整合。宋占美教授认为，每一位教师都要拥有教育智慧，它体现的是教师的专业发展水平。我认为，一个拥有教育智慧的幼儿园老师必定是理解、支持、读懂幼儿的"专家"，也是能与幼儿产生高质量互动关系的伙伴、玩伴、学伴，在此过程中，她会运用心灵去体验、感悟职业的各种美好。

小林老师是我多年前认识的一个幼儿园老师，她很爱孩子，也很爱记录孩子的各种行为、语言，并进行思考。可以说，她将倾听、观察、记录作为自身读懂孩子的有效载体，也将这些行为作为积累自身教育智慧的宝藏。有一次，她执教一个教学活动，秉持"游戏是幼儿最适宜的学习方式"的理念，创设了幼儿喜欢玩、乐意玩、自主玩的游戏情境，让幼儿在充分的体验式学习中懂得谦让、包容和有担当的品质。大班的孩子带着小班的孩子一起玩，大班的孩子会倾听小班孩子的各种表达，大班孩子也会支持小班孩子的各种想法，小班的孩子也会接受大班孩子的各种建议，在相互沟通、交流中，他们得到很好的成长。整个教学活动，老师没有告知孩子需要怎么做，也没有告知孩子相互之间怎么合作和谦让，但每一个孩子都非常投入，老师的支持也是恰到好处，时而倾听、时而提醒、时而等待、时而观望、时而鼓励；让每一个孩子都站立在学习场域的中央，让每一个孩子都体验到共同的快乐。这不就体现了教师的教育智慧吗？它根植于生动、具体、完整的教育场景中，透过复杂、动态、多元的教育行为反映出来。小林老师的教育智慧就是在不断的实践、反思、再实践、再反思的过程中积累而成。

蔡老师是我通过一个课程故事认识的一位富有教育智慧的老师。课程故事"'菌'彩世界"里有这样一段文字描述：

有一次孩子们吃饭时，我发现孩子们喜欢把香菇挑出来放在渣盘里，经

---

① 参见宋占美：《美国学前教育课程标准的实践与思考》，华东师范大学出版社
2014年版。

询问了解到孩子们不喜欢吃香菇！

无巧不成书，在一次晨间活动时，我发现喷泉旁边的草地里有一棵小蘑菇。

子扬："这个蘑菇像把雨伞，还有点像风车一样。"

子耀："像好吃的棒棒糖。"

潘家慧："像一顶帽子……怎么这么小，我见过的蘑菇比这个大多了。"

就这样开始了一场意外的蘑菇探索之旅。在开启班本课程之前，通过2次调查问卷，了解到班级有47%的孩子对菌类是抗拒的，对蘑菇了解甚少，不知道菌类含有对人体特有的营养价值，因此为了让孩子们爱上菌类，"'菌'彩世界"课程应运而生。

孩子不喜欢吃蘑菇，但蘑菇的营养价值又比较高，怎样让孩子喜欢这个味不佳但营养价值高的食物，老师不是直接介绍蘑菇的各种好处，而是从幼儿的兴趣与需求出发。兴趣，是儿童认知的内驱力；环境，是儿童认知的条件。老师紧扣这两个关键点，带着孩子去户外观察，让他们表达自己对蘑菇外形的认知。面对一个个有趣的蘑菇，孩子的内心就会产生这样的念头：原来蘑菇长得这么好看，这么好玩呀！审美让孩子对蘑菇产生了好感，产生了探究的欲望。我们知道，幼儿园的课程是动态生成的，幼儿园课程的生成与实施是教师与幼儿在具体的教育情境中共同合作、创造的过程。蔡老师运用自身的教育智慧，与幼儿共同构建班本课程"'菌'彩世界"。在班本课程生成与实施中，教师通过与幼儿的对话，不断丰富课程内容，生成并完善课程体系，从而促进自身专业发展，提升自身品质、状态与境界。幼儿园课程的生成与实施是教师教育智慧得以形成的沃土与载体，拥有教育智慧就更能促进教师对课程的理解、生成、完善。

每位教师都应该拥有教育智慧。幼儿园教师的教育智慧必定是在做中学、做中思、思中做的循环往复过程中不断生成的。体验职业的过程，就是收获教育实践经验的过程。教育智慧就是在职业过程中不断实践、反思、再实践、再反思而生成，教育智慧产生于教育实践，反过来又指导教育实践。如果您想更充分地体验到职业的幸福感，那么就要不断生成、拥有教育智慧。

七、原来"园长"的"长"字不简单

一直以来，浙江省以幼儿园等级创建作为衡量幼儿园质量高低的标准，每所幼儿园为了展示自身的教育质量，都要经历"等级创建"这一历程。等级一般分为一级、二级、三级；一级是最高级别，创建的难度也最大。

有的幼儿园为了能评上一级，将这一事项作为全年、全园的头等大事，邀请外来专家指导，动员各种资源来协助，全力以赴抓升级。有的幼儿园虽然前期也是全力以赴做准备，但评审未通过，不得不再经历一次、两次。也有的幼儿园则望而却步，索性不创、不评，得过且过。

但不管出于何种原因，创建等级，特别是建成一级幼儿园，仍是每一所幼儿园、每一个园长的一项目标、一份责任，更是一幅美好的图景。

2022年开展幼儿园创评工作时，我有幸参加了实地评审工作。作为现场观察员、对话人、倾听者，我忽然发现：园长的"长"字还藏着很多关乎教育的秘密。

大家都认同教育本身就是"长"的过程，长知识、长经验、长能力、长智慧；那么，园长的"长"与教育的"长"关联性在哪里，是否也是动态发展的过程，也是"成长作品"展示的平台？

在观察中，我发现园长的"长"字里藏着"小宇宙"。

S幼儿园坐落在经济较为发达的工业区，幼儿园周边有很多文化景点、博物馆资源，于是，园长就想着如何将这些本地资源在幼儿园园内"长"出来。为了让幼儿园的课程资源本地化，让每一个孩子足不出户都能够感受到资源的生长性、丰富性、拓展性，园长二话不说，就带着老师、家长、幼儿一起行动起来。

首先，园长会抢"商机"。听说有家知名企业在开展教育基金爱心活动，他们可以为学校（幼儿园）打造"真实"的食育场域，并且提供"真实"的食育操作工具，这位园长就想着将这些资源与园本课程进行有效的融合。孩子说，最喜欢在小树林里野餐、烧烤、举办集市；老师们说，如果能够让孩子全程参与一些食材的制作、研发，那可是最好的"支持深度学习"的做法。园长将这些想法、提议进行梳理、综合，让"商"家资源为"园"所用。现在，幼儿园里有两个食育操作间，天雨、天冷，孩子就在室内；天好、天暖，孩子就在室外；节庆时节人多就两个同时使用，一般常态下可集中可分开，灵活自如。

其次，园长会挪"乾坤"。"这样的场地孩子们怎么玩呢？"刚开始入驻幼儿园，塑胶操场、水泥路、硬质的石梯……这哪里是幼儿园，哪里是孩子生活与学习的地方？园长就开始思索，如何将"生态"渗透到幼儿园的环境、课程、文化中，从而打造出适宜的、富有野趣的园所教育新样态。孩子们说：XX乐园的"走迷宫"特别好玩，很刺激。确实，竹林、沙石、洞穴、迷宫可以生成好多项目课程。为了支持孩子在玩中学、学中长，园长二话不说，请来施工人员、邀来实施课程的骨干人员，一起坐下来研讨、商榷，设计图纸、规划场地，由此开启了"乾坤大挪移"的生态乐园打造。现在，幼儿园里竹林迷宫、地洞迷宫都已经"长"成，孩子们玩得不亦乐乎。一切的资源生长都是"园长"的"长"字里爆发的"小宇宙"。

在对话中，我发现园长的"长"字里含着"正能量"。所谓"正能量"指的是一种健康乐观、积极向上的动力和情感，体现了工作生活中积极向上的精神面貌。而园长如果能够"长"出满满的正能量，则会影响周边的所有人，这样的人文氛围怎会不温暖、不阳光、不具生机呢？

一是"正能量"滋长了创评力量。Q幼儿园坐落在偏远的小镇上，园长年轻，管理经验还不丰富，该幼儿园在前一次的创评中由于硬件设施和师资队伍建设等问题被阻止在"一级"的门外，无缘晋升。这次，园长的压力有多大可想而知，但是从与教师、幼儿、园长的对话中，我们可以感受到园长"长"出来的能量在无形中生发了一种属于他们的"创评文化力量"。为了让老师能够时刻感受到"前进"的力量，园长在园所的顶楼开辟了教工文化场所、幼儿园成长博物馆；为了让幼儿能够体悟到"前进"的文化，在项目活动的开展中、在游戏环境的打造中、在师幼互动的场域中园长都营造共生、共议、共长的氛围来支持。园长"长"出来的"正能量"影响着、感染着周边的人，也让我们看见了他们在历经磨炼中"前进"的力量。

二是"正能量"助长了课程质量。S幼儿园作为一所高教园区的"家庭式"幼儿园，得到了高校专家的直接指导，因此，他们具有较好的学术基础。但是，在前次创评中，由于对园本课程构建与实践的疏忽，该幼儿园不幸走上再创的艰辛之路。复盘、总结，再梳理、提炼，找原因、寻对策、抓落实。园长清晰地认识到：哪里有问题劲就往哪里使。课程目标的制定、课程内容的甄选、课程评价实施路径的创建、课程评价体系的建构、课程保障制度的建立等，都需要重新规划与架构。S幼儿园师资力量雄厚，教师本科学历达到100%，市名师、区名师也占了一定比例。园长就琢磨着把提升师资质量作为提升课程质量的切入口。于是，在课程重构的同时，园长高度重视教师队伍的建设，依托高校专业引领的优势，充分发挥集团园的资源，开展多途径、多维度的培训，充分关注并满足个体教师的专业成长需求。就这样，园长所持有的"文化观、教育观、课程观"正能量影响了园里所有的人，理念促进发展，文化引领质量，他们园所重构的"五环"课程让我们看到了课程影响园所质量提升的真正价值。

在倾听中，我们发现园长的"长"字里写着"真生活"。创评，对于一所幼儿园来说，不是一个人的事情，而是关系着园里几百户家庭。一个园长在创建中不仅要"长"专业，更要"长"副业。"你知道吗？老师，我们幼儿园有一项很人性化的制度，每个员工都有照护老人、孩子的假期，我们感到特别温暖。"因为教师职业的特殊性，有时候教师真的是照顾了别人的孩子而忽略了自己的孩子，这所幼儿园推出的这项暖心制度很契合教师的心理。一位保育老师动情地说道："我是家里的独生子女，我老爸身体也不大好，但是平时工作忙、家里孩子也还小，基本上腾不出时间去陪他。自从来到这所幼儿园工作之后，我每年都会利用这个'探亲假'回家陪伴老爸。"在另一所幼儿园里，外地年轻教师较多，由于疫情影响，很多老师与家人团聚的时间也很少。"那天，我正在幼儿园里加班，突然收到了一个视频，是妈妈发来的，她告知我，家里知道我的一些状况，让我不用担心家里。我当时真的好感动啊。"这样的感人事例举不胜举。

高质量的管理有利于形成和谐的人际关系，完善组织制度，为教师提供良好的交往空间和稳定的工作环境，从而有效提升教师的工作热情，使教师更好地发挥其专业能力，推动幼儿园课程质量的提升，助力高质量幼儿园的发展。[1]

---

[1] 参见王典等：《幼儿园结构性质量要素组态对课程质量的作用路径与机制：基于模糊集定性比较分析法的研究》，《学前教育研究》2022年第9期。

我想，园长从创评中"长"出来的"小宇宙、正能量、真生活"，也可以生长为高质量管理中的关键要素之一。园长是一所幼儿园的灵魂，承载着一所幼儿园的发展，园长的"长"字里应该还有很多促进幼儿园高质量发展的关键要素，让我们一起继续探寻。

八、涂鸦空间：给赶场研修的幼师一个温故知新的机会

幼教界比较时兴"跟风"，研修主题同样如此。最近一段时间，多所幼儿园掀起主题为"幼儿游戏行为观察与评价"的研修热，试图通过密集的培训提高教师的观察能力、分析能力，于是邀请专家入园、安排机构培训、组织区域研修等形式此起彼伏，幼儿园的老师直呼培训太忙碌、活动太密集。那么，这样的密集研修对教师的能力提升帮助有多大？经历密集研修的教师，专业提升程度是否能达到预期的水平？

记得在一次培训会上，有专家针对风靡当下的幼儿园评价话题指出，很多评价方式、评价指标体系搞得一线教师云里雾里。他认为评价指标体系只有科学不科学，评价方式只有适宜不适宜，没有好与不好之分；而处在一线岗位的教师，可以结合自己对幼儿行为的认知与理解，制定一些评价指标体系。我将之称为教师的"评价指标体系制定涂鸦期"。这里的"涂鸦期"可以理解为在教师专业发展的过程中，给他们试错的机会、体验的经历，在不断的调整、验证、思考的过程中获得专业提升。

个人认为，让教师通过在职培训来提升自身的专业素养，是可行的，也是值得提倡的，而教师在研修之路上更需要创设"涂鸦空间"，在经历理念洗礼、实践体验的过程中，不断试错，不断创新，不断挑战自我，与儿童共同成长。在密集的"幼儿游戏行为观察与评价"的专题研修中，我们更应该让每一位教师都拥有一个"涂鸦空间"，在研修之路上学会静心思考、辩证思考，学会选择适宜方式去发现、去体验；在实践的过程中学会选择、思考采用何种方式来观察儿童是最适宜的，也是最符合自身的专业能力与特点的，从而更好地支持儿童的发展，促进自身专业的成长。

我很喜欢将"书本阅读"作为主要研修形式的团队。为了落实"游戏是幼儿园的基本活动"这一理念，让每一个教师都能够将理念与实践同步进行，

团队先购置了大量有关幼儿游戏行为观察与评价的书籍，园长以身作则，通过积分制的形式让教师将自己观察到的幼儿行为与书里的知识点进行链接，从最初的"我为理论阅读打卡"到后来的"理论阅读为我打卡"，教师对幼儿的游戏行为解读从浅层走向深处。当然，在此过程中，园长也会请专家入园指导，或与专家结对进行个性化指导。在一次专业素养大赛中，团队教师表现异常出色，恰如其分地运用了研修中的"涂鸦空间"。他们阅读了大量书籍，记录撰写了大量观察幼儿游戏行为的案例；同时，最重要的是教师对自己的每一次"看见"都会进行思考，并对自己的教学行为与课程行径进行反思性研究，实现看到—看见—洞察。

我非常欣赏杭州西湖幼教人的思维方式和行动特质——发现儿童。在以儿童为中心的反思性课程实践中，他们通过"接纳—赋权—支持"的课改行动主张，去生动诠释大量涌现的充满儿童味道的课程实践。在此过程中，他们践行的卷入式研修，较好地为教师创设了"涂鸦空间"。他们倾听儿童的心声、努力读懂儿童的表现。他们转变成人高高在上的角色定位，尊重儿童，发现儿童，欣赏儿童，与儿童进行平等的对话，向儿童学习。他们将课程中每一个环节都建立在"发现儿童"的基础上，主要通过"现场视导"这一评价手段来辨识教师儿童观存在的现实问题，继而以"区级介入引领、园级卷入互助、个体代入反思"三大路径来推动教师儿童观的更迭，充分唤起教师的驱动力，让教师在研修中发现自己，理解自己的教育行为，在反思性的实践过程中发现儿童，走近儿童，成为真正的儿童研究者。

（此文发表于 2022 年 4 月 10 日《中国教育报》"学前周刊·管理"栏目，收入此书略有修改）

九、当农村幼师，其实挺不容易

"我是一名有着 5 年教龄的老师，因为考编的原因，前面的 5 年我一直待在一所较为偏僻的村小附属幼儿园，现在的我暗暗给自己定下目标，要把前几年荒废的'专业'重新补回来。"

"我是一名去年刚参加工作的老师，我在带班的过程中，总是想尝试一些好玩又比较符合幼儿心理的游戏，但是每次带孩子到后院的小山坡，我说我们来比赛吧，孩子们就在那里疯跑了。我很想让他们停下来，玩我设计好的游戏，但是他们不听我的话，我不知道怎么办才好。"

"和城里的幼儿园老师比起来，差距肯定很大。我在这里工作8年，除了规定的培训学时之外，其他时间从未离开过幼儿园；每次都是我们园长从外面回来之后，向我们传达，但是有些我们听不懂，我觉得自己很多地方都不如城里的老师。"

……

在与乡村幼儿园老师的交流中，我听了他们的心声后，禁不住问道："你们感到孤独吗？"他们沉默了。

乡村学前教育一直是学前教育体系中的短板，乡村幼师队伍建设走在边缘地带。教师在偏远地区执教，有美好的教学构想，对教学活动充满着无限遐想，但遇到问题的时候却无人相助，存在专业引领的"孤独"；虽然处在"互联网＋"的研修时代，但没有学习的机会与现场教研的体验，存在专业自卑。那有没有破解这些"孤独"的锦囊？我想应该从以下几个方面破题。

一是同步推出双机制，让村娃与村师同样享受教育公平。X县在早些年就推出了让年轻教师先在偏远地区锻炼一些时日，等积累到一定经验，就可以到别的乡镇乃至城区的幼儿园上班的制度。传统意识里，我们对编制的渴望是迫切的，也是有需求的，所以再偏远的山村幼儿园也有高学历的幼师去任教。尽管一个班级里只有10多个孩子，但是这些幼师也会安排一日课程，按照作息时间来上课；尤其是有些村里留守娃很少，只能以混龄形式编班，但是这些老师还是会按照不同的年龄段开展不同的教学内容。对于这些刚入职的年轻教师来说，他们的专业成长培养机制是否也需要定制？比如，建立一对一帮扶机制，通过"微视频"的方式来交流心得、探讨教学，让乡村幼师时刻体验到，有人在关注她，有人在支持她，有人在引领她。同时，一个月或者一个学期至少要有一次出村学习的机会，不然这些人可能会比同时毕业的同学晚起步N年。

我想起自己刚毕业那会儿，也是被分配到农村园，完全是小学化的场景布置、小学化的教学方式，幸运的是，在前两年里，除了自身具有的"专业自觉"

之外，更重要的是我遇到了一群愿意帮助我的恩师，在后几年我拼命追赶，才追上了别人的步伐。年轻教师经过偏僻山村的锻炼，到了新的单位会更加珍惜当下的工作，但是前期教育部门一定要推出配套的教师跟踪培养机制，才不会让这些幼师感到"孤独"。

二是加强实行双动力，让入职的新教师与人、物、境之间产生联系。作为刚入职的新教师，尤其是农村园的老师，特别要加强"被听到"与"可表达"的动力注入。新入职的教师，很多是在城里的幼儿园实习，实习期间，会看到很多想学、想模仿、想复制的教学行为，期待到了新岗位之后，可以对自己看到的、想到的进行验证。但是，他们对于幼儿实际、本园实际状况、教师自身专业水平等三个实际条件缺乏相对成熟的理解与思考。当他们入职之后，会有很多美好的构想，就像前面提到的那位幼师一样，孩子完全不听她的使唤，她觉得懊恼，又不知道怎样改变策略。如果她参与了"问题式教研"活动，或者小话题大讨论的专题研修活动，可能就有一个很好的支架。这样的双动力就可以充分发挥教育活力，让新入职的教师能够快速找到相应的成长路径，在自己的专业成长路途中不再孤单。

特别是一些小规模的农村园，教师人数少，缺少聚在一起教研的氛围。我认为，不管人多人少，教研是教师立足于园本提升专业的关键要素，如果人少，可以采取班级两人结对、教学主管专人结对等形式，"三人行，必有我师焉"，有了表达、聆听的机会，他们的想法就能在结伴式的小教研中获得落实，与第二份"孤独"也会悄然分手。

三是巧妙链接双维度，让农村幼师从专业自卑走向专业自信。农村园里有编制的教师基本是和城里的老师一样毕业于幼师院校，因为选择地点不一样，就走到了不同的地域。在城区工作的老师可能带着地域优越感，而乡村老师常有自卑感。在调研中，有位乡村园长在回答问题的时候，总会补上一句：我没有深厚的理论知识，都是自己瞎想的，做法是很简单的。殊不知，她的每一个策略都来自"倾听老师、倾听儿童"的声音，每一个举动都来自与自己无数次的内心对话，每一个决定都从儿童本位出发，但是她总是"很自卑、很不自信"，因为标签遏制了自信。我想，在教育共富的背景下，我们需要去实现教研共富，建立双维度：一是建立园际学习圈，让农村园的教师有机会走出去，有机会登上展示自我的平台，多开展园际交流、城乡交流，从村域层面走向乡域层面，从乡域层面走向县域甚至市域层面；二是奏响园内教研热，在园内多开展教研活动，让每个人都能成为教研的主人，都能够在"研"中成为思想者，在交流、分享中，从同伴和自我身上找到需弥补的那个点，从而意识到自身专业的优势与不足，激发学习的内驱力来弥补短板。

　　一个人走得快，一群人走得远。乡村园的教师要形成一股合力，共同探寻适合自己专业成长的维度，唤起主动学习的内驱力，重塑专业自信。

孩子，谢谢你！

　　从教 20 多年，认识了将近 12 个班级规模的幼儿园的孩子，每一个孩子都是独立的个体，都会给我叙述不一样的故事，每一个故事都会带给我不一样的情感体验。我觉得我与每一个孩子的遇见都是美好的，我与他们的拥抱都是世间最温暖的，我与他们生发的故事都是世间最生动的。我爱每一个孩子，也要感谢每一个孩子，做你们的启蒙老师，是我最荣幸也是最值得炫耀的事情。

一、是他，让我重拾信心

他，是一个非常腼腆的小男孩，言语表达、动手操作能力都比同龄的孩子稍显稚嫩。但是，他对班级里的每一位老师都是发自内心的喜欢。

记得在他毕业的那一年，我做了一件非常愧疚的事情，感觉对不起孩子。原以为，此后他碰到我，肯定不理我，或者早将我忘了。但有一天在上班的路上，我远远地看到他，还没等我叫他，他已经远远地向我招手了。

事情发生在拍毕业集体照的那一天。很不巧，他的妈妈早早定了旅游的行程，而行程与拍摄毕业照的时间相冲突。他的妈妈特意交代，让摄影师用"P图"的方式将他补进去。我毫不犹豫地答应下来，和摄影师交代了此事，就没放在心上。后来，当家长看到集体照里没有孩子的身影时，顿时火冒三丈，给我来了一通电话，声音很响、火气很大。我知道木已成舟，无济于事，一时的疏忽就这样酿成了"大灾难"。老师怎么可以这样不当一回事儿呢？

记得当时因为孩子比较稚嫩，我们对他的关照比别的孩子多许多。他的外婆脾气好，对我们的工作很支持，多付出一些我们都毫无怨言。本来家长对我们的工作超级满意，我们对他们的配合也相当感恩，但就因为这一次"不小心"的失误，这位家长对我们以往的工作全盘否定，并烙下了令人痛心的印痕。

当时，真的觉得做老师难，做好老师更难。

从教以来，自认为自己是一个爱孩子、懂孩子的老师，同时，也是一位家长工作做得蛮称心如意的老师，但有了这件事情，我开始怀疑我的工作是否做到位，是否令人满意。

时间过得好快，一晃五年过去了。他依然能够一下子认出我，让我感到无比欣慰。原来孩子还是喜欢我的，他对我的感情没有受那次"失误"的影响。之后几天又遇到，他还是会打招呼、微笑，令我莫名地感动。

从那刻开始，我还是坚定地认为我是一位好老师；从孩子的眼神里，我看到了我往日的温柔；从孩子的笑容里，我看到了我往日的亲切；从孩子快乐的招手里，我看到了我往日的热情。我找回了自信，找回了曾经迷失的自我，找回了我对职业的热忱。

二、是她，让我懂得师生情的可贵

心儿与我有 17 年的师生情。

那是 2005 年 9 月，我从一所乡镇中心幼儿园调到了市直机关下属单位的幼儿园，担任蒙氏班级的班主任，而心儿就在那个时候读小班。也是那份巧合，她成了我来到新单位后第一个认识的小伙伴。

记得在幼儿园里，心儿给我最深的印象就是很有主见，人缘极好；唯一的不足就是不喜欢睡午觉，和班级里一位小男生一样。聪明的孩子思维活跃，睡眠可以少些，每次午睡我都会给他俩找个借口：只要假装睡觉就可以，不用真睡。可是，装着装着就变成真的了，"我睡不着"就成为过去时。心儿还有一位巧手妈妈，她每年冬天穿的毛线衣都是她妈妈亲手编织的。当时，我家里还有个小宝，但是我从来都不曾想到毛衣可以"织"起来穿。

作为幼儿园的老师，最大的感触就是：孩子毕业了，基本都是家长记得你。每次我看到一些幼儿园老师在自己的教育故事里提到 ×× 小朋友请她吃喜糖，×× 小朋友大学毕业来幼儿园找她合影……都会发自内心地羡慕。感觉这些才体现了教育所产生的影响、所展示的力量、所传递的文化美德。

2008 年 9 月 10 日，我收到了第一封心儿的来信，一份特殊也是令人感动的礼物。打开信件，跃入眼帘的是一行行充满稚气的铅笔字和一些端端正正的拼音字母。虽然只有一页纸，但是我读了不下 10 次，脑海里浮现心儿三年幼儿园时的模样。提笔回信，打草稿，录入电脑，打印成稿。我怕自己龙飞凤舞的文字影响心儿的阅读。

原以为写信送祝福也就那么一两年的事情。想不到，往后每年的教师节"寄信、收信、回信、收信"成为我与心儿最期待的美事。在信里，我俩成为无话不谈的闺蜜：有时海阔天空，有时牵肠挂肚，有时对某些人的行为愤愤不平，有时又对某些人的言行津津乐道……就这样，信的内容越来越长，话题也越来越多，"信友"的小心思也越来越多。"信的故事"也成为我教学生涯中最值得炫耀的事儿。

"凌老师，这个暑假我想到你家玩。""信友"要见面了，如今的她已经是一名就读于师范大学的学生。感谢她的家人始终记得孩子的启蒙老师，在孩子幼小的心灵里播下"爱与感恩"的种子。如果没有父母的巧妙设计、真情维系，我想，也就没有那第一封信，也就没有年年不间断的坚持，有了开始，有了坚持，有了心灵契合，才让这份情延续。家、园、社会其实是一个整体，是维系教师、孩子、父母之间的情感纽带，是多方相互付出、相互给予、相互获取友爱的系统，而他们所架构的共情共享空间、所营造的共生共长氛围，造就的不就是一种最美的教育场景、生活状态吗？

"凌老师，这是我收获的第一份劳动成果。"心儿从包里拿出了厚厚一叠文稿，原来是暑期社会实践成果。在学校放假之前，我接到心儿的一个电话，说暑期需要做一个调研课题，但是不知道从何下手，想听一下我的意见与建议。我看了调研提纲，是关于红色教育基地的研学调研，我理清思路，告知心儿：一是查阅相关文献资料，了解同一课题已有的研究基础；二是运用周边的人力资源搜集相关调研内容，确定调研话题，理清调研的脉络，设计调查问卷；三是形成专项调研的思维导图，抓住关键点确立任务分工，落实责任到人，做好调研前的准备工作；四是提前做好调研报告的设计思路、撰写方式、效果预分析等。有了前期的充分准备，心儿这次的调研收获满满，一万多字的调研报告一气呵成。她说，这是她上大学以来通过自身努力获取的最有分量的劳动成果，一定要与我分享。

"凌老师，大学和高中的生活真的很不一样。"心儿说，晚上是属于我们两个人的世界，有太多太多的话儿要说，有太多太多的心结需要打开。她说，原来和我交流的时候，才发现每一个话题里还藏着很多的"机关"，可回旋，可逗留，可延续。她聊起了大学里伙伴间的竞争太厉害，大伙儿对目标的追求不择手段，这样的方式不是她所喜欢的，她会冷静思考再去选择，然后按照自己喜欢的方式去努力。我忽然发现，心儿有着比我那个时候更大的格局、更清的思路、更前瞻的预见。我对她的做法十分认同，同时也告知她，只有做强自己，按正确的方式去获取自己想要的，才是最富有价值、最值得品味、最值得珍惜的。

帕斯卡尔说："智慧把我们带回童年。"

孟子说："大人者，不失其赤子之心。"

几乎一切伟人都会用敬佩的眼光看孩子。

孩子，谢谢你！是你让我充分体验到生命存在的价值和爱的意义。

孩子，谢谢你！是你让我深刻体悟到教育的真谛和爱的伟大。

三、是他们，让我遇见了最幸福的事情

我觉得，老师，最幸福的事情莫过于与孩子朝夕相处；莫过于毕业了的孩子还经常想起你；莫过于年过半百，在孩子的眼里依然是一个公主；莫过于走在路上，忽然迎面走来一位家长，激动地拉起你的手，毫无距离感，往事似乎就在眼前。

有一天晚上，我读着池昌斌老师的《另一种可能》（教育科学出版社2016年版），回想起曾经与我朝夕相处的孩子，他们留给我的是一段段不可磨灭的记忆，故事平淡，但回忆起来却是丝丝甜蜜。

回忆我的执教生涯，最先是在农村幼儿园带学前班。将近5年，每年带一届学前班让我在家长和孩子的心中留下了美好的印象。家长们说："这位老师有自己的教学风格，特别是早期阅读活动太有创意了，孩子们非常受用。"孩子们说："我喜欢凌老师，因为她上课非常有意思。"在这5年里，我与性格内向的园园小朋友的妈妈通过笔记交流的方式来解决生活中遇到的困惑，让园园变得开朗、活泼！我与调皮捣蛋的广博小朋友无话不谈，挖掘了他好多闪光点，让他的妈妈惊叹不已，我们也成了无话不谈的好朋友。在我结婚的时候，他们还给我送来了"爱的交换"手势雕塑，至今还放在我的书架上。

后来到了新单位，9年相继带了3届，留给我印象最深的是最早一届的孩子，他们现在已经是高中生了。

皓——家中老二，爸妈是高龄得子，特别宠爱。他爸妈是生意人，认为物质比精神更容易满足孩子成长的需求，导致他骄横、自大、不讲理。刚入园的时候，在一次离园中，因为爸爸有事急着接他回家，他正好与小伙伴在一起拼搭积木，玩得甚欢！爸爸说要早点回家，先不玩。皓二话不说，就掀桌子，将积木全部推翻到地上。爸爸气呼呼地说："你这孩子，怎么这么不讲理？"他抄起一把椅子扔向他爸爸，爸爸防不胜防，一个趔趄坐在了地板上。其他小伙伴与家长都被这样的场面吓倒了。爸爸二话不说，抱起他奔出教室。这样的孩子也许会被老师冠以"坏孩子"之名。我没有这么做，而是在思考

情绪背后的原因。我进行了家访。原来，他的家境不错，一个姐姐已经上了中学，家长在年过半百的情况下好不容易生了一个儿子，视其为"掌中宝"。打小，他想要什么就有什么，父母更舍不得用一点点的重语气跟他说话。家长文化水平不高，又望子成龙，以为只要无条件地满足他的要求，就可以让他快速成长。

了解了根源，就可以对症下药。孩子很聪明，自尊心强。我通过"理、情、心"三管齐下的办法，跟他谈妥约定，该奖该罚都按章办事，最重要是做他"秘密"的保护者（这里的秘密，主要是他认为不要告诉XX的一些小事情）。同时，帮助他改正一些不好的习惯，以获得同伴的喜爱。经过2年半的共同成长，他脱胎换骨，我们成了无话不谈的好朋友。幼儿园毕业后，在小学、初中遇到烦心事，他还会打电话与我聊聊。

心——乖巧而又聪慧的小女孩。人缘好，机灵，小小年纪就会察言观色，很受老师喜爱，但是有一个特别令人头疼的毛病就是不午睡。她精力充沛，上课精气神儿十足。我想，就顺其自然吧！只要她愿意"装睡"，睡不睡由她自己决定。

从刚开始的不进睡房到后来喜欢睡房，从刚开始的零睡意到后来的半睡意，都在我与她的暖心交流中一点点变化。就是这样的伙伴关系使我们形成了和谐的师生关系。每年教师节，她都会写信向我表达节日的问候。尤其是现在很少有人写信，她的书信更显珍贵。

川——一个聪明而又调皮的小男孩，奶奶、爷爷都是高级知识分子，有着很好的家庭文化氛围。他想法有创意，见解独特，在小伙伴中总能起着"领头羊"的作用。但是有一次午睡的时候，因打地铺，男孩与女孩睡在一起，他与雅发生了一个冲突。

雅是一个非常文静的女孩，平时腼腆，有话藏在心底，那次事后，她回家和妈妈告状说："在午睡室里，川老是用脚动她，挠痒痒。"她妈妈听了很气愤，就直接打电话给我。我认真聆听着，不时从她的角度做一些"谴责"。等她倾诉完毕，我作为一名"愿意保护另一方"的老师表明了我的立场。睡不着喜欢做小动作，如果被干扰的小朋友都没有声响，他的玩兴会越来越大。但是，肯定没有不好的想法，只是调皮而已。我让这位家长先给我一点时间，和这位川的家长沟通。我打电话给川的家长，询问川睡觉的时候有没有癖好。

原来小男生喜欢搂着妈妈睡觉，喜欢抚摸着妈妈的衣襟入睡。我将雅的家长反映的情况告诉她，妈妈一听，连声说可能会有，但不肯定。她让我转达歉意。我就和川妈达成协议，先和孩子私底下聊，保护孩子的隐私是尊重孩子的表现；并在家中多多留意孩子睡觉中的一些"小动作"。

经过一段时间的观察与督促，小男生的"小动作"消失了。家长释然，孩子受益。相信孩子、理解孩子，尊重孩子、信任孩子，与孩子平等对话，保护孩子的隐私，与双方家长做好适切的沟通，家长与孩子都感受到"老师"的重要作用。"老师"是他们最信任的朋友。现在小男生已经是一名五年级的小学生了，成绩优异，每年教师节都会以视频传递祝福。他与爸爸妈妈说："凌老师是我最喜欢的老师！"

有句话说，错误是我们成长的契机，能更好地帮助我们辨明方向。正确对待错误，能给我们的教育带来更多正能量。

第二辑 与课改的那些事儿

　　幼儿园课程改革从浅水区走向了深水区，教师的教育观、课程观也发生了翻天覆地的变化。作为一名观察者、反思者、建议者，我基于问题导向，遵循辩证思维，运用理论支撑，以发现问题、提出问题、研究问题、反思问题的叙述路径来形成新的叙事文体。一个观点一个链接，运用链接来支撑观点，让读者从另一视角来感受教育叙事的力量。

如果没有儿童视角，
再热闹也不是好课

　　一位年轻老师提出疑问："我以前上课用这样的环节设计、提问方式都没有问题，可现在被认为是课堂很'高控'，不知道为什么？"是呀，环节清晰、过程流畅，提问多元，难易适宜，等等，都是我们常说的好课标准。那么，现在这样的价值取向为何发生变化了呢？

　　带着这样的思考，我走进课堂，在现场教学中去寻找"好课"的价值取向。

　　下午，我与她"约课"，一起帮助她解惑。

　　上课时间到了，孩子们在音乐声中很快坐到自己的位子上，拍手，乖巧地等待老师上课。老师用一张榨汁机图片引出活动，"孩子们，你们认识它吗？"孩子们整齐划一地答道："认识，榨汁机。""对，你们在哪里见过榨汁机？"孩子们纷纷联系自己的经验，有说在迪士尼乐园见过，有说在家里用过，有说在饮料店里看到过。可见孩子对榨汁机并不陌生。老师再抛出问题："你们知道榨汁机是怎样把水果变成汁的吗？"一个女孩边用动作边说出两个字："搅拌。"老师开心地说这个女孩太聪明了，就让孩子一起跟着做搅拌的动作。接下来，老师将孩子进行角色分组，交代游戏的玩法，第一排为水果组，第二排为搅拌机组。交代完毕，老师播放音乐，第一组孩子们就按照游戏玩法做游戏，先跟着老师的指令拼命搅拌，水果娃娃组去拿水果卡。游戏进行一次之后变换角色，再继续游戏。最后，老师请幼儿思考，搅拌的动作还可以怎么做。孩子们挺配合，想出了很多不一样的动作，再次在老师的引领下，做着自己想象的搅拌动作。

教学活动结束，孩子们很喜欢这样的音乐游戏，搅拌、变水果、喝果汁。看似一项热闹而有趣的音乐活动，其实不过是在老师全程指导下开展的一个规则游戏。

我认为，基于儿童立场的课堂教学中，形式多样、场面热闹并不是活动的亮点，而教师对幼儿的追随、对幼儿的等待才是最重要的价值取向。追随幼儿、等待幼儿，就要从幼儿的视角出发来设计问题、设计环节；这些都被老师忽略掉了，而老师自认为只要一个活动能够顺利地开展下来，动静交替，孩子情绪高涨就是一节好课。对一节好课的评价已经不在于形式，更在于老师"三观"（儿童观、教育观、课程观）的体现。那么，如何通过三观来实现好课的价值取向呢？

"问"要有门道。在活动中，教师的提问要立足幼儿的年龄特点与思维方式，提出适宜的问题，才能唤醒幼儿积极的思维。比如，老师如果将"榨汁机是怎样将一块块的水果变成汁的？"变成"你看到榨汁机是怎样工作的，水果变得怎样了？"就不是将预期目标前置，而是将幼儿的学习特点放在首位。小班的孩子注重直观性，以具体形象思维为主，而教师的第一个提问就是要引出"搅拌"这个词，第二个提问则突出幼儿的学习特点，追随幼儿的思维方式，通过观察来引出话题。

"听"要有渠道。幼儿对乐曲的感受是完全不够的。榨汁机的乐曲旋律为 ABA 形式，在搅拌与放水果之间有很明显的不同乐段，但是教师根本没有安排时间给幼儿完整地倾听，而是在自己的主导下，让幼儿顺着自己的手势做什么。这不是体验，不是倾听，而是依葫芦画瓢。《3—6 岁儿童学习与发展指南》中明确指出，艺术是人类感受美、表现美、创造美的重要形式，需要感受与欣赏，观察与体验。而榨汁机的音乐游戏中，倾听是缺乏的，而体验式的倾听更是稀罕的。老师要学会等待，学会欣赏，倾听孩子用自己喜欢的方式来表现对乐曲的感知力。

"玩"要有味道。榨汁机的搅拌动作，看似每一个孩子都在动手，但是他们都做着统一的动作。真正的"搅拌"游戏未体现出来。孩子们喜欢玩怎样的搅拌游戏呢？如果每一个孩子都是榨汁机，那么每一个孩子都可以变成水果；如果有一半的孩子为榨汁机，另一半的孩子是水果，那么两个人抱在一起转或者互动是否会更好玩呢？老师完全可以让孩子先听音乐，想想榨汁机怎样榨水果，可以做什么动作，一个人可以怎么玩，两个人可以怎么玩，怎样变成一个大的榨汁机。大家手拉手围成圆圈变成大的榨汁机，然后老师当水果，一起互动榨、搅是否更好玩？

音乐停的时候，一个小男孩双手举起一个"杯子"，对老师说："老师，我榨的是西瓜汁，很好喝哦！"瞧，孩子的经验是课程的资源，他们有自己的想法，有很好的创设情境。而老师只注重教学形式，完成每一个环节，就是完成教学计划。老师忽略了孩子才是主角。追随孩子的兴趣，等待孩子的表达，才会让课程呈现完美的状态。

记得有次公开课结束之后，评课老师没有直接评价，而是让孩子对老师评价。孩子们对老师的言语、问题设计、上课状态等，侃侃而谈，都能从自身的视角来审核老师的课。原来他们眼中的好课是老师言语幽默，能够与他们一起玩、一起思考，问题能够让他们觉得有趣味，等等。评课老师的这一举动让我耳目一新。是呀，孩子最拥有话语权。这就是教师儿童观、教育观、课程观的改变。

杜威曾说：好的教学必须唤醒幼儿的思维。个人认为，好的课堂必须让教师发现儿童、认识儿童、追随儿童、等待儿童。

卢森堡这样批评道：一个匆忙赶往伟大事业的人没心没肺地撞倒一个孩子是一件罪行。但愿我们不做这样的罪人，不急不躁，心平气和，发现儿童、认识儿童，促进儿童发展。不要对儿童漠视和误读。

评价一节好课的方式在改变，不是环节设计的流畅，教学手段的多样，而是呈现教师的教育理念，追随每一个孩子的兴趣，等待每一个孩子用自己特有的方式成长！

教育需要智慧，而课堂教育更需要大智慧。

（此文发表于 2019 年 5 月 17 日《浙江教育报》"教师周刊·研修"栏目，

收入此书略有修改）

链接：如何提问才有效？

有个老师对我说，课堂中提问越多，就越能看出老师的"放手"，那是对孩子思维的放手、表达的放手。孩子的思维活跃度激发是由"教师提问的次数"决定的。这句话的意思是，提问越多，就越显示带班老师的教育理念新颖，孩子的思维也越活跃。真的是这样吗？我非常幸运地听了两节"提问多多"科学集体教学课。

《3—6岁儿童学习与发展指南》中提到，幼儿科学学习的核心是激发探究兴趣，体验探究过程，发展初步的探究能力。结合幼儿以具体形象思维为主的思维特点，教师应注重引导幼儿通过直接感知、亲身体验和实际操作进行科学学习，不应为追求知识和技能的掌握，对幼儿进行灌输和强化训练。看来，科学领域的教学活动更加侧重于操作、体验、对比、验证等学法与教法的运用。

有意思的是，这两位老师在参照原教材的教案之后，觉得操作环节可以省略，因为，不仅要准备很多操作材料，还要考虑孩子喜不喜欢，会不会操作等。他们一致认为：多提问题，也是发展孩子思维的好途径！

● 活动一："隐身专家"

该活动主要是通过图片的形式来帮助幼儿理解动物伪装的种类、价值与途径。我边听边记，教师在活动中一共提了22个问题，而真正引发幼儿有价值的思考、有挑战意义的问题只有3个。那么其他问题的用处在哪里呢？究其原因，设计存在三大问题：一是"明知故问"：蝴蝶的颜色与树叶的颜色一样吗？芦苇丛里的动物是豹吗？这个隐形人手上的枪与虫子像吗？二是"类似问题重复提"：伪装自己是为了什么？（先前已经说过"保护自己用一个好听的词叫'伪装'"）；鸟蛋上为什么会有斑点呢？（先前已经说明有的蛋为保护自己，身上会有斑点）。三是"提问内容无深度"：比如提问设计没有按照最近发展区的要求，问与不问都没有影响。另外，教师提问的

88

频率快，幼儿连思考的机会都没有。这样的提问有利于孩子思维的发展吗？

◉ 活动二："舌头和鼻子"

这是一个大班科学活动。40 分钟内教师提了 34 个问题：有结合图片问，有结合身体五官问，有结合教师的动作引导问，有结合幼儿的经验问。总的来说主要是帮助幼儿获悉两个知识点：一是让幼儿明白"五官"是哪些；二是昆虫的五官与人类的五官有哪些不一样。但其中无效的提问比例占到 90%。比如，蚂蚁的触须在哪儿，蜻蜓的眼睛在哪儿，为什么舌头与牙齿合起来叫口，等等。老师没有考虑设计这些问题的目的，什么样的问题才符合大班幼儿对科学的兴趣、认知特点与需求。另外，一个问题提了之后，不管孩子回答错与对，老师都是"无效果"回应。

课后，我与几个孩子交流，问他们：这样的科学活动喜欢吗？孩子说：不知道。我问：你发现哪些昆虫的五官特别有意思？孩子说：不记得了。"脚是蝴蝶的舌头""飞蛾的触须是鼻子"等等，40 分钟 34 个提问看似在互动，其实并没有真正引发孩子的思考。那么，课堂提问多有用吗？

在集体教学中，教师通过提问来帮助孩子获得新知，回忆旧知，提升新经验，这才是集体教学中对提问的要求。爱因斯坦说，会提问比解决问题更重要。老师不要过于追求提问的数量，而是要通过对文本的解读和对儿童兴趣、认知特点及好奇心的解读，来设计引发幼儿深度思考的问题。问题要有难度、有深度、有针对性、有差异化，从幼儿的经验与新经验的获得上来设计问题。当然，教师也可以让孩子通过看绘本、听故事，或者先操作，在体验、倾听、互动中发现问题，提出问题，与伙伴、老师一起来分析问题，这样的问题更有价值。

提问是一项技巧，更是一门艺术。让我们用高阶思维来思考提问的有效性与价值性，让每一个"小脑袋"在有效提问中获得"大智慧"。

思考：如何让"心动"的故事变成好教材

龚敏老师在其《静待花开：探索回归幼儿生活的语言教育》一书中提到，一般来说，老师因为阅读中的心动，才会产生将其变成教学活动的冲动，但必须站在孩子的角度，考虑他是否接受这样的教学。老师要上好一堂语言课，不仅要有设计的能力，更要有选材的能力，而选材的最关键要素就是站在儿童的立场思考孩子的所想和所需。

在出版物泛滥的今天，遇到一部心动的作品确实不易。如果能够与幼儿一起分享一个让自己悦心的故事，一起感受故事情节，想象故事意境，体验故事情感，是一件非常美好的事情。但是，说说容易，做起来却不简单。

一位工作三年的新教师被绘本《小青花》的情节深深打动，就将此设计成了一节故事教学课。但是，在活动中她为孩子理解不了故事中的深层意蕴而苦恼。那如果换成我，我会怎么引发孩子共鸣，让他们理解故事中的那份美好呢？

小青花是一只青花瓷的小猫，白底蓝图案，有清雅脱俗之美。故事大致的内容是：四月的江南，风催着花，花儿笑着。"风儿风儿，你停下，"瓷猫小青花问春天的风，"你这么急急火火地去哪儿？"风大着嗓门儿说："那一山一谷的花儿都等着我呢。我不到，怎么会有漫山遍野的花儿呢？"小青花笑着问："油菜花呢？也是你吹开的吗？"（四月的春天是一年四季中最美的季节，而油菜花是其独特的象征，小青花不会动、不会唱，但是她会听、会想、会表达内心的想法，这就是文学作品的想象美。）小花猫听见他们聊天儿，跑了过来。（另一角色的出现，带动了另一情节的发生，也将延伸出另外的故事意境。）"我从来没有见过像你这样不动的猫。""那太可怜了，瓷猫怎么算是猫呢？连歌都不会唱。"与伙伴们在美丽的月色里唱完了情歌之后，小花猫做了一个伟大的决定：要带小青花走。（其实，这里的小花猫对小青花充满了怜悯之情，一只不会动、不会唱的猫怎么过日子？她想带着小青花去见她心心念念的油菜花。）同时，她又有新的期待："要是小青花能够成为真正的猫，那该多快活！"小花猫无法理解小青花世界里的悲哀和无味，她想让小青花变得和她一样能动、能唱歌。于是，她将小青花带到了制造青花瓷的店里，用急切的话语请求老爷爷将小青花变成真正的猫，但是老爷爷始终没有听见。

小花猫带着小青花穿过街巷，她很有主意地说："我听说有一个地方，摔碎瓷猫的身体，就可以变成真猫。走，我带你去。""看啊，就是从这跳下去。你要是害怕，可以闭上眼睛啊。我喊啦！一二三——跳！"那混着泥土和花香的油菜花田，像金色的海一样展开怀抱，拥抱了又一个真正的小猫。（我喜欢这样的结局，因为坚持、因为勇敢、因为对美好生活的向往，她们在花海中创造了一个奇迹，我不管小青花是否真的变成小猫，但是，我想她们在一路寻找、冒险、体验中品味了生活的快乐、友情。）

这是一个很美的文学作品，富有想象，寓意深刻。我们都知道，文学作品是有想象的，在这个绘本里，打动我的是小花猫对小青花的怜爱、真挚的情感；是小青花对小花猫的信任、对美好生活的向往。语言能力的发展是孩子在充分运用中获得的，针对这个文学作品，我更想调动孩子个人生活经验想象，理解故事的情节发展与主要人物的特征，尝试用自己的经验想象和编构故事。如果我来上这一课，我想运用六个环节来引导孩子与我分享。

环节一：自由讲述。创设春的意境，让幼儿通过观察，准确表达江南春天的独特风景。

环节二：设疑引读。引出主角——小青花，她想去看看这么美的风景，可是她不会动，怎么办？

环节三：辩论激趣。小花猫为什么要带小青花走，小青花是否会愿意，如果走了会怎样，不走又会怎样？

环节四：真情演绎。用不同的语气跟老爷爷说同样的一句话，思考为什么老爷爷不作答。

环节五：大胆决定。小青花与小花猫最后做了什么决定？你觉得他们的决定好吗？

环节六：想象创编。小青花与小花猫的旅游记。请幼儿合作，用自己喜欢的方式来演绎新的故事，将友谊之路变得越来越美。

我想，只要能够从幼儿的角度出发，与孩子一起去感受故事的美好，分析故事的精彩，演绎故事的情节，一个让教师心动的故事，一定会引发孩子的心动。

链接：漫谈幼儿园老师"试课"这件事儿

所谓试课，即一种虚拟的教学方法，教师在没有学生的情况下，将预设的教学内容模仿实际的课堂上课，是一种检测教师教学能力的手段和方法。最近很多地方都将试课作为招聘、职称评定等考核项目。

试课，它不仅考察教师对文本的解读、教学的设计，更考验教师在模拟课堂中的表现，会说、会演、会思考，有对话、有表情、有情节，更有令人愿听、愿看的创意点。好的试课是一次深度和广度的展示。

但是，在现实生活中，有很多老师对"怎样做好试课这件事"有着很大的困惑：是否需要说教学目标？试课中的角色怎样分配才合适？试课中模拟的幼儿回应话语简单，没有头绪怎么办？试课中需要有教具吗？"一言谈"的情景该如何体现互动性、连接性、自然性？试课中教师的教学理念如何在说说演演中得以呈现？凭借自己对幼儿园老师试课指导、面试中所见所闻所思，想从三个方面来谈谈"试课"这件事儿。

● 画线条析文本：凸显关键要素

在试课展示之前，主办方会先给试课者一个小时或者四十五分钟的准备时间，在这个有限的时间里，最重要的事情是什么？个人认为，是对文本精准、深度的解读。每一个领域针对不同的文本内容都会有不同的设计路径与方法；而这个路径与方法的设计来源于试课者对文本的解读，如果你连自己拿到手里的文本理解都不清楚、不透彻，直接开始设计教案，那就大错特错啦！

以语言活动为例，当你拿到一个试课素材的时候，首先要默读文本（诗歌或故事）1—2遍；第一次通读，第二次有选择性地做好重点段落或者句子甚至角色的分组与画线，对文本的内容有较为深刻的理解。如果是故事，就先分段；如果是诗歌，就开始画可仿编或者可创设情境的句子。这些应该就是快速熟悉文本的技巧了。这样的画线条方式也同样适用于歌唱活动、社会活动；线条画哪里要看自己的灵巧运用。

当然，也可以依据自身的教学优劣势在短时间内合理安排时间。如果是歌唱活动，在唱与弹方面比较薄弱的，可以先安排弹唱来熟悉歌曲；如果对"讲"比较羞涩，就用最快的速度将教学框架简略写好，用大量的时间来练习说。而这里的画线条则运用在时间的规划与重点问题的定位上，线条的巧妙画法，就看你会不会合理地利用。

◉ 兴趣点是关键：让试课变得有创意

"从孩子的兴趣出发，让课堂变得有趣。"在一个试课活动中，如果能够将这两个"趣"字运用得恰到好处，你的试课就一定会别有风味。

孩子是活动的主体，当你拿到素材的时候，首先要考虑怎样的引题才会引起孩子的兴趣？如果没有年龄要求，那你就要考虑这个素材会让哪个年龄段的孩子更感兴趣。以语言活动为例，小中班的孩子比较喜欢游戏的场景，以孩子喜欢的动画角色或者故事中的关键人物引题，比较会引起孩子的共鸣（想、问、说等）；或创设玩、说的场景，引发孩子直接进入主题。大班的孩子则可以通过设问或者辩论的方式引出话题，让孩子带着自己的见解进入课题。虽然试课没有孩子，但是老师心中要始终将孩子放在活动设计的主题中；将现实与虚拟课堂进行融合，将现实中的孩子的实际情况融入虚拟的课堂中，只要你心中有孩子，以孩子的兴趣点为设计的主题，你的引题方式就会与众不同。

有人说，故事教学基本的流程就是分段讲述、提问、再完整欣赏，最后联系生活提升经验。其中的手段有表演、创编段落、分小组讨论等等；当然，很多的故事教学都会出现这样的场景。你不妨来一个"同中求异"，那是一个"趣"字，怎样让孩子在课堂中觉得好玩？想到的还是孩子，围绕的还是孩子，而"玩"出有味、有创意、有特色、有层次、有深度、有广度，就需要老师在"趣"上设计文案，"趣"会引发观摩者发现孩子的存在。这其实就是"儿童立场"的教育理念的渗透呈现，正可谓无心插柳柳成荫。

当然，唤醒试课者求异思维的则是平时的积累，每次拿到一个教案，也要多尝试，多运用自己的想法创新上课，在反复练习中，你会发现自己的不同和精彩。

● 巧说话显圆融：让试课变得丰满

试课，最重要的就是要将自己的想法说出来；而这个"说"不同于说课，更不同于单方面的上课；这里的"说"要扮演的是多重角色，有老师的提问、小结、环节之间的连接语，有孩子的回答语，更有部分解说语。那么，怎样将这些多重角色在一个人身上得以体现？个人觉得首先是语气的处理。如果是老师的提问话语，语句要简练利索，语气要根据内容时而温婉、时而刚练。如果是幼儿的回答语言则需要恰当地模拟幼儿的说话方式，将平时幼儿表达的类似方式进行记录、积累，在试课中就可以有选择地模拟运用；当然也可以适当加上一些表扬的话语。如果在试课中是解说员，例如播放 PPT、按录音机等，则要简明扼要，同时声音降低八个度，或者稍作身体语言提示即可。在多重角色扮演中，要以"戏精"的身份来参与整个过程，自信、大胆；但是，也需要收放自如。

试课，看似教师的"一言堂"，实则蕴藏着大道理。只要心底住着孩子，将孩子始终放在活动的中央，设计前为孩子所想，展示中大胆想着与孩子互动、结束后用心考虑孩子的深度学习，那么，试课就会显得有灵气、有价值、有生机！

陪餐：不仅是
形式，更是仪式

　　陪餐，简单说就是"陪伴式用餐"。幼儿园教师之间最流行的一句话就是：你今天陪餐了吗？

　　临近中午，校领导、园领导们就忙开了，停下手中的活，奔向教室，与孩子一起洗手、打饭、用餐。用餐期间，拍照、记录、打卡，用餐后写篇文章在公众号里宣布：我今天陪餐了。刚开始，大家都觉得挺新鲜，很亲切。推出陪餐制度的出发点是为了让孩子愉悦用餐、吃得健康、吃得有营养。但我在实践之后，感觉到陪餐只是一种形式，尚未形成仪式。形式是一股风，仪式则会长期相伴；形式注重外表，而仪式则强调内在。

　　记得自己刚上班的那会儿，由于单位里没有教师食堂，每一个老师都会拿着自己的饭菜坐在孩子的中间，与孩子一起用餐。当孩子看到老师碗里的大鸡腿、大块鱼肉的时候，免不了嘴巴嘟囔着："老师真好，可以吃这么大的鸡腿。"听到孩子的话，我不免感到惭愧，赶紧说："来，你喜欢大鸡腿，老师就送给你吃啦！"孩子乐不可支，可是旁边的小家伙有意见了，说："为什么他有大鸡腿，而我没有呢？"于是，为了独享每天老师碗里的大鸡腿，每一个孩子都带着期待的心情来幼儿园：人人都想要中午的大鸡腿。每一次的午餐都不一样，但是每一次，孩子都觉得老师的饭菜比自己的饭菜要香，好吃。就这样，与孩子一起用餐也成了老师一天中最有意思的事情。

　　有专家提出，大人不能与小孩一起用餐，因为小孩的食物都需要精细化，需要特别的营养搭配；而且小孩用餐的时候，要特别提醒安静就餐。而大人因为口味、身体状况，在饮食方面也有很大的区别。

后来，因为菜肴不干净、餐品质量差等情况时有发生，针对食品安全问题很多学校推出了"陪餐制度"，园长、教师与孩子一起用餐，共同品尝美食，以确保营养安全。为此，全国上下各类学校积极响应，先前"食不言"的规则消失了，有教师陪伴的午餐显得特别热闹："你喜欢吃什么菜呀？""这个菜味道怎么样啊？""平时在家里吃饭都是怎么吃的呀？"等等。话匣子一旦打开，老师与孩子的距离也拉近了。孩子们也欢呼起来：原来吃饭也可以聊天、拍照，感受不一样的氛围。孩子们对陪餐那一天谁来陪就显得特别期待；而陪餐者也不敢懈怠，从教室的用餐环境到食堂卫生排查等做好准备。

陪餐，需要的是一颗童心。陪餐不应该是一种形式，更应该是一种仪式，一种用心陪伴的"家"的文化。

链接：由"陪餐"酝酿的小情结

幼儿园的一日生活中，"用餐"是最重要的环节。早上有餐点，中午有正餐，下午有点心。为了让孩子吃得更健康、更营养，我也加入了"陪餐"这支队伍。

但是不到两个月，关于陪餐这个话题从最先的微信热、话题热、报道热到后来的鸦雀无声，不知道每一位陪餐人员有何收获，是否还在继续陪伴孩子吃午餐？我依旧在陪餐，但屈指数来也就十余次。我突然心底萌生这样的感触：陪餐其实是在酝酿一个个不同的情结。

◉ "你下次还来吗？"——因为吃，关系变得亲密了

午餐时间到了，我来到轮到"陪餐"的班级，按老师的安排坐到第三组。对面的男孩看我坐下，十分兴奋。他向我介绍自己叫什么名字，喜欢吃什么菜，——介绍身边的小伙伴。接着，开始吃自己的饭，边吃边和我聊天儿：最喜欢吃幼儿园的菜，还会将这些菜——说给我听。我静静地听着，慢慢地回话："我下次和食堂里的叔叔、阿姨说多烧些你们喜欢吃的菜；先喝口汤，

不然噎着了……" 我和他交流很愉快，气氛非常和谐。旁边一桌的小家伙们，时不时向我们这桌投来羡慕的目光。这不，一吃完饭，他们就迫不及待地围在我的身边，有的说："你怎么吃得这么慢呀？""你的牛肉怎么还没吃完呀？""你吃好了饭，和我一起看绘本吧！"还有的向我发出了邀请："下次你坐我们那组吃饭好吗？"

我等这组孩子吃完，一起将餐盘送到指定的位置，整理完餐桌，就和刚刚约我的小男孩一起看绘本……午睡时间到了，我起身离开班级，孩子们纷纷用期盼的眼神看着我，并邀请我："下次你还来吗？"一顿简单的午餐，换来了深厚的友谊。

◉ "我等你吧"——因为吃，了解了菜变好吃的小窍门

又进了另外一个班级"陪餐"。坐哪儿呢？有个小不点搬了一把椅子给我，说："今天明明没有来，你就坐这里吧，她和你一样，都是女孩子。""好的，谢谢。"我搬开椅子入座，问小朋友："那明明吃饭快吗？"小不点儿说："不快的，不过她都会吃完的。"我心里放心了，我吃饭的速度也不快。开始用餐了，老师放起了柔和的背景音乐，场面变得特别温馨。他看了看我碗里的木耳和山药，对我说："我不喜欢吃木耳，感觉咬起来有点不舒服。"我说："木耳很好咬呀，是牙齿不舒服吗？"他说："我不喜欢这股味道。"哦，原来，这朵小小的木耳里边还藏着一股特别的味道，我这么大岁数还没有发现。我很好奇地问道："除了咬起来有不舒服的味道外，你还发现了什么菜咬起来也不舒服？"小不点儿一口气报出了好多。可是这么多菜不吃可不行，我就问他在家里是怎么吃的，他就和我聊起了家里的菜肴。原来他妈妈是做菜高手，把有味道的菜切成末，夹在其他的菜品中，他就吃了。我听了马上回应道，以后请厨房里的叔叔也来变这样的魔术，让不同味道的菜都能够跑进他的肚子里。他还和我聊起家常，如住在哪里，家里还有谁。一顿饭的工夫，他不仅告诉我怎么去品菜，还告诉我家里有一位超级会烧菜的妈妈。

一顿简单的午餐糅合着温柔的情愫；

一顿简单的午餐让人感受到家的温暖、师幼的和谐、班级的文化气息……

看似简单的"陪餐"不简单哦！

小议：调研的目的重在"研"而不是"调"

细雨霏霏，春意盎然，我跟着温州学前教研团队，驱车一个多小时，来到一所位置偏远但环境清新、自然、朴素的农村幼儿园，开始为期一天的调研。我出生在农村，工作的第一个学校也在农村，所以我对农村有着一份独特的情感。趁这次调研，我将与农村幼儿园来一次近距离接触，实地观摩、聆听心声、真切体悟。

步入第一所幼儿园，一个很大的展示牌呈现在眼前——"项目化游戏路径图"。看来，"游戏是幼儿园的基本活动"这一理念在农村幼儿园已经得到逐步落实。游戏不再是一节课，更不是一个特色活动，而是一个方向，一种理念。走进教室，本土化游戏材料布满整个区域，如豆类、稻草类、石头、泥土等，色调的搭配、现场布局都很和谐。老师用温柔的声音和孩子交流，孩子用清澈的眼光回望着我们，并伸出小手与我们打招呼。再看墙面上张贴的幼儿研究植物（土豆）的故事海报，有幼儿自己发现的问题，有幼儿自己创设的解决问题的情境，有幼儿展示自己成果的作品等。虽然研究略显稚嫩，缺少整体性与系统性，但我们看到了孩子在活动中的主体地位。作息安排已完整呈现，周计划安排也明显有"生成"的理念与意识，虽还看不出如何落实，但从这份"生成地图"可以看出老师已改变的课程观、教育观、儿童观。这一切与调研前的印象形成了鲜明的对比。农村幼儿园在课改的大浪潮里不断改变，令人惊喜。

我们随后来到一所非常具有代表性的民办幼儿园，这里的孩子主要是外来务工人员的子女，每一层楼都设有三个活动室，虽然面积很小，但是在环境的创设上也尽量坚持"儿童优先"的原则，让孩子有玩的空间、有互动的环节。孩子们的穿着虽然不像第一所公办园统一，但是笑脸灿烂，眼神依然清澈、纯真。突然，窗户外面响起鞭炮声，带班老师赶紧放下教具，蹲下身来用双手捂住一个小女孩的双耳，对着我们说："她怕鞭炮声，捂住了她就不怕。"足足有二分钟的时间，她就一直单腿跪在地上，让小女孩的头轻轻靠在怀里。这一举动自然、真诚，不带丝毫的"扮演"成分，可见是日常互动实践中形成的"自觉行为"。她懂孩子，爱孩子，以身作则保护孩子。这温馨的一幕虽短暂，却触动了我内心那根柔软的弦。教师是一所幼儿园的核心竞争力，是持续发展的保证，我想，有这样的老师相伴，孩子怎么会不幸福、不快乐呢？

调研的最后环节是大家围坐在一起，听园长谈困惑、提想法、求帮助，调研的专家们则给建议、给策略、明方向。几个园长一致认为在课改的道路上，走得虽然辛苦，但是很充实。特别是每一次学习培训都会让他们的"学习细胞"舒展，每一次"教研互动"都让他们产生补习专业知识的冲动；每一次"课程目标与内容的修订、课程内容的实践"都会让他们感到提升教师专业素养的重要性与迫切性。当下，园长与教师的教育观、儿童观、课程观都有了很大的改变，但如何让教师安心岗位，能够站在儿童立场上去获取更实用、更有价值的知识，是农村幼儿园面临的最大课题。

专家们结合自己所见、所闻、所思，提出了建议。不要太强化特色课程的建设，而应该结合园所实际，有效落实基础课程园本化的实施；不要太在意游戏材料的美观，而应该结合农村幼儿园所在地的资源开发课程资源，投放的游戏材料不仅要多样化，更要凸显本土化、生态化；不要过于强调课程方案设计的完整性，而要注重实施中的生长点与价值点的发现与挖掘，及时调整课程方案、完善课程内容；不要过于纠结课程故事撰写的框架与流程，而应该注重在课程故事的描述中让教师看见孩子，看懂孩子；不要太在意教师的流动性强，而忽略外出学习培训的机会，而应该想着如何让教师在有限的时间内去参加培训，提高职业素养；培养出来的教师如果调到其他的园所，照样也是为幼儿园服务、为孩子服务。

通过两所幼儿园的实地观摩，在教师、园长身上，我深切感受到：农村园的教师质朴、淳厚，对儿童的爱是朴素的，对专业的追求也是质朴的。他们对学习的渴望是迫切的，对专家的引领是向往的。

那么，如何满足他们对专业的"饥渴"，安心驻留在农村园点亮乡村事业？

我建议，可以开展城乡结对联盟，让他们走进城镇优质园跟岗，近距离接触优秀教师，返回后践以真行；让城里优秀的教师来农村园支教，结成教研共同体，实现"美美与共"。

探索搭建"专业阅读"公益平台，通过空中培训、云阅读的方式，由专家引领走上"爱阅读"之路，用"书"擦亮自己的专业视角，在看、写、思的过程中通过"与书本对话"来提炼自己的观点，确立自己的立场，这可能比外出学习、引进专家来园作讲座更加贴切与实用。

通过"调研"，我们可以发现现实生活中的真问题，以及解决的方案；但是，个人认为，"调研"不是答疑，更应该是对话、倾听、反思，形成研究成果和教研活动机制，助力农村园教师的专业水平获得提升。

希望调研不仅仅是"调"，而更应该是"研"。

链接：圆桌思辨会，让调研遇见另一种可能

由于工作的原因，到各个幼儿园调研已经成为常态，有时是为了推进一项课题的研究，有时是为了落实某一项机制。调研的模式基本是一种格调：围绕一个话题，被调研方汇报情况，调研方聆听、记录、反馈。能否创设一种集思辨、表达、倾听于一体，优化每一个人的思维活跃度、言语表达力的新的调研模式？

曾经听闻，在亚瑟王的传说中有"圆桌骑士"之说，是指围绕圆桌举行会议，没有主席位置，没有随从位置，圆桌之上人人平等。"平等、思辨、交流"是圆桌会的关键要素。平等指向关系、思辨指向观点碰撞、交流指向融合，三要素之间相辅相成，能将底层思维的搭建转向高阶思维的搭建。那么，专题调研是否也需要这样一种氛围，在破除"按部就班"的习惯上产生新的"行与思"的双轨制，形成集思辨、表达、倾听于一体的调研新场景、新样

态，让常规调研有不一样的精彩。这样的调研该如何定位，调研的路径都有哪些，调研的成效又将怎样？基于以上的思考，我提出"圆桌思辨会"的概念。所谓"圆桌思辨会"，即所有参与者围坐在一起，针对某一主题、话题、问题展开讨论、分析、反思、提炼、总结，通过聚焦问题方阵、阐述实践需求、梳理回应策略、共享有效经验的思辨路径，让每一位参与调研者都能接受思辨的"洗礼"，从而优化调研的路径、内容、成效。

◉ 路径一：聚焦问题方阵

问题，是开启调研的源头。围绕调研的主题去发现、搜集问题，以问题为源头切入调研，是圆桌思辨会重要的路径之一。而问题的提出者，既有被调研方，也有调研方；被调研方更多的是落实发现的问题，而调研方更多的是聚焦可能存在的问题。大家围坐在一起，将问题一一抛出，形成"问题方阵"，为交流筑基。在一次关于"幼儿园项目化学习实施情况"的调研活动中，调研方在入园调研之前，阅读了一些项目化学习案例，并生成了一些问题：项目化学习是活动吗？项目化学习案例是怎样生成与实施的，教师在实施项目化学习中的角色定位是什么？等等。通过现场观摩、幼儿游戏材料投入情况的了解等，产生相关的"项目实施真实性、项目化学习的价值性"等新问题，调研方马上进行重新梳理。而被调研方就教师自身、园方存在的问题进行梳理，比如"对项目的生成缺乏敏锐的教育视角、对项目的推进缺乏策略、对项目与活动的内容实施缺乏深度思考"等等。在已有问题、新问题的相互探讨中，对调研主题的深度、广度有了更深入的引导与精准的指导。

引导是为了内化。调研中对问题的发现与梳理，其实也就是用另外一种方式来引导被调研方将"思与行"结合起来，在"行"中思，在"思"中行，让行有依据，让思有底气。双方就各自发现与存在的问题进行探讨，让调研中的引导不再是单一指导，而是从他人的立场帮助其"内化"，实现共享。

◉ 路径二：阐述实践需求

阐述，也就是表达，是圆桌思辨会的核心部分。被调研方与调研方围绕某一话题，深入地描述自身的实践与心得。为了改变原调研场景中"照本宣科"的局限，圆桌思辨会上的表达只有思维准备，而没有纸质文稿，这样更能体现现场感、随机性。再以前文的项目化学习调研为例，该园的组织者在阐述的过程中侃侃而谈，从项目的生发、实施及成效娓娓道来，提出自己的观点与实施的成效："幼儿园里的项目化学习案例是教师基于观察、幼儿发展的需求生成的活动；而短短的一年时间，每一个班级的老师手头都有一个项目在做。"作为调研方，在步入园所与组织者的对话过程中，我们却明显感受到该园教师在教育教学理念、省编教材的园本化实施、区域游戏材料投放与使用、幼儿游戏开展情况等方面，都远远未达到如此程度。为了体现"圆桌思辨会"的真实性、价值性，我们就与带班教师、组织者一起于圆桌就坐，让老师用真实的感受来阐述自己在项目化学习案例实践中的心得体会。老师这样说："其实，做项目化学习案例我们的压力还是蛮大的，因为我们自身素养还未达到这样的水准，很多都是为了完成上级布置的任务；还有的是为了让'指导我们的人'感受到指导的成效，他们每一次来调研或者帮扶，总是'告知'我们'他们是怎么做的，这个项目挺好的，你们也可以试着弄一个起来'。于是，我们就开始照做了。说实在的，我们想得到的，是实践需求上的策略与方法，而不是'向我们阐述他们做了些什么'。"

有专家认为，没有文稿的圆桌思辨会改变了调研方原有的架构思维，之前，总觉得项目落地必须做好顶层设计，但是在不同的地域要结合不同的人群开展不同的实践才是关键。顶层设计要基于"本"生发的研究内驱力，才是落实项目的最关键要素。

◉ 路径三：梳理回应策略

回应，也就是答复、回话，对别人的提问作出回答或相应的表示。在圆桌思辨会上，每一个人都是调研的主角，每一个人都是思考者、发言者，针对被调研方提出的共性需求或者问题，调研方基于不同的维度给予回应，可以让思辨变得更具体、更有针对性。在一次智慧校园创建的调研活动中，某地提出了一个共性的需求：如何解决校园的信息化建设薄弱的情况？调研方结合这一需求，快速搜索、梳理了当下的一些政策性意见与建议，在各自的领域中提出相应的回应策略。比如，对信息技术的把握，信息技术教研员引用联合国教科文组织《人工智能与教育：政策制定者指南》提出的"人工智能有望解决当今教育面临的部分重大挑战、革新教学实践，最终加快实现可持续发展目标"切入，指出教师专业发展也要把握信息技术发展的历史机遇，通过"互联网＋"建立教师专业发展信息化管理平台，利用区块链等技术，对全县教师群体进行职业建档，使教师在不同阶段、不同情境下零散的学习数据，能够被及时记录、系统追踪、长线分析，通过大数据分析，预测教师专业发展中的难点与痛点，进行精准的个性化推送，保证学习进度直观可视、学习节奏可调节，满足教师个体的学习需求，从而落实"应用为王、服务至上"的智慧教育创建机制，构建教师专业发展工作新样态，提高教师信息化素养。教育评估专家则从建立数字化监测机制着手来保障教师信息化专业发展质量。随着"互联网＋"时代的到来，大数据技术为教师专业发展质量的监测提供了新的发展方向。一是强化培训过程监测。教师培训的过程属性决定了过程性评价的重要意义。在信息化素养提升培训中，可以大量采集教师参与研修活动的数据碎片进行汇总，实时监测教师参与培训的学习情况，并对教师专业发展的轨迹作出过程性评估；二是长期追踪培训成效。通过分析教师在培训前后的行为变化，辅以关键事件法，综合考量教师培训成效。

在调研方梳理反馈之后，被调研方深受感触，从原先的排斥转为后来主动作为，他们得到了想要的策略。在这样经过梳理的回应策略中，我们看到了未来培训教师信息素养的蓝图。我认为，从提出需求到回应策略，不仅让调研的内容指向性明确，也能够体现调研的学术性与价值性。

◉ 路径四：共享有效经验

孔子曰："三人行，必有我师焉。"一个圆桌一群人，集思广益、群策群力，从不同的观点阐述中发现不同的亮点，从而形成不同的共享经验。思辨、表达、倾听，有对话、有思考、有表达、有聆听，有需求的反馈、有策略的回应，更有思维的碰撞，而最终的目的就是"实现共享、共长"。在一次主题为"未来乡村园场景打造"的圆桌思辨会上，每一个参与调研的人员都积极思考，形成了下一步推进教研活动的建议。

比如：针对某园教师的专业快速提升问题，建议充分发挥集团园的办园优势，建立园区之间轮岗帮扶制，利用中心园的师资进行师徒结对，定期跟岗或入园指导，带动这所村园的教师专业成长。又如：针对某园园本课程体系尚未建立问题，建议巧用"作息安排表"中的留白部分，将平时的课程记录下来，以月或者学期为单位，利用主题审议策略，组织同年级段的教师集中研讨、梳理、归纳，形成较完整的课程体系和课程资源库，优化园本化课程内容与实施。长此以往就可以形成本园的课程，赋能教师专业发展、幼儿身心成长。再如，针对户外场地的打造，如何体现友好性、未来性？专家建议与村民一起打造无边界学习场域；园长提议师幼共同创建；教师认为可以借助家园工作来进行沟通……

　　心理专家认为，思辨能力强、会表达的人具有一种独特的魅力。在调研中运用圆桌思辨会，较好地优化了每一个参与者的思辨能力，提升了每一个参与者的积极性，让每一个参与者都能体悟到这种独特的魅力，也让调研进一步助力实践落地。

　　（此文发表于 2023 年 3 月 3 日《浙江教育报》"教师周刊·研修"栏目，

收入此书略有修改）

当幼儿的"学"与教师的
"教"起冲突了怎么办？

众所周知，游戏是幼儿最适宜、最喜欢的学习方式。在游戏中，幼儿会以自己"玩"的需要，自主选择玩伴，自发确定主题，自由选取材料，在与人、物、境的互动中，在教师的信任、支持、理解、尊重的条件下，获得自身的发展，从而实现在游戏中的学。

游戏＝学习？个人认为，自发性游戏的学习不等同于集体教学活动中教师依据教学目标而设计的学习，它是"教师的观察、幼儿的探索"两者相互磨合而形成的一种互动式的学习方式。它不是追求外在的目标，而是更多地注重内在的品质；它在于给幼儿创设学习的情境，帮助幼儿在人、事、物相互作用的过程中主动建构知识。然而，作为一种新的教学方法与模式，这给教师的角色地位、专业自信带来了前所未有的挑战。

在班级自主游戏的实施过程中，老师发现孩子们对汽车产生了极大的兴趣，于是，与孩子们一起讨论，生发了新的游戏主题——汽车城。但是，汽车城里都有些什么呢？根据孩子的经验，应该有洗车场、加油站、休闲区等。而汽车可以在哪里开呢？孩子们又想出了高速公路、隧道、有斑马线的马路；马路上应该还有红绿灯。就这样，在师幼共同商讨的基础上，一个新的游戏主题诞生了，当然，这里也有教师的预设——用地垫当高速路；将四方桌架在长条桌上当作洗车间和烘干室；将饮水的地方当作加油站。这样的预设与幼儿的构想较吻合，因为小班孩子的想法更多地来自生活经验的反映。游戏就这样在多个场景中有序地开展着。小朋友有的扮演"手执红绿灯"的柱子，有的扮洗车房的老板，有的扮加油站的掌柜，也有的扮兜里揣着 5 张纸币、托着纸板车厢的小司机。而老师作为游戏的支持者、引导者、合作者，更多的是帮助孩子发现游戏中的"问题"，协助孩子去解决。

小班幼儿对"钱"的概念还不清楚，他们对赚钱、付钱、取钱、用钱等比较模糊。在洗车房，一个"红衣司机"一脸生气地来到"老板"的跟前："我要还钱。"刚开始，站在边上的我还不是很明白，难道是刚刚过来洗车没有付钱吗？而站在旁边的老师则一听就明白了。

老师蹲下身来，与红衣男孩进行了一番对话。

老师问道："你现在口袋里还有几张钱？"

红衣男孩说："两张。"

老师追问："那你刚刚那些钱都用在哪儿了呀？"

红衣男孩说："我刚刚去洗车用了一张、加油用了一张，还有过隧道用了一张，现在我要把洗车的钱拿回来。"

老师反问道："可是，洗车的钱用掉了，怎么可以拿回去呢？"

小男孩想想也对，就拿起纸板车回去了；开了一圈，又来到洗车场，说自己要洗车。

老师问道："你还有钱洗车吗？"

红衣男孩说："我的钱已经用光了，可是我的车很脏。"

老师就带着小男孩来找洗车房"老板"，将小男孩的遭遇和"老板"说了一下，"老板"非常有同情心，说可以免费给他洗一次。男孩很高兴。"老板"就扭着桌子的脚说："有水了，可以洗车了。"同时，她还非常严厉地对前面的"车主"说道："洗车要排队，不要插队，你的车洗好了，快点开走吧。"

这位有经验的老师又发现，孩子们钱花光了，怎么办？老师灵机一动，就帮助孩子想到了"赚钱"的办法——到图书角里整理书，就可以赚到 2 块钱。于是，14 位没有钱的孩子又赶紧投入了"赚钱"的行列。孩子们在游戏中很投入，丝毫没有分心、疲惫的感觉。可是，为什么观摩的老师总觉得老师的介入过多、太直接，没有给孩子分析、解释、质疑的机会呢？

其实，老师在游戏中对幼儿的观察很仔细，介入的时机也很到位，但是问题出在哪里呢？

在编制游戏主题的过程中，老师可以有预设，但是一定要注意，主题活动的开展往往是以幼儿为中心，由幼儿决定进行的时间与空间。小班幼儿生活经验不足，不懂得生活中的道理，但是他们可以凭着自己的想象来充实游戏的情境。如桌子的扶手可以当作洗车的水龙头；有人插队了，可以严厉地告知要遵守游戏规则；当马路上有很多车的时候就及时举起红灯，用红绿灯交替指挥来缓解交通拥堵。我就在想：当幼儿需要"还钱"的时候，老师是否可以让幼儿先去协商呢？当发现没有钱不能玩项目时，老师是否可以让他们根据自己的需求，去"赚钱"，去玩其他的？

瑞吉欧·马拉古奇在《向瑞吉欧学习什么——〈儿童的100种语言〉解读》中提出："站在旁边等一会儿，留出学习的空间，仔细地观察幼儿在做什么，然后，假如你也能透彻了解，你的教法也许会与从前大不相同。"试着去放手，信任幼儿，将机会更多地留给孩子去思考、去发现、去探索，让孩子以自己"玩"的经验与需求去进行游戏式学习，那么是否就可以解决游戏中的"教师的教"和"幼儿的学"两者之间的矛盾呢？只有做到"以学定教"，才能让幼儿成为游戏的主人，成为学习的主人。

链接："游戏式学习"是"游戏"还是"学习"？

游戏与学习是一个交叉的概念，游戏本身就是学习，但学习的概念更广。为了顺应孩子的天性，理解孩子、尊重孩子、支持孩子，让孩子在适宜、快乐的环境中获得发展，让孩子在"游戏式"集体教学中开展学习，成为时下流行的一种教学模式。但是，不同的课堂虽然都是以"游戏"为出发点、连接点，却出现了明显不同的效果。为什么会出现这样的局面呢？

在一节中班的数学活动课上，从教学现场可以看出，教师对教具的设计应该花费了很多的心思。为了增强游戏式学习的趣味性，将平面的"宾馆"做成了可以站立在地面上，且有门进出、可开启窗户插门卡的立体宾馆，整个教具成了最吸引眼球的场景，同时也是教师突破活动重难点的一个载体。活动过程大致是这样的：在一个天气晴朗的午后，孩子们扮成一个个小动物，在"宾馆老板"（老师）的引领下，来到了一座有动物房卡、有门、有窗户的两层楼的宾馆前面。"宾馆老板"开始提问："这是一座怎样的宾馆？"有的孩子说，是有门的宾馆；有的孩子说，是有窗户的宾馆。"宾馆老板"赶紧追问："每一个窗户代表一个房间，每一层楼都有几个房间？"孩子们开始数。当孩子还没有数完的时候，老板又追问："你是怎么数的？你数出来二层楼有几个房间？你从哪里开始数？"

从"老板"的各种"追问"中可以感受到，老师有各种担心：担心孩子不会数，担心孩子看不明白，担心孩子在数的时候不仔细，担心孩子数的时候不按照顺序数，担心孩子数了又不会完整地表达，等等。由此导致课堂中只听到老师喋喋不休的话语，而孩子的声音显得非常微弱。这是老师的课堂，而不是孩子的课堂。我在想，让孩子的抽象意识通过观察来转化为形象的言语，确实是发展幼儿思维与表达能力的一项重要举措，但是老师是否该给予孩子自主思考的空间，让孩子用自己的方式表达呢？老师只需给予孩子一个数数的起点，比如："从门这里开始数，你可以数出每层楼有几个房间？"中班的孩子，用这样的数数方式，其能力完全可以达到，再加上情境就更可以激发孩子学习的激情。

接着，"宾馆老板"让每一个小动物（孩子）选择一间房间住，但设置了一个前提，要住房间的孩子必须用完整的话语说出：我要住第几层第几个房间。如果孩子回答对了，就可以拿着与自己扮演的动物一样的钥匙插在相应的窗户上。这是在玩游戏，但是孩子们却始终在老师的提醒下才能完整地说话，从刚开始的有点兴趣，到后来毫无兴趣。为何？原来老师太追求语句的完整了，如果孩子有一点点没有达到她的要求，她就要让孩子必须重新完整地再说一遍；多次这样的重复和提示，就是"无效介入"。同时，看似孩子在游戏，其实是在老师的支配下，玩着符合老师要求的游戏。

当宾馆房间只剩下3个未选的时候，"宾馆老板"换了一种"游戏"的方式，让还未住进房间的孩子，依据自己的观察与记忆，回想哪几个房间是没有插钥匙的，然后再将自己藏在这几个房间里。那么，找的孩子则通过里面的"动态"的影子来猜出躲在里面的孩子的房间号——"XX躲在XX房间里"，猜对了，"宾馆老板"就会给相应的窗户插上钥匙，藏着的孩子则探出脑袋，朝找的孩子说"我在这里"。而3个"空房间"在孩子的藏、找、答的过程中很快就突破了。这样的躲猫猫游戏好玩吗？ 3 个有所交代的位置明明就可以找出，为什么要安排这样的情境，难道是为了游戏而游戏吗？

活动的最后，每一个动物都有了自己的房间，"宾馆老板"又让每一个动物去找自己的好朋友的房间。孩子们想起身去找，但是老师即刻阻止，说："只要在位置上指出来就可以了。"孩子们乖乖地坐回到自己的位置上，再重复第一个游戏的话语："我的好朋友住在第 X 层第 X 个房间。"不知道老师对这一个环节的设计意图是什么，也不知道活动的重难点是如何突破的，不明白孩子通过这个活动到底获得了哪些数学认知。

活动结束，我看到老师的脸上冒着汗珠，而孩子的表情木然，好像没有体验到这个学习活动的趣味性！我不禁产生疑问：这个活动的价值在哪里？幼儿学习的积极性如何体现？这是孩子喜欢的游戏吗？

后一个活动教师选取的学具是孩子生活里比较感兴趣的，也很熟悉的——石头。老师让孩子用自己喜欢的方式来玩，可以滚一滚、扔一扔、掂一掂，感受不同形状的石头在地上滚的样子；然后老师再提供一些辅助材料，如长短不一的木块，让幼儿想办法用石头来玩滑滑梯，思考怎样的滑梯可以让石头滚得更快。老师给予孩子充分的时间来探索、体验。整个活动中，孩子玩得很快乐，因为这是自己喜欢的事情，用自己喜欢的方式来体验不同的滚动方式，在玩中学、学中玩。

执教老师的话语很少，简单地提问、巧妙地梳理，将知识要点在简短的对话中让孩子理解；而真正发挥作用的是孩子的发现、体验。我喜欢这样的课堂，因为这才是真正的游戏化教学，真正属于孩子自己的课堂，充满了欢笑，充满了浓浓的探究氛围。孩子们在直接感知、充分体验中理解了滚的速度与石头的形状有关、与辅助材料的助力有关。

杜威曾说："实际上兴趣只不过是对于可能发生的经验的种种态度；它们不是已经完成了的东西；它们的价值在于它们所提供的那种力量，而不是它们所表现的那种成就。"[①]游戏是幼儿最适宜的学习方式，而只有在真游戏中才能发生真学习，获得真发展。

---

① 参见杜威：《杜威教育论著选》，华东师范大学出版社 1981 年版。

我们该如何尊重"儿童权利"

幼儿园厨房在二楼，让孩子上二楼搬餐具下楼合适吗？

作为幼教工作者，我们一直认同"儿童优先"的教育原则，也曾通过各种途径与方法来践行《3—6岁儿童学习与发展指南》中提出的"以儿童发展为本"的教育理念。在午餐环节，让幼儿自行拿取餐具，不仅可以培养幼儿自我服务意识，也能通过抬、拿、取、分来增强责任意识、体验劳动的快乐、感受保育工作的辛苦。陈鹤琴老先生也曾说过：凡是孩子能做的事，就让他自己去做。

案例：两个中班的娃在楼梯的转角处，将手中扶着的餐篮稍作调整，继续抬着餐篮下楼梯，他们小心看着台阶，脚步挪动小心翼翼，脸上不时露出会心的笑。这时，从楼梯的转角上空传来："XX，眼睛要看着碗，慢点走！"原来是拿着手机拍视频的老师在背后"温馨提示"。

针对此场景，我的第一反应是"不合适"。让孩子从二楼将餐具搬运下来，是否存在安全隐患，有违幼儿的身心发展特点？可能有人会说，"冒险、挑战、合作"也是发展幼儿学习品质的关键要素；从二楼搬餐具，虽存在一定的安全隐患、存在一定的冒险行为，但搬运的过程也将促进幼儿面对挑战的能力的提升。但我认为，孩子有没有本能的自我保护意识，是否意识到协同合作能力？

从案例视频里的墙上的照片可以看出，这是一所小学校舍改建而成的幼儿园，厨房设置在二楼，布局本来就不合理。如果是改建的园舍，应在布局上事先做调整，"儿童优先"更应该体现在环境上。个人认为，应将餐具放置在教室里，然后让幼儿以值日的方式来分碗筷、收拾碗筷，体验合作的愉快。从老师的角度来看，在"一日生活皆课程""让幼儿做活动的主人""发现、体验式教育实践方式"等理念的指引下，确实老师也不知道自己该不该放手。这就需要教师的思维能力与价值判断能力，怎样的教育方式更适合孩子的发展，在怎样的情境下采取哪种方式，既能满足幼儿发展的需求，又不违背教育理念。

链接：尊重儿童的权利是否更应该站在真正的儿童立场上？

《学前教育》2021 年第 3 期上有李江美老师的一篇文章——《"场再现"之幼儿膳管会》，介绍了幼儿园在疫情后实行了一种新模式——幼儿膳管会，即各班幼儿代表、保健医生、食堂管理人员、园长围绕幼儿园膳食展开交流。幼儿代表为主，会议过程全程线上直播。视频里孩子们围绕着伙食侃侃而谈，让屏幕前的家长大呼吃惊："我太小看我家孩子了，厉害啊！""小小人儿居然能说出那么多道理。"

看了李老师的文章，我想起了日本津守真教授的《幼儿工作者的视野》书里所叙述的，保育者与儿童之间的关系是成人与儿童相互学习的新关系。1 因为疫情，家长不能入园，幼儿园通过安排一次有意义的尝试活动，让成人真正倾听到儿童的声音，看见了儿童的力量。幼儿、保育者、管理者、家长等构筑了共生的关系。成人向儿童学习，儿童也向成人学习，在彼此的沟通、交流中，相互得到了支持与理解，让幼儿膳管会真正具备了"儿童立场"。

如何在幼儿园更充分地尊重儿童的权利，这是关乎生命与价值的话题。在幼儿的眼里，幼儿园是一个互动、探索、学习的"容器"，一个有教育内涵、包含教育信息、充满各种刺激、能促进交互式体验和建构性学习的环境。

① 参见津守真：《幼儿工作者的视野》，刘洋洋译，华东师范大学出版社 2014 年版。

蒙台梭利认为，儿童"潜在的生命力"的转化成长必须借助"适宜的环境"。我认为，教师必须有正确的教育理念，营造教育生态气场，打造真正适宜儿童成长的教育场域，从而让每一个幼儿在他的生命节点中去充分享受属于他的真正的权利。作为幼教工作者，我们必须时刻保持思考研究的状态，从儿童立场出发，充分尊重孩子的权利，要落实在每一个角落、每一个环节、每一个契机里。

对幼儿园自主游戏中
"介入"的思辨

　　曾经一直被一个问题所困扰：为什么蒙氏教室里无论孩子怎么玩游戏，都是静静的，很舒服的状态；而走进我们的自主游戏教室，总是乱哄哄的，让人很不舒服？是否应该和孩子一起来探讨，怎样玩游戏可以让教室变得更加安静？

　　记得有次省里调研，某位教授来到孩子的游戏现场，她幽默地引用成尚荣老先生的一句话："游戏中幼儿的情绪是沸腾的，如果思维也能够沸腾起来，那就完美了！"是呀，孩子们热情如此高涨只是表层现象，安静游戏代表的是游戏从"浅层"走向"深层"。

　　无论是安吉游戏还是温州游戏，都强调老师要"睁大眼、闭上嘴、放开手"；孩子的游戏，教师尽量"不介入"。于是，老师在孩子游戏中不敢多说，怕打断孩子创造性的思维；不敢介入，怕阻挠孩子释放自由的天性；不敢支持，怕限制了幼儿的游戏路径……众多的"不敢"，导致游戏场景的秩序失衡，叫的、吵的、跑的，等等，"只要孩子玩得尽兴，只要是孩子自己想的游戏主题，只要是孩子自己选择的游戏场地"，就不打扰。

　　孩子是游戏的主人，爱玩是孩子的天性，但这种天性是否也需要在适宜的教育环境中获得发展？要玩出有品质的游戏是否也需要教师的智慧引领与适度介入呢？那么，如何让幼儿在游戏中寻找到"自由与规则"的平衡，如何帮助教师理解"介入"这一词的真正含义呢？

《上海市学前教育课程指南》对"游戏活动"中的游戏环境创设是这样表述的："师生合作安排游戏空间，根据幼儿游戏的需要做更改和随时变动……空间的划分使各种游戏，特别是安静的和活跃的游戏互不干扰……"可见，我们除了提供材料满足幼儿自主建构游戏环境之外，还需要引导幼儿学习分析和判断"在怎样的环境条件下可以怎样玩"，理解游戏和环境的关系，进而理解生活。

上海市虹口区教育学院学前教研室主任崔岚特级教师在一次研讨活动中提出，要在自主游戏中有效介入，要在夹杂着噪声的游戏氛围中引领幼儿、协同幼儿一起探寻怎样的环境才是最舒适的，要丢弃"在安静温馨的氛围中游戏会让幼儿的思维不活跃"这种观念。她呼吁，我们应该建立并理解"幼儿的经验是在整合环境中学习并体验"的课程理念，不能因为没有不安全因素、没有幼儿求助、没有显性纠纷，而形成"只要是孩子自己想出来的，就是合情合理的"这样一种价值判断。

我始终认为，幼儿园的游戏不同于弄堂里、家里的游戏，教师的身份认同应该在游戏"介入"中得到体现，而这种"介入"需要教师对儿童的深度理解、对游戏的重新定位、对自我专业素养的重新审视。不要只讲究游戏表面的字眼，惧怕介入，惧怕引领，而应该深度思考；与孩子一起建立共享平台，协商怎样的游戏环境更适合。

链接：望、闻、问、切——支持儿童做游戏的小主人

随着幼儿园自主游戏全面推进，越来越多的学前教育领域的专家、教师、幼儿家长等意识到游戏的重要性。"游戏的价值不仅仅是有趣。""游戏是一种充满幻想的行为。""真正的游戏跟爱和劳动一样，是人类最基本的需要。"那如何通过游戏观察幼儿、倾听幼儿、理解幼儿、支持幼儿，在"读懂"的基础上，如何运用决策来生发课程，可能是当下很多一线幼儿园教师的困惑，也是亟待解决的问题。

我忽然联想到中医文化的"四诊"：望、闻、问、切。第一步：望。通

过眼神的关注、目测病人的体形、面相、舌苔、舌体等。第二步：闻。闻闻身上的气味、听听病人的声音。第三步：问。通过对话的方式了解病人哪里不舒服、不舒服的具体症状。第四步：切。对症下药，结合病人的具体需求与特点开出药方，进行治疗。这样的步骤，不就是我们游戏中的观察、分析、解读、评价吗？

观察与评价儿童是幼儿教师的基本专业能力，也是幼儿教师自我反思、自我成长的重要途径。"儿童研究是教师的第一专业"。研究儿童在游戏中的经验、当前的兴趣和发展需求，提供适宜的支持与回应，这不就是教师当下最能展示自己专业特质的举措吗？

李老师有一双会发现的眼睛，她喜欢孩子在游戏中的样子，更喜欢聆听孩子游戏后心声的表达。每次当孩子们游戏的时候，她总会拿着笔记本，静静地站立在适当的距离，偶尔用视频、照片记录孩子的动态。当孩子寻求帮助的时候，她会洗耳恭听，耐心地解答。特别是每次游戏之前，她会与孩子开展一次对话，了解孩子的需求和玩的思考，与孩子一起准备材料，创设环境；游戏结束之后，她会倾听孩子对游戏的回想、游戏进程的设想。李老师很好地运用中医"望、闻、问、切"支持幼儿充分体验游戏带来的创意与愉悦，做游戏的小主人。

游戏是一种有效的学习方式。作为学习者，儿童和成人有着相似的需求。他们都能从丰富的游戏体验和对这些体验的反思中，加深对自身及周围世界的理解。对儿童而言，通过游戏体验，他们能够感知和理解自然世界、数学概念、读写能力、社会交往和情绪情感。而作为教师，通过观察、记录与分析，能够提供支持策略，最大限度地满足幼儿获得适宜的发展。

一起来看，同样的一个游戏场景两个老师不同的观察记录：

教师A：小白一个人坐在榻榻米角落里，安静地看一本故事书，约5分钟后，她把书放回书架上，接着去拿积木材料，玩了3分钟左右，然后放回原处。站在角色扮演区旁边观望了一会儿（约1分钟），小朋友在玩一家人去郊游的角色游戏。小白没有和其他小朋友交流。教师问他："你要不要去木工区玩？"小白跟着教师过去了，但是时不时回头看角色扮演区的小朋友。教师让小白进去和其他人一起玩，但小白只是在木工区外围走来走去，一会儿看看另一个小朋友钉凳子，有的时候还会停下来看，但没有参与到其他小朋友的活动中。一会儿，教师走过来，带着小白一起用木板钉椅子。

教师B：小白一个人坐在榻榻米角落里，安静地看着一本故事书，约5分钟后，把书放回书架上。接着去拿了积木材料，自己一个人玩了3分钟左右，然后把材料放回原处。又在角色游戏区旁边站了一会儿，教师看见后问他："你要不要去木工区玩？"小白跟着教师过去了，教师让小白进去和其他人一起玩，但小白只是在木工区外围走来走去，并没有参与到其他小朋友的活动中。后来，教师带着小白一起用木板钉椅子。

这两位老师基于自身的观察与分析，给予了不同的支持：

教师A认为，小白是个关注同伴游戏，渴望加入游戏，却不知如何加入游戏而束手无策的孩子。于是，在后期的活动中，教师引导小白加入团队游戏，让他在游戏中发挥创意，克服胆怯，愿意表达自我。后来，小白在游戏中积极参与，也体验到了游戏中的深度学习。

而教师B认为小白是个对其他幼儿的游戏不感兴趣，不与人交往的内向孩子，也就没有采取相应的支持策略。

可见，教师的观察需要技巧：要像科学家一样能够在观察中发现问题，提出疑问、提出假设、提出设想；在倾听、对话的基础上做好观察记录，并让观察作为一种评估手段，在了解儿童当下的发展、经验、需求的情况下，解决问题，规划课程。

望、闻、问、切是中医文化的神奇"四诊"，彰显的是医生的专业性。

望、闻、问、切同样也是游戏观察与评价的四大"法宝"，体现的是支持儿童成为游戏的小主人的教育策略与方法，让教师与儿童在游戏中遇见无限的可能。

为什么在教育故事里读不到"故事"？

什么是教育故事？简单地讲，就是发生在教育实践中的事件。具体地讲，就是叙述一定教育情境下的教育过程，通过故事来反映教育过程、结果；它是对教育情境中的人物、情节、事件真实而详尽的描述，带有一定的可读性、反思性和价值。

最近收到了大量幼儿园教师撰写的教育故事。在阅读的过程中，我忽然产生一个困惑：为什么在教育故事里读不到"故事"？幼儿园教师应是讲故事的能手，为什么对自己经历的、体验的、目睹的事件不能很清晰、生动地描述？究其原因，大致存在以下几点：一是缺乏信息梳理与提炼的能力。在教育场景里，每一位老师都会遇到、看到、听到很多的教育事件，但是撰写的时候，由于缺乏对信息的梳理与提炼能力，感觉无从下手；同时，也不清楚哪件事情可以形成一个"故事"，平铺直叙，深度不够，让人读起来像喝白开水。二是缺乏对主题核心定位的能力。有很多老师认为一个"大"的教育故事就是 N 个"小"的教育故事的集成，一会儿说这个事情，一会儿道那件事情，扯东扯西，没有明确的主题，没有清晰的主线，片段多而杂，时刻在切换，让人看得一头雾水。三是缺乏教育案例链接故事思维的能力。概念模糊，案例、论文、故事似乎永远都是一回事儿，根源在于教师缺乏研究素养，不去研究概念的真正的含义，也不去思考三者之间的共同点与不同点。教育故事产生于教育实践，教育案例产生于教育实践，教育论文同样产生于教育实践，都是教师经历的、体验过的，教师通过观察、捕捉、思考、提炼而成为一个个案例、故事，形成一篇篇论文。但是，在文体呈现的时候，三者之

117

间又有着很大的区别，案例、论文更加倾向于"学术型"，而故事更倾向于"描述性"。本人认为，导致以上情况是教师缺乏故事思维，缺乏创造以及讲述的能力，缺乏一种共情的能力。

记得有位专家在一次教师培训上讲：如果你的教育故事能够让人"落泪"，这样的教育才是成功的。当然，这里"落泪"，我认为更多是指触动心灵。

作为一名一线的幼儿园教师，如何讲述真实的故事、令人动容的故事，我觉得有三种方法。

⦿ 方法一：取舍有度

讲好教育故事的关键是选好素材，而素材来源于教师平时的挖掘与信息收集。目前，观察已经成为教师专业发展最重要的教学技能，而观察又是记录的最有效的手段。如果能够将"观察记录"作为专业发展的常态化任务，那么，做到信息的"全"应该不难。难就难在如何筛选，如何提炼，这就需要一双慧眼，能够看得见、抓得准、理得出头绪。除了自备的信息之外，更要收集同一话题之下所有类似的信息，运用对比排除法，相似度过高的信息内容就忍痛割除，宁缺毋滥。将一些"唯一的、独特的"内容进行"以小化大、以点突面、以淡添彩"处理，让故事的主题明朗起来，让故事的切入点新颖起来，这样的故事才显得有创意、有设计感。很多人都会将自己的成长故事写成教育故事，瓯海区第三幼儿园贾令厨园长曾讲述过三代同为幼师的成长故事，就非常吸引人，自己的成长既有一定的家庭背景，又有自身对职业的憧憬，同时，在成长的过程中，隔代教育的影响真诚致远，引发更多人的思考与遐想。

⦿ 方法二：学会思情共融

教育故事的关键是立足于问题研究，它依赖于教师的问题意识，通过发现、倾听、理解、盘点、分享等方式叙述故事。在"制造故事"的过程中需要发现问题的捕捉能力、思考问题的逻辑能力、解析问题的阐述能力，将自己的思辨、表达、情感巧妙地进行融合。很多老师都会讲述在教育教学中发现的困惑点，但常常平淡而无味。我认为，有温度的教育故事必然是有生命力的、有创造力的、有共情力的。温州第二实验小学林乐珍老师讲述的教育故事"寻找那一角"，以绘本为载体，将自己经历的、体验的、思考的案例一一进行筛选、罗列，用"探寻那一失落的角"进行串联，发现孩子的发现、发现教师的发现，在倾听、理解中升华自身的思考，显得有深度、广度，并让理性思考与感性情感巧妙融合，产生教育叙事研究带来的情感价值，引发故事的共情力。

◉ 方法三：学会授人以渔

中国有句古话叫"授人以鱼，不如授人以渔"，说的是给人以结果，不如传授给人以方法而获得结果。知识可以转化为智慧，事实亦可转化为故事。而好的故事，不仅给予人获取智慧的方法，还能帮助人们理解事实的意义。《故事思维》这本书里提到，事实犹如珍珠，故事的情节便是线索，把事实串成珍珠。故事给事实以生命，而事实只有具备了意义，才能产生影响力，才能滋养生命延续。[①] 作为一线教育工作者，我们就是珍珠的拾掇者，串起一颗颗美而不同、雅而不俗的珍珠，打开事实的窗口，让有生命力的故事滋养教育的力量。笔下生辉，笔触赋能。撰写教育故事并不是一件难事，"确定主题、洞察线索、思情共振、道法自然"，这样的故事就是有意义、有故事力的。

有人认为：讲故事是人的一种本能。人是天生的故事叙述者，而叙述故事是人理解自己、理解生活的意义所表现出的自然回应。那么，我在想，只要掌握了这些方法，一定会让自己的教育故事有设计感、娱乐感，有共情力、价值力。作为一名幼儿园教师，在"创造教育故事、讲述教育故事"的同时，更要在自己的教育故事里讲述那些美的、小的故事，在"教育故事"中读到有灵魂、有深度的"故事"。

---

① 参见安妮特·西蒙斯：《故事思维》，江西人民出版社 2017 年版。

链接：幼儿园老师讲好故事的三要素

故事的主题永远是真善美。讲故事不仅是一种综合的沟通艺术，也是幼儿园教师儿童观、课程观、教育观的一种展示方式，是教学研究成果的一种展示途径与方法。让教师作为一名研究者，以讲故事的形式呈现自己的研究历程与经验，让听者、讲者能够在较短的时间内达成思维共享、观点共鸣。"讲故事"这一形式普遍受到老师的喜爱与关注。

讲好故事确实不是一件容易的事儿。有的故事中心思想不突出，有的故事内容不生动，有的故事是简单罗列，缺少逻辑性。如何讲好故事？我想到了三要素：主旨、主题、主线。

◉ 要素一：讲好故事应该要先立"主旨"

何为主旨，即故事的中心思想。一个故事只有先定位中心思想，明确叙述的意图、方向，才能开启撰写和开讲。主旨是文章的灵魂和根基，要讲好一个故事，首先要明确故事的立足点、关键要素、叙述的方向，才能让听者很快进入故事意境，并跟随着情节，熟悉故事、理解故事意义。

比如，在一次"讲故事"活动中，要求老师围绕"六味"乡村幼儿园培育故事而展开。所谓"六味"，是以"儿童优先、以文育人"为原则，从园所环境、民俗活动、师幼互动、课程建设、协同管理、发展愿景六个维度，围绕文化、关系、发展三线索，打造具有"乡土味、传统味、淳朴味、田园味、友好味、未来味"的"六味"乡村园。怎样讲好这一故事，我觉得首先要理解"六味"在幼儿园培育的关键要素是什么，然后在场景设定、故事情节、叙事弧线等方面进行思考，叙述的方向是什么？表达的意图是什么？

龙港聪聪幼儿园是一所乡村民办幼儿园，园长在培育的过程中感触最深的是教学理念的转变，从"教师为本"到"儿童为本"的立场转变，从"我认为"到"听孩子怎么说"的意识转变，从"集体教学为主"到"自主游戏为基"的行为转变，他们将六味中的"关系"作为故事分享的中心思想，师幼关系的转变、家园关系的转变、幼幼关系的转变，明确"与孩子一起来创造未来乡村园"，让孩子做环境的小主人、游戏的小主人，倾听孩子的想法、理解孩子的想法、支持孩子的做法，让"扎根本土、共创未来"的共同培育愿景在幼儿园落地。这样的故事立意鲜明，核心思想突出。

● 要素二：讲好故事需要有鲜明的"主题"

故事的主题往往来源于教育的实践，而主题选择的原则是真实且有趣，在众多话题中，让人发现它的独特，有生活情趣，有教育意义，有审美效果。叙事大师麦基说："真正的主题不是一个词，而是一句话，一个清晰、连贯的句子，能够清楚地表达故事的原意。"可见，主题的确立，也在考验你的提炼与梳理能力，只有通过思考，通过选择和对比，才能确立"人无我有、人有我特"的主题，才能让你的故事显得与众不同。再以"六味"乡村幼儿园培育故事为例，我们知道，此项目培育的对象是富有典型村域文化特色的乡村幼儿园，从所在地文化资源可以品味到乡土味与传统味，从师幼关系、课程建设中可以品味到淳朴味与田园味；从园所周边的服务群体及对园所的发展愿景可以品味到友好味与未来味；在这六味中，既有对本土文化的传承，又有对未来发展的向往；既有园所空间的打造，又有园所课程的建设；既有园内文化的营造，又有村落文化的延续……我们可以明确地体会到，这里的主题不仅体现在标题上，更体现在结构的组织上。

有些幼儿园将讲故事的主题确定为"打造孩子心中的自然乐园"，践行"儿童发展优先"的原则，在园所空间的打造、园本课程的实施、幼儿学习方式等方面，倾听孩子内心的想法，读懂孩子内心的渴望，提供孩子适宜的自然环境，支持孩子用自己喜欢的方式去游戏、去生活，在自然乐园里得到人格的提升。温州市第三幼儿园对故事主题的陈述是这样的：他们利用岛上的自然资源打造了"野趣游戏空间""诗意生态乐园""慢行七都园本课程"，在富有生态气息和自然风味的空间、乐园、课程里，与孩子一起欣赏自然、寻觅自然、品味自然，从而获得成长。他们将故事中的一些小丰颢进行了这样的提炼：欣赏自然——自然材料引发的游戏故事；寻觅自然——本地资源生发的项目故事；品味自然——四季特质触发的节日故事，让我们体悟到他们在培育中的儿童立场，在课程实施中的儿童本位，从欣赏、寻觅、品味三个词中内心真切感受到他们对儿童的尊重、对儿童的理解、对儿童的关爱。这样的主题陈述可以令人感受到教育生长的力量，故事所展现的生命培育图景。

● 要素三：讲好故事要有"主线"

主线就是故事的逻辑线、结构图，在叙述故事中通常称为叙事弧线。小说家达林·斯特劳斯说："在构思阶段，将每一个故事的行动以弧线的形式画出来会很有帮助。"也就是绘制一张图表，将故事的主线标注出来，借此寻找最简单的讲述方法和最清晰的表现途径。其实，这就是讲好故事最重要的做法——搭好结构。为什么有的人讲述故事会层层深入，引人入味、入神，因为这个故事始终围绕着主旨、主题，形成一条主线，具有张力。而我们很多人往往忽略主线这一关键要素，缺乏了故事的逻辑线，导致旁枝末叶太多，犹如杂味拼盘，听之无味，读之无序。

以话题"我与孩子的故事"为例。一位老师这样开头，"在办园理念的引领下，在园本化课程的支持下，我们立足于本园儿童发展的立场，尝试与孩子来一场回归自然、本真、共长的教育之旅。"这位故事分享者带着这样的主旨思想，将故事的逻辑线从环境支持、项目实施、体验感悟来展开。为了与孩子一起回归自然，他们与孩子一起打造了一个自然乐园；为了与孩子一起在自然中学习、游戏，他们与孩子一起创设情境，一起发现问题、解决问题。老师将这些过程用照片、绘画的形式记录下来，在之后的回顾、分享中来感受共长的快乐。整个故事的逻辑线索明朗，思路清晰，让人一目了然，读者一听就明白怎么做、做了什么、做得怎么样。另一位老师在讲述"我与孩子的故事"时，以时间轴为主线来做具体阐述：从与孩子的第一次相遇，到交往中发生的一些令人印象深刻的瞬间，再到老师对孩子的重新认识、孩子对老师的情感刻画，用一个个故事来显示"时间维度"，在初遇、理解、读懂的过程中让故事内容逐步深入，显得有序、有度、有逻辑。

"优秀的故事叙述者往往知道如何披荆斩棘，辟出一条前进的路。"的确，这条"前进的路"要想走得顺畅，需要有明确的意图、核心的话题、清晰的结构，才会让叙述的故事有声有色。当然，讲好故事除了要具备主旨、主题、主线之外，还需要教师有专业化的思维、捕捉细节的能力、取舍自如的格局、巧妙组织语言的技巧，更重要的是要立足儿童发展的立场，拥有一双善于发现故事的眼睛、一张乐于分享故事的嘴巴和一支喜于记录故事的笔。

（此文发表于《今日教育（幼教金刊）》2023年第3期，收入此书略有修改）

幼儿识字，到底好不好？

　　阅读了杭州师范大学教育学院王喜海教授的《幼儿识字教育：有关争议的回顾与思考》一文后，我对"识字"这一话题有了新的思考。

　　记得 2001 年，我参加工作的第三个年头。当时，所在的单位是一所农村小学附属幼儿园，招收的幼儿为 5—6 岁大班段，也就是所谓的"学前班"。为了迎合家长的需求，也为了落实《幼儿园教育指导纲要（试行）》中提到的"培养幼儿对生活中常见的简单标记和文字符号的兴趣"这一语言教育目标体系中的要求，经过一系列的家长问卷调查、幼儿语言能力发展方面的考查，我经梳理汇总提炼，申报了"幼儿听读游戏识字与早期阅读的实验研究"的课题，并被立项为市级课题。

　　在课题研究的时候，我就寻思着该采用怎样的研究立场。我搜集资料、整理素材，还有幸参加了当时由南京实验幼儿园和信宜出版社联合举办的全国幼儿园早期阅读研讨活动。印象最深的是，在绘本《点点和多咪的信》的课堂教学中，授课老师创设了一个良好的阅读氛围，孩子们在与绘本、教师、同伴的互动中，通过倾听、书写（简笔画）、玩字、表演的形式，较好地实现了"用自己的方式来学会阅读的技能、享受阅读的乐趣"。这让我认识到，前阅读、前书写的运用，最重要的就是能够坚守儿童优先的立场，从幼儿的身心发展特点与学习方式出发，采用适宜的教学手段，在阅读中识字，通过识字来丰富阅读的路径与方法，两者并不矛盾；而且，还会让孩子在读与玩的过程中，增加对文字的敏感性，更好地理解绘本的内容与寓意，这也是引发幼儿深度学习的一种方法。

培训结束之后，我就搜罗全国各地开展的关于识字与阅读的相关文献研究，其中有天津教育科学研究院关于"识字实验"研究的一些资料，据说这是一项在继承前人经验基础上的创造性研究。而我更看重的是她提出的有助于幼小衔接的一些做法。据小学低段老师反映，识字量不够不利于孩子的独立阅读，识字量大的孩子在独立阅读方面显得轻松些。因此，是否可以通过"玩中学"的方式来帮助幼儿自然习得识字，同时培养幼儿养成良好的阅读习惯，为升小学做好准备。

首先，我从环境创设入手，将主题活动和绘本中的内容通过字图相结合的方式，呈现在墙面上，让幼儿通过自主阅读的方式产生对文字的兴趣；其次，我从家园共育着手，让家长每天陪伴幼儿阅读半个小时，幼儿可以"看图说话"，家长适度"看字说文"，让幼儿在倾听、表述的过程中丰富"前识字"的经验，自然而然地对字产生敏感；最后，我用游戏的形式，通过"玩字"游戏，让孩子对中国汉字的图像产生浓厚的兴趣，同时，"玩字"游戏让幼儿与家长感受到另一种亲子游戏的乐趣，特别是农村的家长，他们在与孩子玩字的游戏过程中，改变了教育观念，也懂得了"有效陪伴"的真正含义。

经过两年的实践研究，我不仅研发了"玩字"游戏教材，也形成了自己的一种教学风格与范式；主持的课题获得了 2004 年温州市教学规划课题一等奖，教育理念也获得了大家的一致认可。论文《运用多媒体，识字兴趣浓》被刊登在《幼儿教育》（2003 年 10A 总第 263 期）。同时，研究成果在后期的一些相关课题研究中得到推广与应用，课题"指导幼儿自创记录学会自主学习的实践研究"中提到的幼儿的自创记录法，其实也是对幼儿前识字教学的一种创造性研究。

之后，通过跟踪式调研，我发现在 5—6 岁年龄段开展听读游戏识字与早期阅读的实验研究，是可行的，也是科学的。小学低龄段的班主任一致反映这些孩子在看图说话能力方面、阅读范畴与深度方面都会强一些，对文字的敏感度也会较其他孩子强。所以，我认为，基于儿童优先发展的立场，采用适宜的学习方式帮助幼儿习得文字的敏感，体悟文字的乐趣，增长阅读的兴致，在幼儿阶段开展识字教育，未必不可行。

其实，文字对于孩子来说，就是一个符号、一个图画。中国文字博大精深，在幼小的心灵中播下对文字的好感、兴趣，不失为传承传统文化的美事。而文化最重要的是价值导向，强调价值导向应该是文化的核心。对幼儿开展识字教育，注重的是正确的过程，而不是识字量多与少的结果。

步社民老师提出开展幼儿识字教育，关键是个"度"。其实，最关键的是"教师的思辨能力与价值判断"。教师应自己去思考：开展幼儿识字教育的动机是什么？怎样开展幼儿识字教育？开展幼儿识字教育的价值在哪里？儿童识字视角如何架构？在识字教育中是否也需要审议儿童的兴趣、儿童的学习方式、儿童的经验？等等。

链接：运用多媒体，识字兴趣浓

我尝试运用多媒体，制作层次分明、比例适中、构图合理、色彩明快、动静交替的画面来辅助幼儿识字，让幼儿在浓厚的兴趣中自然习得汉字。

◉ 看得开心，学得轻松

运用多媒体动静结合、图文并茂的特点，使幼儿保持积极愉悦的状态，加深对汉字形象的认识，提高对文字的敏感度。

比如，我在故事《大象救兔子》的教学活动中就运用 Authorware 制作课件。首先，扫描了兔子、森林、老虎等图片；再利用 Photoshop 操作程序制作动画：先出现三只小兔表情变化图，再显示短句——"为什么先是慌慌张张，后来又高高兴兴呢？"幼儿回答之后，播放老虎吼叫的声音，接着显示老虎扑向小兔的画面，同时显示"扑"字；再利用 flash 制作大象搭桥救兔子的画面，在大象的鼻子、尾巴处显示汉字"仲、翘"；最后利用 Photoshop 图像菜单中的"清除图像"，迅速隐去当前图片，快速地出现另一幅完整的画面，让幼儿结合画面完整地讲述故事内容，也可结合画面伴随故事配音，让幼儿表演故事。活动时，逼真而形象的动画效果，深深地吸引了幼儿，特别是画面中文字与图像的结合，较好地帮助幼儿从"物象"来理解文字的含义，解决了幼儿只知道文字的音、形而不了解意义的缺陷。

● 思维活跃，发言积极

在识字活动中，运用启发性、实践性强的游戏来充实教学内容，是一种激发幼儿思维、活跃课堂气氛的良方。但是设计一个好的游戏需要花费大量的精力，操作过程非常烦琐。运用多媒体教学手段进行辅助教学就可以避免上述弊端，幼儿想象丰富合理，思维鲜明流畅，识字兴趣高涨，教师操作十分方便。

我在综合识字游戏活动中设计的"幸运列车"，形式新颖、板块分明、趣味浓厚，深受幼儿的喜爱。我利用 flash 操作程序制定多个板块，如（板块1）"念念念"，出现的汉字由单个到多个，由词到句，内容难易适中，配以活灵活现的画面，吸引了幼儿的注意力，学习效果非常好。（板块2）"连连连"，按键①，画面上会出现一些图像与文字，引导幼儿寻找与图像对应的文字，若找到了就用鼠标点击它们，此时会出现文字与图像在一块儿的气泡效果。按键②，画面上会出现一幅图像，图像底下有两个短句，幼儿先观察图像的内容，再用鼠标点击他认为正确的句子，文字就会闪烁变换颜色，同时还会获得鼓励性的语言，这增强了幼儿的自信心，提高了幼儿识字的效率。（板块3）"猜猜猜"，在页面上设计4个按钮（按钮1表示植物的名称，按钮2表示动物的名称，按钮3表示动作的名称，按钮4表示人的称呼），每个按钮后跟红、黄、蓝三个小圆键，每个小圆键里有四个词语，经点击会依次出现在页面上，猜时由两位幼儿相互合作，一人看词语解释或表演，一人猜词，每猜对一个词语得1分。教学活动中，我将全班幼儿分成红、黄两队，以闯关抢分的游戏贯穿始终，幼儿以独立或结伴的形式参与其中，大家争强斗胜，毫不示弱，思维非常活跃，发言踊跃积极，幼儿的自信心和荣誉感也得到了充分的培养和展示。

总之，在识字教学活动中，利用多媒体辅助教学手段，能充分地调动幼儿学习的积极性，加速幼儿对知识的内化过程，从而提高了识字教学的效率。

（此文发表于《幼儿教育》2003年10A总第263期，收入此书略有修改）

小论孩子眼中的幼儿园"生活"

日前，在一场高端圆桌会议上，几位学前教育大咖围绕某一主题中的关键词展开讨论。其中对"幼儿生活"这个关键词的讨论，引发我探究的兴趣。

"幼儿园需要给孩子创造高品质的生活！"

"在孩子的眼中，幼儿园的生活、学习、游戏是无边界的，它们都是综合在一起的。

"生活、学习、运动、游戏是幼儿园课程实施的主要内容，对于孩子来说，生活的教育价值应该是掌握自我服务的生活技能、学会自理，通过劳动教育来观照生活、学会生活……"

那么，孩子眼中的"生活"与成人眼中的"生活"有什么不同？幼儿园到底是生活的地方、学习的地方还是游戏的地方呢？所谓幼儿园高品质的生活最核心的点会是什么？

什么是生活？孩子们有话说。

幼儿1说："生活就是剥玉米。"

幼儿2说："我喜欢的生活是铁定溜溜的生活（铁定溜溜是当地的一个游乐场）。"

幼儿3说："生活坊就是生活的地方，在娃娃家的后面（生活坊是幼儿园里一个指定的游戏场域）。"

……

在孩子的眼里，生活就是他们喜欢做的事情、喜欢玩的游戏。可见，在孩子的视角里，生活、学习、游戏、运动都是无边界的，是综合性的。而幼儿园与家，只不过是换个地方生活而已。而生活、学习、游戏、运动的分类，则是咱们成人基于教育的视角。我很赞同这个观点：在孩子的眼中，生活、学习、游戏都是综合的，没有界限划分，它们是一个整体，孩子在这个整体的运行过程中，获得完整发展。

幼儿园的生活舒服吗？怎样的幼儿园生活才是孩子喜欢的、向往的？只有孩子最懂、最明了、最有话语权。《幼儿园保育教育质量评估指南》中提到：坚持儿童为本。尊重幼儿年龄特点和成长规律，注重幼儿发展的整体性和连续性，坚持保教结合，以游戏为基本活动，有效促进幼儿身心健康发展。该《指南》在保育与安全方面，围绕"卫生保健、生活照料、安全防护"提出 3 项关键指标和 11 个考查要点，旨在促进幼儿园加强卫生保健与安全防护工作，确保幼儿生命安全和身心健康；在教育过程方面，围绕"活动组织、师幼互动、家园共育"提出 3 项关键指标和 17 个考查要点，旨在落实以游戏为基本活动要求，促进师幼有效互动，构建家园共育机制，促进幼儿身心全面发展。

一日，一位毕业了的幼儿园小朋友的家长忧心忡忡地给我来电，说自己的二宝现在上幼儿园大班，再过一个多月就要毕业了；最近发现有很多反常的行为，"找各种理由不想上幼儿园，有时候会长时间地观察某个小昆虫，经常性地握着小拳头不肯放松……"他担心是不是哪里出了问题？我说，不会的，孩子喜欢观察小昆虫这是爱探究的表现；喜欢握着拳头可能是出于好奇或者为了保护自己；不想上幼儿园可能是与小伙伴或者是自己在哪个方面遇到了麻烦的事情。后来，在与家长的沟通中，终于了解到造成这些"行为"背后的秘密，根源是"老师与家长的自以为是"：他们自以为"上台表演是为了给班级争光、选不上是因为给她挫折教育"；他们自以为"用积分奖励是为了督促她上课不迟到、珍惜粮食要光盘"；他们自以为"她在闹脾气、她的个性太强……"其实，都不是这样的。她观察小昆虫是为了学习昆虫爬的样子；她握着小拳头是在练习让自己握的姿势更美；她落选了，但是她不知道自己落选的原因，与她一起加入备选队伍的孩子与她一样都做错了动作，但是她落选了，而她的伙伴却入选了，她感到很无助，也很迷茫……幼儿园本来是她喜欢的地方，但是她得不到同伴、老师的认可，也不知道怎么和爸爸妈妈说，她感到失落，又找不到寻回快乐的答案。于是，她开始不喜欢上幼儿园，觉得幼儿园的生活一点都不好玩、游戏也不好玩、小伙伴也不好玩了。

了解这些情况后，老师与家长一起深入研读孩子的这些行为背后的原因，与家长一起从孩子的视角来发现她的行为背后隐藏的教育视角，与家长一起将"很多的自以为是"悄悄藏起。就这样，孩子再次喜欢上了幼儿园的生活。

幼儿园是家园、乐园、花园，这是大家都喜欢说的，也是时常挂在嘴上的，但是家园、乐园、花园的体现应该坚持以儿童为本，只有读懂孩子、悦纳孩子、爱孩子，才能确保幼儿生命安全和身心健康。师幼有效互动，家园和谐共育，才能促进幼儿身心全面发展。

那么，幼儿园高品质的生活最核心的点是什么？我认为是处理好几对关系，包括幼儿与幼儿的关系、幼儿与教师的关系、教师与家长的关系、家长与幼儿的关系。只有把儿童放进我们的眼中、心中，才能唤醒我们沉睡的"第三只眼"，营造让幼儿感到舒适的环境，让教育回归本真，让幼儿在幼儿园里生活得舒服、生活得自在、生活得愉悦，才能体现园是家、园是心灵的港湾、园是成长的摇篮。

幼儿园高品质的生活可能就如同杜小朋友所说的："在幼儿园里，我们每天都在想办法把我们生活的地方变得更美、更漂亮、更舒服，也在想办法让我们的生活更丰富、更有趣。"

链接： 由"幼儿园就是一首小诗"想到的……

幼儿园是一首诗，
自然流淌着田园诗意，
悄然弥漫着于无声处的教育诗意，
暖暖地透出一缕缕别具一格的审美诗意。[①]

---

① 参见陆娴敏：《三叶草的故事：一个园长的教育管理旅程》，南京师范大学出版社2014年版。

◉ 幼儿园是洋溢着温暖的地方

"我想让幼儿园成为一个温暖的家。这里有孩子喜欢的老师、有孩子喜欢的玩伴、有孩子喜欢的乐园、有孩子喜欢的工作与学习。每一个孩子都能够成为'家'中不可或缺的一分子，他们都是'家'中最重要的他（她）。"温州市龙港市实艺幼儿园的园长最想打造的就是一个如家的幼儿园，"温暖""舒适"，让家长放心，让幼儿暖心，让教师安心。幼儿园外形犹如一座城堡，端庄、典雅又不失童真、童趣。活动室的空间很大，但布局依照幼儿工作与学习的需求，柜子、材料的摆放，没有固定化，显得非常灵活。午睡时间到了，孩子们拉起小伙伴的手，在保育老师的帮助下，放好自己的床位、铺好自己的被子，开始享受午睡美好时光。幼儿园的每一个教室都是连通的，孩子们可以到隔壁教室里串门，可以找朋友聊天，教室间分合自如，就像在一个家里、小院里。天气好的时候，拉开共享区域顶棚的遮光帘，让阳光照进来，一起和好朋友玩玩泥巴、画画符号、喝喝果汁……沐浴阳光的惬意让一天都变得如此美好。为了让家长能够感受到孩子成长中的变化，体悟到幼儿园大家庭的温暖，幼儿园每周都会让家长自愿报名"游戏观察者"活动，可全程跟随、观察幼儿一天的在园生活；每月都会有一次绘本美术馆的体验活动，让家长在与孩子阅读中品味艺术的精华。孩子们说："午睡的鞋子你靠着我，我靠着你，就像好朋友手拉手。"哥哥与弟弟在同一个班级学习、玩游戏，爸爸妈妈反映，两兄弟的关系越来越好。因为有爱，所以温暖；因为温暖，所以舒服；因为舒服，所以幼儿园就是一个家，是一首诗。

◉ 幼儿园是一个好玩的地方

"幼儿园是一个可以从庭院玩到屋顶的地方。"温州平阳县机关幼儿园的园长眼里充满着对孩子满满的爱，对孩子的理解，对孩子无限的关照。一谈起幼儿园的整体布局、环境文化打造，她说自己与建筑设计师有 N 个"不妥协"，而这种不妥协的背后，就是"处处为儿童、处处有儿童、处处显儿童"的理念使然。户外，一棵有着 60 年树龄的香樟树屹立在绿草地上，孩子们围着它，欢快地唱着由老师们自己编曲、编词的园歌。园长说："香樟树又名幸福树，我想让每个孩子、每位教师在她的呵护下，感受幸福、快乐成长、共享美好。"一位穿着绿色毛线衣的小男孩从屋顶斜跑下来，好玩，刺激！原来，斜绕着屋身的跑道是幼儿园的一大特色，在跑道的旁边，还不时冒出几个空中滑道、空中蹦床、空中滑梯。园长认为，只要可以制造玩的地方就要开发出来，让孩子能玩就玩、可玩就玩，既有挑战性又富有探索性，何乐而不为？屋顶、走廊、教室之间都是相通的，特别是有一处别致的"罗马竞赛场"，本来是一块空地，但是园长说这里可以成为孩子们的"话剧院""展示场"，于是，又与设计师商量、改造。

◉ 幼儿园是浸润心田的地方

苏联教育家玛卡连柯曾说过："爱是无声的语言，也是最有效的催化剂。如果学生是一个含苞欲放的花蕾，教师的职责就是让他们在阳光里绚烂绽放。""我们不仅要把这份爱补上，更要把这份爱如酒酿一样，将芳香留在人间。"温州文成县玉壶幼儿园的园长带着她的团队，让这份爱加上"智慧"空间的打造，变得多元而热烈。购置直播设备、添置温馨沙发、布置布景，一个"爱的心语"直播间就这样产生了。孩子们对着直播镜头，与远在外地的爸爸妈妈说一句"悄悄话"，说一句"我爱你"或暖心话。从一开始的一个字、一句话，到后来的一段话、一个故事，聊不完，述不尽。爱，在园长的巧思构想和精心策划下，浸润了心田，成全了孩子，更成就了父母。

◉ 幼儿园是富有创意的地方

每个孩子都拥有无穷的创造力，他们的创造力无处不在，他们的创想意识时刻在等着被发现、被培育。来到瑞安市东山幼儿园，一走进大厅，门口就矗立着一棵绘本树，绘本是幼儿最喜欢的读物，也是幼儿教育中最重要的工具。运用绘本为载体，挖掘绘本中潜在的奇、趣、妙，打造具有幼儿园特色的环境文化，将教育与环境、空间相融合，将教育与审美相融合。"花婆婆石子路、撒哈拉沙池、德沃夫积木室、流口水星球生活馆"等，提炼绘本中的核心内容、核心人物等，布局空间和环境，以多元、开放的空间保护孩子的天马行空。"希望孩子在富有创意的环境中激发创造力，获得乐趣。见证当下的美好，向着未来生长。"东山幼儿园的园长觉得，要想让孩子有创造力，教师必须有创造意识与能力，于是，在呈现建筑美学镜头的视频制作

131

中，DS 幼儿园就突发奇想，借助"光"与"影"来透视幼儿园的建筑美学，很不一般。每一个活动室里都有一根柱子，为了让这根柱子显得与众不同，他们把柱子变成一棵四季树，师幼共同设计一年中四季树不一样的生长面貌：春天是长长的柳枝挂树梢，夏天是满满的绿，秋天是一片片金黄夹杂着片片的红，冬天则会变身年味十足的五彩树。

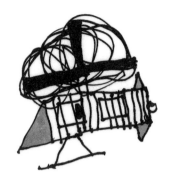

思考：如何在逆境中探寻自己的专业追求？

《国家中长期教育改革和发展规划纲要（2010—2020 年）》中提出，要建立政府主导、社会参与、公办民办并举的办园体制，重点发展农村学前教育。在大力发展农村学前教育背景下，农村学前教育质量的改善问题也得到了全社会的关注。教育质量的核心是教师，引入优秀教师到农村任教也成了一项重要的举措。

近年来，在《教育部关于大力推进城镇教师支援农村教育工作的意见》的政策引领下，激励和引导广大城市幼儿教师支援农村学前教育事业，建立城市幼儿教师支援农村学前教育事业的长效机制，探索城市幼儿教师支援农村学前教育事业的有效途径等相关举措也相应落地跟进。于是，有些地方就将考编与职称评审等方面做了适当的调整，规定考编成功的新入职教师，必须先去农村任教 2—3 年；或者未满 40 周岁需要评职称的城镇教师必须到农村支教 1—2 年。

我们认为，要想实现农村的孩子与城里的孩子享有一样高质量的教育，教师是保障教育质量的关键要素。让年轻的教师到农村任教不是坏事，在条件艰苦的环境下可以锻炼人的意志，丰盈人生的阅历。但是，"初涉社会、步入工作岗位"的新入职教师更需要一些适宜专业成长的支架，从而促进自己在逆境中加快成长。

新教师小陈是学前教育专业毕业的学生，因为考编进入了农村幼儿园。

这所农村幼儿园其实是一个教学点，总共 11 个孩子，其中学龄前的孩子 5 个，剩余 6 个为小学生。这里除了小陈，还有一位是上了年纪的老教师。他们的分工是，小陈带学龄前的孩子，老教师带小学生。小陈在这里带班仅仅一个月，就对自己的专业能力持怀疑态度，不知道自己当时考编是对的还是错的，不知道当时在学校里学到的理论知识、实习期间锻炼的能力该如何在这里施展，她更不知道面对 5 个孩子如何备课、如何组织教学。她开始陷入迷茫，并产生了负面情绪。

虽然在"互联网＋"时代，可以通过很多信息化渠道来解答自身的困惑，但对于一个初涉岗位的新教师来说，难度是可想而知的。她对自己的选择越来越持怀疑态度，萌生了转岗、辞职的念头。但想到自己考编不易、留守儿童的艰难处境又觉得自己不能这么离开。挣扎了很久，思考了很久，她最后还是留了下来。坚持了两年，她终于从山村里走了出来。在兴奋的同时她又陷入了另一痛苦之中，与她同年参加工作的同学，因为任教于城镇名园，两人在对话的过程中，她明显感到自身理念的落后、专业底气的缺失等，她陷入了第二波的职业休克期……

是的，入职第一年虽然是实习期，但这一年是"学生"与"教师"身份转换的关键期，也是对自己的人生价值的判断与从事的行业的认同期。可想而知，让一个对自己所从事的职业充满着众多未知数的"大孩子"，面对一个完全陌生且相对偏僻的环境，如果没有一定的专业自觉，没有对自我选择的重新审视，她很可能陷入农村学前教育发展的困惑。农村任教的新入职教师该如何在逆境中探寻自身专业的成长？我想，可以这样做：

一是要将对儿童的敬畏放在首位。对于很多年轻的老师来说，加入农村幼师队伍很重要的原因是"编制"，一份俗称"铁饭碗"的工作，但往往理想与现实会出现偏差。怎么办？这时要时刻牢记幼师的初心——对儿童的敬畏。无论在怎样的环境中，儿童都是独立的个体，有值得我们去探索、去发现、去学习的地方。农村幼儿园对乡土文化的延续与传播有着非凡的意义。年轻的教师来到农村，面对淳朴的孩子，更应该有去爱他们的决心与使命。爱是相互的，当你将这份爱放在职业的首位时，你就会拥有坚定的教育信念与理想，你将会无怨无悔。

二是要与书本链接美好的关系。当你与书结伴，你将不会迷茫；当你与书为伍，你将不会孤独。记得当年我刚毕业的时候，被分配到一个乡村小学的附属幼儿园任教，一个教室是 1 个老师＋60 位学生。我一度迷茫，黑夜里默默地流泪，不知道何去何从，感觉人生已经步入低谷。但是，联想到自己也是地地道道的农村娃，如果没有得到好老师的教导，如果父母没有给我营造好的教育环境，我现在也不可能成为一名令人羡慕的幼儿园老师。我对自己说：我必须打起精神，做一些对得起自己、对得起孩子、对得起这份职业的事情。于是，自购书籍，漫步书海，带着"理性的思考"去营造提升专业能力的氛围。在书海里畅游，我督促自己不断地去学习、去思考，去释疑解惑，去汲取营养。当时，我就这么想，虽然没有优越的环境，但我照样可以用书来为自己创造"优越的环境"。我与书的美好关系就是在农村幼儿园任教这几年中建立的。

三是要有善用多方资源的能力。新教师到了农村幼儿园，不要被眼前的情景困扰，而是要像蚯蚓一样，始终保持泥土湿润、松软，不停地挖，挖掘每一个角落、每一处细节，从而收获每一份惊喜。

记得当年，我将孩子的兴趣视作"挖掘教材"的珍宝。我始终认为："兴趣是激发孩子学习动力的源泉。"如何让教材中的内容让孩子喜欢？面对 60 个孩子，我坚定认为，我不能按照书本按部就班地上课，而要时时观察孩子，挖掘教材中能够引发孩子思考的兴趣点、探索点。我对教材中的每一篇教案都会重新审视、改编，上完每一课我都会做好问题梳理，并努力将反思记录在本子上，从而生发出适宜孩子的有趣课例。有位孩子对他的爸爸妈妈说，"我很喜欢凌老师，因为她上的课很有意思！"我还花了小心思，准备了一个小本子，专门记录孩子在课堂上的发言，并从这些话语中"挖掘"生长点，形成课堂中的创意点。在农村任教的五年，我主持了省规划课题并获得了市一等奖；我成为公开课"专业户"，成为有创意、有点子的幼儿园老师。

我会紧抓每一次机遇挖掘专业的潜力。在农村幼儿园任教期间，外出培训的机会少之又少，每一次培训与展示的机会我都非常珍惜，"抓住一次机会就是充一次电"。当接到上级通知，要进行公开课展示或者论文评选之类的活动，我就会做好充分准备，即使失败了也不气馁，及时复盘失败的原因，想出下一步改进的策略。只有这样，才能让失败成为成功之母。同时，我经常自费参加各类培训，旁听各类讲座，经常请教不认识的"高师"，来弥补自己的专业短板。

就这样，我在农村任教时间虽然不长，但收获颇丰。敬畏儿童、尊重儿童、把握机会，从"我"到我们，自己的内心变得强大，自己的视野变得开阔。

所以，到农村任教，并不是一件坏事，只要老师有自我的专业追求、专业的价值引领，逆境更能锻炼人的意志、坚定人的追求。

链接：重新审视"边缘化教师"的成长路标

所谓"边缘化教师"，是由"边缘化"理论所引申出的新概念。它是指在追求专业发展的过程中，逐渐游离专业发展、人际交流中心而徘徊于边缘地带，不被人所关注、受到冷落的老师。而我所提出的"边缘化教师"是指在教育实践中容易被忽视的老师，他们也是需要"被看见、被关注"的。对于他们的专业成长，我结合自身的实践经验与思考，想了几条成长路标指引对策。

◉ 对策一：建立"云端研修共同体"，让乡村幼师的专业心灵不"边缘"

她，因为考编来到了农村幼儿园任教。根据所在乡镇的规定，必须待满三年才可以申请调往城镇。幼儿园坐落在古村落里，环境宜人，乡风淳朴；在园里她与同事的关系也相处得不错。但是，来这里的都是新手教师，有些刚来就想走，有些硬撑到第二年也走了，只有她还留在这里。让她困惑的是，每天都在做着同样的事情，当自己有疑惑的时候也不知道怎么解决，于是她一直纠结自己的专业成长路径该如何规划，怎样才能汲取新的教育理念与方法，更好地促进自身的专业发展。

钻研教材，向同事向儿童学习，反思自身的实践是教师自身成长、精彩教学的前提条件。特别是新入职教师的专业成长，应在参与校（园）内教学研究时，着眼于学习成熟教师理解儿童的方式与反思教学的方法。乡村振兴必须教育振兴，关键还在于教师。是否可以通过别的路径来为服务于乡村学前教育的新手教师、年轻教师提供专业成长路径的支持？研修（教研与师训）

是助力教师专业成长的催化剂，在"互联网＋"时代背景下，我们应该改变固有的专业策划研修方式，建立"云端联盟"研修共同体，让乡村园的教师与优质园的骨干教师建立伙伴关系，让乡村园的研修活动与优质园的研修活动并肩行走；让每一次的研修活动都成为教师反思自我、丰盈自我的载体，真正体现"一切看得见教师、看得到教师"的研修价值与意义。同时，还需要多种途径来提升乡村园业务园长的研修组织能力，让管理者能够真正发挥指导与引领作用。我想，我们在政策谋划、路径探索中应为农村幼师提供更多的专业研修方式，让这类"边缘化教师"心灵不再孤独，从而成为农村教育的骨干与中坚力量。

◉ 对策二：提高幼师"入园门槛"，让专业根基不再"边缘"

听过很多人谈论为何要考幼儿园教师资格证。有的说，我原来不是读幼师的，但是现在我的二宝要上幼儿园，我想带她上幼儿园——原来考证是为了方便带娃。有的说，我是搞环境设计的，幼儿园现在很多都是新开办的，我可以去搞装潢——原来考证是为了接业务。还有的说，现在其他行业就业难，幼儿园老师缺，好就业——原来考证是为了方便就业。可见，一些人考幼儿园教师资格证更多的不是专业取向，而是方便就业、方便入门。幼儿园老师的"入园门槛"真的很低吗？真的抱着这些想法进来的老师会怎么发展呢？

有一位幼师，不是学前教育专业毕业，但持有幼儿园教师资格证。在一所幼儿园，她已经带了7年班。她会环境创设，制作教具，按照一日流程安排组织好各种活动。她会及时更新区域中的材料，当问她为何要投放这些材料时，她说园里有要求，必须及时、定期更换区域材料；但观摩她的教学活动时，我发现她的眼神看起来是在和孩子互动，但常常忽视孩子的回答，没有及时观察、回应孩子的需求；当孩子做游戏时，她说自己也有观察记录，我翻看了一下，其实就是看孩子，而"看什么""为何看"并不清楚。

当代教育学家钟启泉教授认为，"儿童是创造未来的新社会的成人，是超越了成人的预想而发展的可能态的人"。所谓发展的可能态的儿童观，就是把学习权作为人权的主体，自由地学习与探究，寻求真理与真实的权利。试问，在这位老师的视角里，孩子能有机会享受到"学习权"吗？

提高幼师的入园门槛，从专业的视角来提升师资队伍的力量，应该是减少甚至杜绝"边缘化"教师的主要举措。只有把好幼师"入门关"，才能让教师的儿童观、教育观有可塑的机会，才能让教师拥有扎实的专业根基，才能让教师的专业发展呈现可能性。我们才能在自觉与不自觉、有意与无意间寻找到教育的密码，借以形成符合新时代发展的理想的教育，赐福于每一个孩童。

● 对策三：提升教师的课程观，让专业底气不再"边缘"

王春燕老师曾提出一个话题"怀孕的幼儿园"，意指许多幼儿园都在搞与怀孕相关的活动。如何基于生活、基于资源、基于需求自然融入幼儿园的教育活动？值得我们好好思考。一所幼儿园的课程是否适宜、是否基于儿童的发展，与教师自身的课程观、教育观、儿童观有很大的关系。

我认为，这是当下最令人担忧的"娱乐课程""消遣课程"现象。从成人的立场出发，基于成人的需求与预想，来创设体验成长的课程，是正确的。"怀孕"是一个生命话题，也是关于感恩回馈的话题，但是否有必要做成一个"全园都参与的课程"值得探讨。亮眼的标题、令人哭笑不得的课程进程（集体怀孕——孕期生活——我会照顾宝宝——我在妈妈肚子里），这像是一场"为课程作秀"的消遣。感知生命、懂得感恩，这样的生发点很多，但是老师是否考虑、了解过孩子的需求是什么，课程的实施价值在哪里。"什么是课程，什么是幼儿园课程，什么是生发式课程，什么才是让儿童站立中央的课程？"在课改盛行的当下，不同等级、不同性质的幼儿园都存在这样的"忙"与"盲"；老师们也会侃侃而谈，说要基于儿童视角、要基于儿童的需求，但是教师的高度决定课程的质量，教师队伍建设力度、广度直接决定着教师的成长；我们在呼吁儿童立场的同时，更应该呼吁"看得见老师，看得到老师的成长"！

专业代表的是个性化、独特性。专业从表层走向深耕也必须经历过程、思想的沉淀。从初任教师到30—40岁的中坚教师，再到超过20年教学经验的成熟教师，教师专业成长的道路绝非坦途。而作为这些"边缘化教师"的代表，更应该探索适宜自身专业成长的路径。

一场以"儿童为中心"的空间变革所蕴藏的教育价值

美国儿童联盟（Alliance for Childhood）倡导小组出版了一份题为《幼儿园危机》（Crisis in the Kinder-garten）的报告，指出当前的教育变革给幼儿教育所带来的危害，即：公立幼儿园从作为培养儿童热爱学习的场所转变成儿童和教师都倍感压力的地方。

难道真的是这样吗？

其实不然，随着我们对"儿童为中心"这一教育理念有越来越清晰的认识，我国越来越多的幼儿园从"空间"入手，让环境与理念、环境与课程相融合，从环境里就能看见爱与自由，看见生长力。这样的幼儿园与孩子的成长相呼应、与课程的实施相呼应，更重要的是体现了空间变革带来的无限教育价值。

如何从幼儿园的空间变革入手，依据尊重儿童的教育理念塑造空间，将其渗透到空间设计与规划布局中，将对孩子的爱与信任、尊重与理解、支持与关注都能够在空间布局中得以体现，让幼儿园成为孩子学习的乐园、生活的家园，伴随儿童快乐成长？我想从以下三个方面入手。

一、破除惯有做法，用教育理念来开启大环境的空间布局

常态的教育场景中，教育者通常是在园舍建好之后才进入教育现场，然后根据空间再布置与调整，并结合园舍的现有资源与园长的一些想法来设计

139

办园理念、课程内容等。而现在，我们认为教育实际上从设计园舍以及规划室内外空间之时便开始了，这些布局将会影响到生活在其中的人，决定他们之间将形成什么样的关系，开展什么样的活动，进而影响人的发展。而这些影响本身就是一种间接教育。

因此，在建园的过程中，作为园所的第一责任人，园长就会早早介入园舍现场，与设计师对话，将自己的教育理念渗透到空间设计中，从而建成展现该园特有教育理念的幼儿园。如 OH 幼儿园在环境创设之前，园长一直在思考：怎样的环境才是孩子喜欢的，才是最适合孩子的？"让孩子来做主，与孩子来对话"。就这样，她请来了从幼儿园毕业的一拨孩子，倾听每一个孩子的想法，感受每一个孩子的心声。孩子们说："幼儿园里最好玩的就是游戏。""我想不管刮风下雨，我都可以玩沙、玩水。""我好想像哈利·波特一样，可以从楼上飞下来……"为了让孩子的设想能够变为现实，为每一孩子找到适宜发展的"恰好是你，恰好遇见你"，园长的"融"字教育理念就这样在与孩子的对话中产生、落地、衍生。

悬空的屋顶设计巧妙勾勒出"融"的风范，室内玩水池让每一个孩子一年四季都能够享受到玩水的乐趣；空旷的走廊摆满了游戏材料，孩子们有充足的时间与空间来自主选择、自由探索、自发表达；从室内三层走廊直接滑向室外一层滑滑梯的奇妙设计，每一个孩子在体验到感官刺激的同时，更能感受到幼儿园的好玩、奇特、乐趣。

这是一所"融文化、融兴趣、融发展"的"融乐园"，体现了一个智慧园长的创意。一群有爱的老师读懂孩子，在每一个春夏秋冬，真实又自然地和孩子们生活在一起，倾听每一个孩子，关注每一个孩子，他们共同发现美好，呼应和丰富这份美好。我想，这正是大胆破除惯性思维，用教育理念引领空间布局，扎实走出新的发展的路径，实现了幼儿园人本化与个性化融合发展的目标。

二、跳出成人视角，用儿童视角来勾勒活动室的空间布局

"你们知道吗？孩子们最喜欢的活动室是有私密空间，有室内滑滑梯，有可坐可走的阶梯的活动室。小班、中班的孩子都在期盼着自己快快长大，

到了大班，他们就可以来到这个最喜欢的活动室。"一位 W 园长侃侃而谈，她正在对来访者介绍他们园所最受欢迎的活动室。

优质的空间能够给每一个人一种归属感和享受感，从而促进对话、互惠和交流。我们认为儿童生活在现实生活中，幼儿园既是他们的学习乐园，更是他们的生活家园，他们每日都应通过"文化参与"，接触并体验周遭的事务，从而发展成为一个社会人。在规划活动室的空间布局之前，幼儿园以访谈的形式征求了全园孩子的意见与想法，如"你们觉得活动室里可以有什么""你最喜欢和好朋友玩什么游戏""怎样的颜色会让你感到舒服"等等，孩子们畅所欲言，纷纷表达了对活动室布局的设想。他们希望可以和小伙伴讲悄悄话，下雨天照常可以玩自己最喜欢的滑梯，可以随手拿取自己喜欢的绘本坐着看、听、读。在孩子的话语里，老师们惊奇地发现，孩子有着自身独特的视角，于是，他们将这种开放与联通的观念集中体现在活动室的布局中，激发孩子们开阔视野、开拓思维。

在这样的活动室里，孩子们可以在私密的空间与自己、小伙伴说"悄悄话"，找寻自我的存在感与价值；可以结伴席地而坐聆听老师讲故事，交流思想、分享话题，体验平等、自由、自主的伙伴关系；可以躲进时空隧道（滑梯），任由思绪飞扬，在室内场域享受室外自由的、无拘束的自选活动。基于儿童视角的活动室布局没有相互隔离与封闭，孩子在享受公共空间带来的自由和和谐时充分体验到园的归属感、家的存在感和自我的认定，从而会用自己的心灵去呵护这份美好，用自己的双手去创造这份美好。

三、创造留白世界，用儿童立场来规划学习区域的空间布局

从社会建构主义学习观来分析，儿童的"学习"不是指单纯地听教师讲或按教师的示范来操作，而是指不同的人围绕某些事物或现象，共同经历探究的过程，互相交流自己的观察及理解，或者围绕一个共同设定的创作目标，将想法转化成实物。在这个过程中，每个人都贡献了自己原有的经验，也通过与他人的碰撞以及共同的讨论，使自己原有的经验得到修正、拓展和深化，"学习"便发生了。在这种学习形态下，幼儿园需要创造适宜的条件以方便儿童"走来走去地"取用材料，与人交流。因此，我们创造留白世界，将空

间留白，墙面留白、提供丰富的环境材料，让幼儿通过感官认知、亲身体验、实际操作来获取学习经验，在经历发现、思考、研究的过程中来获得知识，积累经验。

一是创材料超市。材料超市就如同一个小商品市场，琳琅满目，但秩序井然。孩子们根据自己游戏的需求，发布材料征集布告，与同伴、家长一起搜集相关的材料，然后归类摆放，并画上符号。每次孩子在玩的时候，都会从相应的"超市架"上拿取，玩好之后归类摆放回原位。材料超市的材料以低结构材料为主，利于幼儿联想、创造、探究，材料超市摆放在室内、走廊、户外都可以，只要符合孩子的需要都可以进行创设。

二是让墙面说话。墙面是最重要的平面之一。墙面不仅是幼儿作品的展示墙，更是幼儿行为的表征墙、话语的述说墙。墙面的高度以 1.3 米为宜，所有的幼儿行为记录本、游戏故事册等呈现的位置都介于家长身高与幼儿身高之间，便于幼儿随时翻阅和欣赏。静而稳的墙面赋予了空间"文化述说"的能力，加强了幼儿经验的连续性，促进了幼儿有序地重组或改造经验，获得成长。

三是留创想空间。在活动室里，所有的柜子都靠墙摆放，留出创想空间，让幼儿自己做主。幼儿根据自己的游戏主题、学习话题，自主选择同伴、自由选择材料，确定场地，摆放材料。就这样，幼儿完全通过自主决定创建属于自己学习与游戏的区域，自由探索、交流。一块垫子、一把椅子、几块木砖都能够成为游戏区域划分的工具，没有空间的隔阂，也没有探索的障碍，只有空间的体验、交流体验和时间体验。这就是空间变革中的创想空间。

空间环境是儿童成长的重要条件。空间环境无时无刻不发挥着潜在的教育功能。一场以儿童为中心的空间革命已经悄然跃入我们的视野，将促进我们更加积极地思考空间与幼儿发展之间的关系，空间革命衍生的教育环境带给我们价值效应。

链接：由一面墙引发的思考……

随着幼儿园课程改革的深入推进，幼儿园教师的儿童观、教育观、课程观、环境观都有了很大的转变，"儿童优先、儿童参与"的原则也逐步得到落实，"倾听、观察、反思、回应"的对话式场域也在课程环境创设中日益得到应用。我们欣喜地看到，幼儿园环境优化的决策者尊重幼儿的经验、看法，幼儿反倒成了幼儿园环境优化的最重要的人。

幼儿园的滑滑梯需要改造，孩子们说改成小木屋最好。他们开始为自己心中的小木屋设计图案、绘制图纸、表述喜欢的理由；最后通过投票、鉴定，敲定最终的小木屋方案。就这样，以儿童为主体的儿童视角下的小木屋诞生了。

幼儿园的水池需要改造，外请施工团队可能需要大量的经费，怎么办？就让孩子来试试。于是，孩子带着家人围坐在一起，从儿童的视角来重新思考这个水池的外观、架构、功能。他们用稚嫩的笔触描绘出心中水池的蓝图，经过与老师、家长、设计人员共同商议，孩子心中的水池完美呈现出来。

孩子们说，"小兔子"待的地方不舒服，到"小菜园"摘菜进出门不方便，如果再有些"小鸡"，那"小兔子"就不会孤单了。他们急需一个属于他们的"小菜园"，他们有自己的经验，有解决问题的想法，有变换使用方式的需求。作为倾听者、观察者、支持者、合作者，老师们开始着手与孩子们共同改造优化"小菜园"。

这些"小行动"其实是"儿童优先、儿童参与"的原则的最好体现，也是支持儿童的理念从局部走向系统的重要举措。教师的意识在改变，教师的观点在迭代，关键是这些都基于幼儿的发现、经历，幼儿会从自身的视角来提出问题、审视问题、思考问题，他们是环境的设计师、环境的决策者、环境的使用者。我想，这个应该是幼儿园环境中的"师幼共创""幼儿开创"用意所在，这项举措是基于某些孩子对这块"地"或"空间、区域"的需求，而教师给予他们自主权，从而实现了师幼共创。

如果在环境优化的决策中不"问"幼儿，而是由教师直接"开创"，会不会导致"儿童优先、儿童参与"的原则无法用"正确"的行动来落实？

有一所幼儿园有一面墙，据说先前是临时搭建了一排绿植种植筐，并利用一些塑料管与"纸皮筐"相绕在一起，形成一面可以"自动浇水"的种植墙。看似壮观、现代化，但这样的"墙"的创设适宜环境吗？由于搭建不科学、管理不规范，现在这面墙上只有紧密排着的筐，没有绿植，显得多余且无奈。

怎样改装，怎样优化？孩子们对这面墙有怎样的反应？我召集幼儿园的中层人员了解了情况，他们说，这面墙在孩子的心中没有位置，只是在户外锻炼的时候会瞄上一眼，对他们来说可有可无。老师们认为，如果从"儿童的可操作性"来优化这面墙，可将种植筐下放，在高高的墙面种一些爬藤植物或者一些垂挂式水果，让幼儿在"上墙"的同时能够欣赏、采摘自己想要的东西。这个想法我觉得挺好，在幼儿触及到的地方再设计与勾勒植物墙。

即这一面墙的优化是否还需要"问"孩子呢？问哪些孩子？孩子的发展意愿是什么？问题的价值性体现在哪里？是不是"不问"就是"违背儿童优先"的教育原则呢？

基于对幼儿园的整体了解、幼儿园生活和空间的专业规划、安全健康因素的考量，老师不问也没什么不好。这是一个公共空间，是属于所有孩子、教师、家长的，不是属于孩子的。教师有设想和发言权，只要教师在设想和构思时，把幼儿园和孩子作为整体来考量，就是贯彻"儿童优先"的行动了。

刘宇博士在《整合性儿童视角下幼儿园游戏环境的优化模型与实施路径》一文中也提到，基于儿童视角的游戏环境优化决策，是在多元方法、多重声音的共同影响下确定的，而不是由原来的"成人做主"改为"儿童说了算"，更应该找到游戏环境优化中的儿童与成人关系的平衡点。[1]

我觉得不管问还是不问，教师都需要有自己想法和构思的。不要一切都问孩子，更应该思考问孩子的目的是什么，价值在哪里，愿景是什么。

---

[1] 参见刘宇：《整合性儿童视角下幼儿园游戏环境的优化模型与实施路径》，《早期教育》2021 年第 38 期。

这一面墙，我想以教师设计为主，在确定大方向之后，留出一片"芳草地"给予孩子参与，让"开创"与"共创"形成无缝对接。

教师和幼儿都可以是项目（即围绕某一问题、兴趣或者主题持续进行的学习过程）的开创者，也可以是项目的共创者。

为何"真实践"，
写不出"真文章"？

　　一日，一位幼儿园老师发给我一段话：老师，我想请教一个问题。为什么我在课题开展过程中都是"真实践"，但文章写出来却苍白无力，毫无"真实感"？针对她提出的问题，我不禁陷入沉思中："真实践"与"真文章"之间的连接点在哪里？"真场景"如何用文字来"真呈现"？"真文章"里最不能缺的要素是什么？

　　先来看一段这样的文字描述：

　　《幼儿园教育指导纲要》中提出，充分利用自然环境和社区的教育资源，扩展幼儿生活和学习空间。废旧物品是区域活动材料的重要教育资源，如废旧报纸、废旧纸杯、废旧瓶、旧衣服、旧布……经清洗和消毒，一样可以制作成精致的作品，可以作为区域活动材料。为了收集自制材料的原材料，教师可以在幼儿园特定的一个位置放一只纸箱，并贴上"废品收集处"或"百宝箱"等字样，发动家长和幼儿把家中废旧但还可再次利用的东西清洗消毒干净，投放到箱子里。通过这种方式就可以很好地补充区域活动的原材料。

　　自制材料通常不够耐用，教师需要想办法将其进行加强固定，比如将一些易碎的纸质材料进行塑封保存，使其更加耐用。教师可以自己进行自制材料，也可以鼓励家长和幼儿一同参与到自制材料的工作中；因为自制材料对幼儿本身来说也是一种教育活动，它不仅能够提高幼儿的动手能力、激发创造能力，还能让幼儿在操作材料时更加珍惜材料。如果让家长也参与区域活动材料的制作，既可以发挥家长的特长，增加多样性，又加强了家园合作，一举多得。

以上文字摘自一位一线教师撰写的《浅谈区域活动材料投放的策略研究》论文，这位教师对于区域材料中的投放来源、材料性质、投放对象都有研究，也指出为何要投放废旧物品、怎么自制材料、如何发动幼儿与家长加入自制材料的队伍、参与自制材料对投放者的价值是什么等，都在文章里有所阐述。但是，阅读文字的时候，你是否感觉"实践者"并不是教师本人，而是在讲别人的事情？问题出在哪里呢？

论文的基本类型一般包括调研报告、学术论文、经验总结，教师撰写的论文基本属于经验总结。经验总结是一个从感性实践到理性认识的抽象过程，经验总结型的论文是教师研究成果的主要呈现形式，具有独特性、新鲜性、启发性等特点，其中的关键要素是"论文教师研究成果的一种表达形式"。那么，研究主体应该是教师本人，它是教师教育实践中的经验积累、成果提炼，最重要的是表达"我是怎么做的"，从而给人以启发。现在我们回过头来再看上面的案例，虽然作者的实践出发点也是基于纲领性文件精神的引领，会将自制材料的具体做法提炼出来，但是阐述的时候从他人的立场来做指导性的语言描述，就会给人感觉在讲别人的事情，而不是描述自己的实践经验，表达自己的实践成果。可能这就是"真实践"与"真表达"脱节的主要原因，那么，"真实践"在文字中如何呈现"真经验"，给人以启发、让人有借鉴。

修改如下：

《幼儿园教育指导纲要》中提出，充分利用自然环境和社区的教育资源，扩展幼儿生活和学习空间。那么，自然资源如何搜集？请谁来搜集？在我们的幼儿园走廊拐角处，有一个贴有"废品收集处"的百宝箱。幼儿园通过发布集结号，发动家长和幼儿把家中废旧但还可再次利用的物品，经过清洗、消毒、晒干，再带到幼儿园投放到箱子里。让班级里的孩子与老师根据区域材料投放的需求，自主选择一些废旧材料，经过加工变成可玩、可探、可看的自制材料，来丰富区域材料，满足孩子玩的需求。

解析：自己幼儿园是怎么做的，就真实地呈现出来，不要站在第三者立场上去发表意见。

当然，自制材料通常不够耐用，经不起'折腾'。怎么办呢？大（3）班的老师可有一个好主意，将一些易破的纸质材料进行塑封保存，加了一层保护膜，就可以经得起"折腾"了。当然，也可以请孩子来当"监督员"，从哪里拿过去就放回到哪里，轻拿轻放，不乱扔，不随意丢弃。

解析：这里将实践中创新的做法聚焦到一个实践班级身上，就可以从侧面反映，你的研究也影响到别的班级了。

通过废旧材料的搜集、自制，不仅提高了幼儿的动手能力、想象与创造能力，也让幼儿懂得了要珍惜自制材料这一劳动成果。同时，让家长参与材料的搜集与制作，不仅加强了家园合作，也让家长参与到幼儿园的课程组织与建设中，一举多得。

解析：这里主要是描述搜集与自制材料对幼儿及家长的影响，就要从实践者角度来描述它的价值，给人以启发。

原来，从"我的体验"出发，才能让"真实践"与"真表达"有效链接。

记得很早之前，中央电视台有个综艺节目叫《见字如面》，意思就是见到字就犹如见到本人；看到这个文字的内容，就像当面跟他说话一样。其实，我们的教育叙事文也就是这么回事儿。作者用文字将自己的经历与经验进行描述，有理有据、有情有思，文字要精练，提炼要精准，表达要精细。

一起看下面这段文字：

对于一所山区的幼儿园来说，在课改路上邀请高校的课改专家来园指导是一件非常难的事情。每次与知名教授联系沟通，给的答复都是："高铁、高速到不了的地方，我是真的没办法来……"没有专家把脉诊断，教师对幼儿园走的这条课改之路缺乏信心，没有再走下去的勇气与自信。怎么办？知名专家来不了，那高校老师来一个也行啊！她在哪？W大离我们最近了，去W大找。找谁呢？她会来吗？她为什么要来？这一个个难题在我的脑海里经过无数次的复盘。

个人感觉：这段文字描述的画面感很强，语言表达也很直白，基本都是真实对话、真实记录、真实思考。但是，运用到一篇论文或者教育叙事文里，就显得苍白无力，缺乏文字提炼的高度与深度。带着这样的思考，我就将上面这段文字修改为：

对于一所处于偏远山区的农村幼儿园来说，我们不惧怕课程改革这一没有止境的挑战，但是我们需要高一层次专家的引领、理论的支撑。在课改路上邀请高校的课改专家来园指导是一件非常难的事情。每次与知名教授联系沟通，给的答复都是："高铁、高速到不了的地方，我是真的没办法来……"这可能是对园长课程领导力最大的挑战，怎么办？园长以身作则，"潜伏"培训，认识专家并获得专家的帮助，从而帮助班级教师物色专家来进行专业引领，从而落实课程目标，实现课程优化。

解析：想法有，做法也有，但是在这里描述的时候已将自己的做法、想法提高了层次。为何请？怎么请？都是基于幼儿园课改有专家引领的需要，而这份需要是为了落实课程目标、优化课程实施。

原来，只有对文字不断斟酌提炼，才能让"真场景"与"真文字"产生真实互动。

链接：做了，积累经验；写了，生长经验

有一次，从一所幼儿园办完事出来，园长拉着我的手说："我做事情都不累的，但是让我将做过的事情整理起来，再说给大家听，或者写成一篇文章与大家分享，我就会犯难，这比干活要伤脑筋多了。"我边听边思考，教师的专业成长最重要的就是反思，作为一个教学管理者，如果只知道做，不进行反思和及时梳理，就很难得到专业的发展。

美国心理学家波斯纳曾经提出一个公式：教师成长＝经验＋反思。这个公式表明了一个教师的成长历程，教师可以通过教学反思丰富和完善自我。

做，重在积累经验；写，重在生长经验。只有在不断地实践、积累、反思中才能促进经验的生长。由此，我想到了实现这个公式的三条路径。

◉ 路径一：对标对表，让做与想糅合推进

考核、评估、评比等是幼儿园日常教育教学活动中一项常态化的工作，整理档案，汇编资料，撰写报告，都是做好这些常态化工作的基础。我们可以试着将这些内容串联，当作训练自己做与思的阵地。其一，解读指标。用不同颜色的笔将指标中会与不会、有与没有进行归类，再思考怎样将这些指标进行实践，或者尝试进行对接。其二，梳理文档。将内容按照指标细则进行归类，并在文件档案盒上标注名称，做好相应的目录，再结合相应的指标一一核对。相信在整理的过程中会很自然地反思这样的归类是否合适。其三，撰写文稿。按照整理入盒的档案材料所具备的信息，先列出大纲，再提炼小标题，最后将所要写的内容依次放入小标题下，初稿就此完成。

虽然对照指标"依葫芦画瓢"来整理档案有点笨拙，但这也是一种梳理与思考的好方法、好途径。在查阅＋归类＋梳理＋撰写的过程中，你会及时复盘曾经做过的事情，哪些是有用的，哪些是无用的，为接下来的工作提供一定的借鉴作用。

◉ 路径二：察言观品，让行与思同步前进

美国著名艺术史学家艾美·赫曼在《洞察》一书里这样写到：点点滴滴，时时刻刻，世上充满了神奇的事物，它们正在耐心等待我们的感官变得敏锐起来。观察是一门艺术，会观察、会思考，才会获取生活中最美妙的瞬间。[1]幼儿园老师如果能够时时刻刻看见孩子的点点滴滴，并能用叙述的形式对孩子的表现、需求、反应进行思考与记录，久而久之，你就会发现，观察孩子、记录孩子、对话孩子可以让你的感官、思维变得活跃起来。当然，除了观察孩子，还要观察孩子周边与孩子有关的人、事、物等。比如：环境的创设是否真正为孩子的成长服务？课程内容的实施是否真正符合孩子的需求？活动安排是否真正跟随孩子的生长节奏？在不同的时段、不同的环节、不同的情

---

[1] 参见艾美·赫曼：《洞察》，中信出版社 2018 年版。

境中，是否真正做到理解孩子？我认为，每一件事情的发生都有其原因，每一个思考的源头都来自生活的本身，每一次梳理其实就是发现儿童、追随儿童、悦纳儿童。只有将表面现象进行内化、体悟，才能让自己的思与行迈上同一轨道，收获双赢。

◉ 路径三：时时回眸，让理与研紧密结合

幼儿的生长是动态的，幼儿园的发展也是持续进行的。我们要学会静下来，时刻回眸，将做过的事情一一回顾，形成对照与借鉴，从而激发新的灵感，让梳理与思考形成研究与推进的平台。记得在一次培训会上，特级教师姚向凡给我们讲述在幼儿园等级创建中如何做到梳理与思考。她列举自己在创建指导中结合现实的需求，巧妙运用四个循环来帮助创建园解读指标：一是邀请三类专家（制定指标的专家、实地评估的特级教师、等级管理的专家）进行专题讲座；二是面对不同的对象设计专业测试的试卷，让园长、业务园长以及科室人员从书面测试中掌握指标中的要点，并将指导方法运用在专业测试中；三是实地参观，通过区内、区外串门的形式，发现、学习别人的优点，改善自己的不足，在过程中检验思考的能量；四是经验分享，让不同岗位上的人针对不同的项目进行分享，重新审视自己做过的与看到的。姚老师提出，创建工作中梳理与思考尤为重要，只有懂得梳理与思考的园长、老师，才会真正体验到"升等创优"所带来的价值与意义。作为行政管理者，姚向凡老师举出的每一个例子都彰显了自身专业的研究品质，正是她一直将"梳理与思考"作为行动的指南，从而激发创造性。

对标对表、察言观品、时时回眸，三条不经意"偶拾"而成的路径，将"做与思、思与写"进行了巧妙链接。我想，在实践中多去发现、探索、梳理与思考，将会使"做，积累经验；写，生长经验"成为促进专业成长的另一可能。

如何让幼师在"课题热"中成为真正的研究者？

针对中小学教师的"课题热"这一现象，有专家提出：不管基层教师做课题的动机是什么，只要肯花时间、花精力做课题研究，就应予以鼓励，但时间和精力的付出一定要注重实际效果，而不只是结题证书。对此观点，我表示赞同，做课题其实是对教师教育教学行为的一项实证研究，也是教师训练科研思维的有效途径之一。

每年有两个时间应该是"课题热"现象较明显的节点：年初的申报月、暑期的结题月。第一个节点是：课题申报"奔腾月"。申报者热血沸腾，有的是为了完成年初制定的工作计划，有的是为了将做好的某些事项做一个梳理，有的是为了解决教育教学场景中某一问题，也有的是茫然的……申报课题立项是一件容易的事情，只要选题具有一定的操作性、可行性，基本都可以立项。立项是出于鼓励、激发大家做课题的热情，营造爱科研的良好氛围。第二个节点是课题结题"联想月"。很多人在课题申报立项之后，就抛之脑后，究其原因，课题归课题，教学归教学，做课题与实施教育教学平行推进无法交叉，导致课题结题的时候不知所措。我认为，做课题的最终目的是提升教师自身的研究力，思考力。那么，如何让"课题热"中的做与思并行、思与做相融，让做促思、让思启做，真正使"热"不再成为一种现象，而是成为引发幼师研究的内驱力，形成一股"课题研究思维热潮"，让课题研究链接生活与工作，成为普适性、大众化的科研方式？

一是形成"选题"风暴，启动课题研究热。"选题"是否合适直接关系到整个课题实践的契合度、课题成果的有效度。选题非常重要。在课题申报之前，一些区域都会下发选题指南，但是对于一线教师尤其是未曾接触过课题的教师来说，跟风的多，"流行哪股潮流"，就申报类似的课题项目，如同张海水所长指出的"选题不聚焦不清晰"。有的太过宏观，有的立意模糊，多数选题创新不足，领域集中度过高；部分课题选题主旨模糊，对象指向不明。为改变这一现象，我认为可以开展以园为单位、以段为群体、以组为类别的选题"头脑风暴"，由课题意向申报者或者幼儿园科研负责人提出一个选题，让大家结合实践，阅读文献或者熟悉的内容，思考是否具有典型性、专业性、创新性，是否可以作为推进教育教学发展的命题，是否有利于解决当下教学实践中的疑难困惑。在选题的甄别与确定的过程中，每一个参与者都要认真思考和讨论，在讨论、辩论的过程中，思维才能被点燃，研究的热情才能被唤醒。确定选题后，教科研负责人要根据经验、能力、需求合理划分，引导申报课题类型。只有真正从自身的需求、经验、能力出发而开展的课题研究，才具有生命力，才能引发"课题"真热。

二是聚焦"过程"教研，保持课题研究热。不难发现，有些人做课题会出现"两头热"现象，注重申报与结题，而忽视了过程。其实，过程是发展教师真研究能力的关键要素。只有经历"过程"，才会发现问题、解决问题、收获成果；只有体验"过程"，才有真正的发言权和真正的驱动力。"研究型"教研是一种很好的聚焦过程的教研模式，以"研"为着眼点，以课题为载体，围绕一个问题而展开。人人都可以成为教研的主体，为解决问题而畅所欲言，为持续推进课题出谋划策；人人都可以成为课题研究的见证人、思考者、记录者，让课题与日常教育教学巧妙融合，日常教育教学因有课题而变得更加有逻辑性、规范性、创意性。我们都知道，一些在国家级、省级获奖的课题，都十分重视过程性研究与方法，在撰写成果报告的格式里，就有一个指定标题——"解决问题的过程与方法"，如果没有"过程性"的教研来做支撑，这些解决问题的过程与方法可能还是零散的、琐碎的。比如获得国家基础教育成果一等奖的《幼儿园单元课程的实践建构——陈鹤琴"活教育"思想的传承与发展》中提到：单元课程研究团队在课程研究的第一阶段，沿着"整个教学法"给出线索，梳理出以时间为节点，以儿童发展需求、发展因素为坐标体系的整个的、融为一体的、有系统的、渐进的课程编制思想，以此架构单元的目标、内容、方法、师幼关系、评价等，构成完整的教育体系。

教师根据教育规律、儿童发展需要、社会对儿童的要求、季节时令等，选编好3年6学期的课程单元内容组成备选单元，形成126个环环相续、螺旋形上升的单元链。也可以做"课程过程性研究记录本"，以时间节点、问题呈现、关键要素、支持策略、反思推进的形式做好教研记录。

三是开展"成果"沙龙，夯实课题研究热。暑期常常是课题结题者的"煎熬期"，一年、两年的实践内容"摊"开来，怎么能用一两万字说清楚呢？这里不仅需要教师的梳理能力，更需要教师的提炼能力。如何做好课题结题，我曾经有过总结，有一创新叫作"三维结题法"，将课题组成员分为三组——问题发现组、经验分享组、提炼筛选组，目的是调动课题组每一个成员的参与积极性，激发研究的热情，体悟研究的快乐。具体的做法是，大家围坐在一起，结合自己分配的角色，八仙过海，各显神通：问题发现组将课题实践中存在的问题一一罗列，让问题可视化；经验分享组结合问题阐述具体案例、事例解答；提炼筛选组则是针对前者的一言一议，及时做好梳理与提炼，在倾听中学会取舍，在记录中学会思辨，让结题报告真正凸显课题研究的典型性、专业性、创新性的特点。在课题组成员共同协助下，很容易确定报告的核心内容，构建起报告的框架。

当然，将"课题研究"植入"教育教学实践"的沙龙可以有多种形式，比如"工作坊""俱乐部""咖啡吧"等等，在轻松愉悦的氛围中培育课题研究的热度，让"课题热"不再是瞬间，而是能够持续，让每一个人成为真正的研究者。

链接：当研究成为一种习惯，该有多美好

当研究成为一种习惯，
我们也许会随着惯性一路前行；
可前行的方向是否一如初心？
静心去辨识与取舍；
……

> 每一次的选择，
>
> 都让研究的意义彰显，
>
> 而选择的理由始终如一，
>
> 那就是回归教育的本源。[①]

研究是一项行动，是一种思维，是一项兴趣。只不过，很多人对研究这事儿不敢"高攀"，总觉得那是高大上的事情，与自己的行为不可能融合在一起。也有人认为，研究就是做课题，只有开展课题了才会有"研究"。其实不然，研究每个人都可以做，只不过你要对它时刻保持新鲜感、好奇感，才会给你带来温暖与美好！

花草园的孟沿希小朋友说："在幼儿园，我们可以选择喜欢的研究对象，可以跟不同的人一起学习。我们研究出了很多很棒的成果，也有了很多新的朋友。"花草园的生活化课程以儿童发展为核心，还原儿童生活，帮助他们从不同的层面完成学习。他们设计了"3＋1＋1"课程模式，"3"指一周前三天的小组教学，"1"分为周四的分享总结和周五的"畅游"活动。在课程线索的大框架下，每周有一个主题，儿童根据经验和兴趣特点自行选择研究主题，组成学习小组。比如在周主题"蚂蚁王国"的开展过程中，孩子们通过"蚂蚁问题大收集"，找到感兴趣的问题；在"寻找蚂蚁洞"和"揭秘蚂蚁洞"的过程中，对蚂蚁进行深入研究；在"关于蚂蚁，我知道……"活动中，建立对蚂蚁的整体认知；在畅游活动"我和动物朋友的约会"中，建立与动物的亲密关系，学会与动物朋友对话。我特别欣赏他们的开放式提问、共享式学习方式：

讨论1：关于蚂蚁，你想研究什么问题？

幼1：蚂蚁喜欢吃什么呢？

幼2：幼儿园里的哪些地方有蚂蚁洞呢？蚂蚁是怎么建造自己的家的？

幼3：蚂蚁是在干泥土里还是在湿泥土里建造房子？

……

讨论2：这些问题可以归纳为哪几类？

---

① 参见虞莉莉：《学前教育教研案例精选》，北京师范大学出版社2022年版。

幼1：可以把相近的问题归为一类。我和我的好朋友在讨论第一个问题的时候对蚂蚁怎么走路感兴趣，这就是一类问题。

……

讨论3：你想如何研究蚂蚁？

幼1：我想回家后问问我的爸爸妈妈，看看他们有什么好办法。

幼2：我可以找书看，我家有很多关于蚂蚁的书。

……

在孩子的生活里，研究已经成为常态。[①]

温州市龙湾区第五幼儿园的沈云云老师说："我认为我上个学期的高光时刻，就是我和孩子种向日葵的那段美好时光。"云云老师是一位普通的一线教师，但是她在教育实践中与孩子的那些事儿总是亮点多多。

故事1：在一次户外活动结束后，为了让孩子学会"自己能做的事情自己做"，她在孩子们七嘴八舌嚷着需要老师换吸汗巾的时候，灵机一动，蹲下来捂着脸，开始佯装哭泣。这时，楼道里瞬间安静下来，平时"无坚不摧、高大威猛"的老师哭了，这可真是稀奇事！然后，她透过指缝悄悄打量着他们，只见一颗颗毛茸茸的小脑袋你看看我，我瞧瞧你，满脸问号。见时机正好，沈老师又开启委屈"碎碎念"模式："呜呜呜，我只有一双手，可是有好多吸汗巾要换，这可怎么办呀？"半晌，一个小脑袋探过来说："老师，你别哭呀，我妈妈教过我怎么塞吸汗巾，我可以当你的小帮手！"其他孩子见状纷纷有样学样，很快就完成了任务。沈老师的"装哭"，其实是一种智慧教育的表现。在而后的反思中，沈老师说：我记得教育家陈鹤琴先生提出过"凡是儿童自己能做的，应当让他自己做"。我们应当因势利导，培养孩子的生活自理能力，让每个孩子学会照顾自己，养成良好的生活习惯，提高自我服务意识。所以大人偶尔的示弱不是怯懦和妥协，而是一种教育智慧。

故事2：在一次与孩子的对话中，沈老师说："糖果，你说说种植园哪里不美？"糖果说："我们田里只有脏脏的泥土，要是能种上点什么就好了！"老师便追问道："那你想种什么呢？""我们可以种你最喜欢的向日葵啊，因为我也喜欢向日葵！"于是，基于孩子兴趣的春日种植体验活动开始了。

---

① 参见《幼儿园生活化课程》（大班上册），北京师范大学出版社2020年版。

大小玩伴们说干就干，一亩向阳花田被开辟出来。孩子们自主分工，调查向日葵种植方法，买种子刨地，萌发芽儿细观察。他们用自己稚嫩的画笔记录向日葵生长的每一天，发现有杂草和虫子就采取相应的保护措施。向日葵蓬勃而又热烈地向下扎根、向上生长着……当向日葵丰收的时候，正好在暑假期间。她一声召唤，没有一个孩子请假，没有一个孩子迟到，所有的孩子都将"收向日葵"这件事看成是一件最重要的事情。沈老师看到孩子们的举动，这次她真的哭了。

沈老师这样说道："作为孩子最好的玩伴，和他们在一起，每一天都有新奇的发现和有趣的体验。孩子们时而叫我'爱哭鬼'、时而叫我'大玩家'，他们与我像伙伴、像家人。每每想起这些事情，我的心里总是暖暖的。"

是的，幼儿教育研究就是为了不断走向幼儿教育的"本真"。让我们成为儿童研究者，在教育实践中开展研究，让教育的实践智慧因研究而绽放光芒。

幼小衔接：如何实现从思想的 "破冰" 到行动的 "突围" ？

　　为推进幼儿园与小学科学有效衔接，2021 年 3 月 30 日，教育部印发了《关于大力推进幼儿园与小学科学衔接的指导意见》，这不仅引起了教育行政管理部门的重视，也引起了一大批对 "幼小衔接" 有着敏锐教育视角的专家的研究热情。我有幸参加了一个关于做好幼小衔接工作的研讨会，组织者是一位教育界的 "老革命"，虽然已经退休，但非常关注教育现象中的一些热点话题。

　　所谓幼小衔接，简单而言，就是关于幼儿园与小学衔接的那些事儿。"衔接" 无非解决两个问题：衔接什么？怎么衔接？作为一名在幼教岗位上有 20 年工作经历，同时又是一名经历过 "幼小衔接" 的家长，我对于这个话题并不陌生，但似乎每次都会有新的想法和思考。在研讨会中，十余名资深园长结合自己园所开展的园本课程、幼小衔接主题活动及家园工作实施情况等，围绕课程的设计与教学的方式进行了深度探讨。我发现园长们提到最多的词就是幼小双方的 "配合度、协同度、支持度"。

　　一位园长说："在孩子升入小学的那个暑假，很多家长将孩子送到相关的培训机构参加 '幼小衔接' 培训，可能是觉得幼儿园里的课程不能满足孩子的需求。特别是还有个幼儿园老师，自己的孩子要上小学，竟然也加入这个培训的队伍。"另一位园长意味深长地说："这位老师的定力不够呀！"

　　为何造成跟风、焦虑、定力不够？我认为最主要的原因就是思想意识淡薄、教育理念滞后、教育行为迷茫。唯有在思想上 "破冰"，才有行动上的 "突围"。我想到了三个关键词：定心丸、合力股、友好圈。

如何给家长一颗"定心丸"？作为幼儿园老师，他们知道，游戏是幼儿最适宜的学习方式，但是忽略了游戏中最重要的一个教育动机：尊重幼儿的选择，理解幼儿的行为，倾听幼儿的心声，支持幼儿的成长。"玩与学"在这些教师身份的家长的潜意识里，还是有明显的区别的，玩就是玩，学就是学。玩是随意的，学才是硬道理。他们认为游戏带给孩子的"学习品质"，只是知识、技能方面的增长，而忽略了孩子在增长这些知识、技能时所形成的学习态度、思想品质。

"计划—研究—回想"作为游戏的实施路径，也是支持幼儿在游戏中开展深度学习的重要路径。仔细研读、认真分析、全面落实，你就会发现，"计划—研究—回想"是做好幼小衔接的"定心丸"之一。幼儿在游戏前做计划，其实是为今后学习规划做铺垫；游戏中的专注力，其实是为提升今后学习中的耐力与持久力奠定基础；游戏后的回想其实是为今后培养反思能力创造条件。只要孩子有了时间认知与作息意识，他们自然而然就会顺利过渡到小学阶段。作为教师的家长，更应该在亲子游戏、亲子沟通中去强化学习品质背后的价值，同时在同龄的非幼师家长中起到示范引领作用。孩子在自主游戏中养成的整理习惯、反思能力，是"幼小衔接"最有力的支架。

如何让家、园形成合力股？家、园，在这里是家庭与幼儿园两个场域。如何做好幼小衔接，家庭与幼儿园的配合程度尤为重要。然而，在现实生活中，很多家长都是在孩子到大班的时候才意识到孩子要上小学了，措手不及。殊不知，孩子的习惯培养、价值取向教育、能力形成在上幼儿园的第一天就开始了。所以，幼儿园要在幼儿入园第一天就要让家长明白幼小衔接的过程性作用，让家育与园育同步推进，及时更新家长的观念，提前为孩子的未来做准备。

当孩子上了小学一年级，最让人担心、纠结的可能是孩子的作业问题，不会记，不会抄，不会独立完成。其实，这里显示的就是孩子的一种责任、担当意识，以及自律能力的养成。依据个人的经验，责任、担当及自律能力的培养需要家长的"培育"相伴，需要落实到生活中的环节。记得女儿上小班的时候，因为一次"忘记"而没有得到小红花，而我的"绝情"让她学会了负责，学会了担当。我告诉她，回家第一件事情就是将老师交代的事情先完成。久而久之，她就养成了习惯。这习惯、这技能在进入小学之后，就形成了记作业、写作业的能力，她成了班级中最能记住作业的小能手，也养成了独自一人在家先做作业的好习惯。女儿没有上过幼小衔接班，她的这种能力就是在"家育"与"园育"的携手中形成的。

如何造就"家、校（园）、社"的友好圈？在研讨会中，主持人郑重其事地提出，今天的研讨主题应该是"小幼衔接"。"幼小"与"小幼"有何区别？其实它们是一个主体与客体的关系。现在，幼小衔接这一主题已经成为幼儿园课程中必不可少的部分，但是，现实生活中往往是幼儿园唱独角戏，小学更多的是旁观者。为何会这样？其实和孩子接受教育的顺序有关系，从幼儿园升到小学，大家想到的就是幼儿园要如何做才能让孩子适应小学的生活，而忽略了小学如何改变才能与幼儿园衔接。在这个过程中，家长、幼儿园、社区应该形成一个"友好社交圈"，建立课程共建的沙龙，分享育儿经验，开启教研。

作为家长，可以这样做：一是盘活自身资源。如果你是小学老师，可以利用自身优势，来幼儿园上课，讲讲小学生的故事。二是盘活周边资源。如果身边有朋友的孩子已经上了小学，可以多咨询他们，提出自己的疑惑，在交流中求解。三是盘活同伴资源，多向班级中习惯养成、能力发展比较好的幼儿家长请教。

作为幼儿园，可以这样做：一是课程内容的设置要预设生成，可以计划基础教育课程与生成课程的占比；同时，进行网络式的多维架构，促进孩子认知能力、学习能力、价值观的形成。真正让幼小、小幼课程巧妙融合。二是在教学方法上，每个学段都会有自己的学习目标，每个年龄段的孩子都会有自身的学习方式，那么，幼小衔接课程更应该立足于儿童发展立场来研制适宜的学习方式，让每一个孩子都能够找到最适宜的学习场域，让孩子学会选择、学会适应。

当然，家、校（园）、社形成友好圈的最佳策略，就是以家为纽带，让同一个社区中的小学、幼儿园形成一个综合体，在某一个时间段同时开放，让家长走出幼儿园、走进小学；同时，家长与幼儿园老师、小学老师可以结成"衔接联盟"，参与幼小衔接课程的设计与实施。

幼小衔接是一项系统工程，也是一项不过时的课题研究。我想，从"破冰"

到"突围",从思想的改变到行动的改变,最终的目的都是让孩子获得最适宜的教育。

链接: 从"让儿童准备"转向"为儿童准备"
——对幼小双向衔接中儿童主体地位的思考

一日,在微信的对话框里收到了几张大班幼儿用绘画形式表征的"心事图"。"听说小学老师很严格,如果做错事情了,老师就会一脚把你踢飞。""我会不会和好朋友在同一个班级里呢?""要是我成绩不好,老师会不会批评我?"可以看出,他们最担心的是人际关系的处理、对自我价值的认同。如何在心理过渡期实现"让儿童准备"转向"为儿童准备",怎样凸显儿童在"衔接"中的主体地位?我有如下思考。

所谓"心理过渡",是指个体基于经验,通过主动地调整和扩展心理结构,由一个阶段或状态逐渐发展变化而转入另一个阶段或状态,以应对新环境的改变。在"走进小学"这一主题活动中,孩子们通过参观小学、与小学生对话、聆听小学老师的介绍,在班级里模拟"小学生"玩上课的游戏等,积累了座位安排、上课形式与内容、作息时间与形式、老师的要求与意图等前期经验。这些经验可能是憧憬,也可能是担忧。

幼小衔接中儿童的心理过渡具有整体性、关系性、生长性的特征。心理过渡包含两个重要维度:一是心理过渡的方向,即过渡的着眼点和目标;二是心理过渡的内容,即过渡的具体事实和方法。[1]幼儿通过自身的观察与思考、体悟与分析,非常清晰、明确地知道成为一名小学生是他们成长过程中必须经历的驿站。然而,由于幼儿心理仍然停留在熟悉的幼儿园中,未能充分体验到升学的真实感,也未必能感受到从幼儿园向小学过渡所面临的挑战和困难。一旦过渡,旧身份被剥离,新身份待确定,对幼儿的心理影响无疑是巨

---

[1] 参见刘源、程伟、董吉贺:《幼小衔接中儿童的心理过渡:意蕴、阶段及调节》,《中国教育学刊》2022年第4期。

大而深刻的。为此，必须立足于儿童的当下、着眼于儿童的未来，为孩子的入学与适应做好准备。

长期以来，幼小衔接呈现的是"让儿童准备"的实践状况。所谓"让儿童准备"，即以小学的要求为基准，确立儿童接近或达到小学所规定的入学要求。其实，这里折射的就是以教定学的教育理念，实行的是"伪规律"的教学方式。教育部《关于大力推进幼儿园与小学科学衔接的指导意见》的颁发，旨在全面推进幼儿园和小学实施入学准备和入学适应教育，减缓衔接坡度，帮助儿童顺利实现从幼儿园到小学的过渡。坚持儿童为主体，坚持儿童优先，坚持儿童参与，秉持"儿童立场"。儿童是幼小衔接教育的服务主体，家长、教师、幼儿园、小学是主要且直接的教育参与者。幼小衔接的核心应该是儿童。在全国"幼小衔接，我们在行动"活动实施中，湖南省教育科学研究院学前教育志愿者聚焦"幼小衔接如何凸显儿童主体地位"，开展了一场别开生面的圆桌沙龙教研活动。各方代表在热身游戏"大家一起画"中，体验缺失目标、缺少沟通、盲目而为的游戏形式，引出家、园、社以"儿童全面发展"为目标，以"全面、合作、科学衔接"为原则，构筑衔接联动共同体，用爱合力共同支持幼小衔接，达成儿童是教育主体的一致愿景。

幼小衔接是一个复杂的系统，幼小衔接的过渡是儿童生命成长的关键节点，对儿童来说是一个文化背景和社会角色转变的过程，儿童要跨越从幼儿园到小学的边界，适应和经历不同文化社区活动的参与性转变。维果茨基认为，儿童是主动的文化学习者。教育者更应该考虑幼儿园与小学在教学方式、环境空间、学习内容、自由时间等方面的差异，理解并阐释儿童在新的文化背景中的转变、互动、需求以及期待。要立足于儿童立场来开展幼小衔接的实践与研究，以儿童的参与和个人体验作为研究起点。

必须清醒地认识到，儿童既是"幼小衔接"实践的积极参与者，也是研究中对话与互动的主体，让儿童参与"幼小衔接"课程研制、活动安排、环境创设的行动，分享自己的观点、创造、文化，倾听儿童的心声，是"让儿童准备"转向"为儿童准备"最明智的做法。

让我们用持续性共享思维来助力儿童入学准备与入学适应，以"儿童立场"关注儿童的独特性、个体参与性，为儿童幼小衔接做准备吧！

（此文部分内容发表于 2022 年 4 月 24 日《中国教育报》第 1 版，收入此书略有修改）

农村园孩子"干农活"，家长真的不认可吗？

　　随着国家、社会对农村教育事业发展的日益重视，农村幼儿园的发展态势也越来越好，社会的认可度、家长的满意度也在逐年提升。为了让农村园的孩子既能享受到与城里孩子相同的教育，也能体验到农村本地资源的课程价值，很多农村园纷纷研究"基于在地文化资源的课程开发与实施"的课题。在很多文章、经验分享里，我发现，老师们总是很喜欢引用这样的话题："我们祖祖辈辈都是农民，干了一辈子的农活儿，难道现在还要让孩子下地干农活吗？""我们送孩子到幼儿园是学知识的，干吗到幼儿园里还学干农活呢？"从这些话语中，不难听出家长对孩子在幼儿园"干农活"的排斥心理。为什么他们会排斥让孩子干农活？我带着这样的思考，走进了一所农村幼儿园，与老师、家长进行了对话。

◉ 看，乡村园老师是这样与家长分享"干农活"这件事的

　　瑜是一名 95 后学前教育专业毕业的本科生，在一所农村幼儿园任教已有 10 个年头。她是一位非常有想法的年轻老师，喜欢带孩子在户外场地里玩游戏，到附近的田园里体验种植的乐趣，与孩子一起晒柿子、摘玉米。她把这些场景用照片、文字记录下来，发布在班级群里，同时梳理和提炼，形成课程案例，与家长共同分享"干农活"的趣事。在老师的"智慧引领"下，家长们意识到"干农活"也是一次学习过程，幼儿园组织的"农活"与家里

的"农活"是两回事儿。

◉ 听，这位农村园家长认为"干农活"是很有意思的事

据调查，目前农村园里孩子父母的年龄一般是 85 后或者 90 后。年轻的家长对"干农活"充满了新鲜感与新的价值认知。一位 85 后的家长说："别说小朋友，连我小时候都没有经历过种植玉米呀、晒柿子啊这种劳动。以前爸爸妈妈都是'读书至上'，我的任务就是读书，现在长大了，对一些'农活'倒是充满期待。我觉得非常有意思。非常支持这些活动，孩子在劳动中可以长见识。"他还主动向班主任申请，将幼儿"干农活"的事儿用照片、视频记录下来，成为孩子童年生活的记录。

"我很喜欢参加幼儿园里开展的春天播种、秋天收割稻子等活动，我觉得这些农活儿不仅可以让孩子增长见识，同时也会有农村人的归属感、自豪感，让村落传统文化得以延续。"一位 90 后的家长由衷地感叹。

可见，不认可农村园孩子"干农活"，是一个伪命题，是一部分家长对农活的误解，对幼儿园课程的不理解。相反，"农活"对农村孩子来说格外重要。对于幼儿园来说，就是要把家长也纳入课程，让家长明白农活儿的"内里"，认识到劳动实践的重要。

我认为，农村园组织幼儿"干农活"可以这样做：

首先，要让家长时刻体验到教育的在场感。幼儿园作为孩子接受教育的启蒙地，家长作为孩子的第一任老师，两者之间有着不可割舍的关系。家长们关心的是孩子在园里可以学到什么，生活得怎样，幼儿园就应该满足这些期待与需求，建立家园联系栏、组建班级微信群、开展亲子实践活动，多维度、多角度支持家长参与幼儿园的各类教育教学活动。比如瑜老师的做法。

其次，要让家长时刻感受到教育的价值感。幼儿园组织幼儿"干农活"，主要是落实课程内容、架构课程实施路径、形成本地化的课程资源，它与家里从事的"农活"有着本质的区别。因此，在组织"干农活"课程活动前，老师可以结合本班幼儿的兴趣特点、经验以及发展需求，通过访谈、调研的方式，运用家园共同构建、共同推进、共同分享的机制，建设具有班级特色的班本课程，让家长体会到课程前、中、后的教育价值。比如瑜老师在开发与实施课程中邀请家长到班级作助教的做法。

再者，要让家长时刻体悟到教育的活力感。德国著名教育家第斯多惠认为，教育在于激励、唤醒和鼓舞。作为农村园的家长，他们从小生在农村、长在农村，对农村田园生活有着独特的情怀；他们也希望下一代既能立足本土、不忘乡音乡情，也能接受高质量的教育。农村园的教育工作者要创设多种路径、多种方式帮助家长，让乡土情怀得以延续，充分挖掘"农活"的教育价值与本质。我们要用新颖的教育理念去唤醒农村园家长的价值认知，用丰富适切的教育形式去激励农村园家长参与培育的动机，用充满活力的课程让农村园家长体悟到"农活"所蕴含的滋养生命、浸润心灵、塑造品质的那些作用。

（此文发表于 2023 年 10 月 9 日《中国教育报》"学期周刊·管理"栏目，

收入此书略有修改）

链接：相遇在小的、美的教育里……

为乡村孩子的未来重塑教育，
让我们在前行路上，
始终把育人放在办学的首位，
不断去追问——
如何更好地促进人的发展，
促进所有人的发展
让"人"真正成为我们教育的出发点和目的。

这是温州市教育教学研究院的陈素平老师在"沉浸在小的、美的创造里"讲座里的一段结束语。

党的十九大报告明确提出实施乡村振兴战略，关键在于优先发展农村教育事业，办好服务乡村的各级各类教育，努力让每个孩子都能享有公平而有质量的教育。"让每一位乡村孩子享有公平而有质量的义务教育"是打造"小而优"乡村学校的核心理念，让每一位农村孩子都能够享受家门口的"富有人文关怀、乡土气息、未来教育场景"的"温州版"好学校是我们的愿景。设计理念与时代发展理念吻合，设计愿景与追求的教育生态系统并进，我认为这就是开启"沉浸在小的、美的创造里"的源头。

小的，那是聚焦在点上。聚焦研究点，聚焦着力点，聚焦融合点。

美的，那是优化在育上。优化育人环境，优化育人内容，优化育人方式，优化育人价值。

◉ 以研究的姿态打造"小而优"乡村学校是最美的一种状态

坚持研究的初心，释放研究的热情，感受研究的温度。在调研中发现问题、解决问题，在叙事中分析问题，这就是"小而优"自始至终的研究姿态。2018年4月至6月，温州市乡村小规模学校教学质量提升专题调研组走访了6个县9所学校，听课20节，召开师生座谈会7场，参与教师100余人、学生100余人，调研组深入调查乡村小规模学校的教学现状，找准提升的问题所在，为其精准"脱贫"提出了可行性对策，形成的调研报告发表在《上海教育科研》2019年第2期。时至今日，100所"小而优"乡村学校即将培训完毕，"生长一项课程、培养一批教师、改变一类学校、成就一群学生"的教育生态已经展露雏形。这应该就是研究带来的"三真"效果：真实、真正、真情实意。

◉ 以"全新思维"为温州未来教育提供乡村学校样板

儿童是未来。未来属于那些拥有全新思维的人，即有创造性思维、共情型思维、模式辨别思维或探寻意义型思维的人。在一所"小而优"培育种子学校里，围墙需要修葺、改造。按照惯例，是由设计师设计，但是这里的老师与孩子有不同的想法，他们不想让"墙面"千篇一律，而是大胆地提出"我为校园设计围墙"。设问——你想要设计怎样的围墙？规划——师生合作商量、设计图纸。行动——自选材料，将设想上墙。就这样，孩子们面对真实的情境化主题，开始像艺术家一样从"主题——欣赏——构思——创作——展评"等各个环节来体验各种实践，在项目化学习中播下主动学习的种子，师生打开思路，打开眼界，打破常规学习方式，幼儿园打开学习路径，打开学习场景，师生在有温度的教育中都获得成长。这应该就是优化带来的三看见：看见环境、看见课程、看见人。

我成长于农村，毕业后工作的第一个落脚点也在农村，我对农村有着一份特殊的情怀。虽然现在离开农村已有数十载，但每次到农村幼儿园调研的时候，总是思量着如何让农村的年轻教师重塑专业自信，体验专业自信带来的归属感与成就感；农村孩子那纯洁质朴又黝黑的脸蛋，总会拨动我内心深处最柔软的弦……

在陈素平老师对"小而优"乡村学校培育样态的研究启发下，我想，"农村气质、乡土气息、生态气场"是否可以成为未来乡村幼儿园的一种教育生态？四小（小而特、小而美、小而专、小而精）是乡村学校的整体规划，那么"六味"（乡土味、淳朴味、文化味、田园味、友好味、研究味）是否也可以在园舍环境、师生关系、乡音乡游、课程建设、协同发展、专题研究等方面下功夫，赋予乡村幼儿园特有的发展路径与方向？用"味"探寻"宝藏"、滋养生命、润泽文化，让农村的幼儿同样在家门口享受优质教育，"六味"是否也能让乡村幼儿园教育场景充满"温度"？

支招： 幼儿园新教师
如何做好家园共育工作？

　　如何做好家园工作，是幼儿园教师经常探讨的话题。尤其是刚参加工作不久的新教师，经常在"家长工作"中犯难，也经常被"家长工作"所打击。作为有着 20 年教龄的带班老师，面对不同的家长如何沟通和对话，我有一些心得，想用讲故事的形式呈现给大家。

一、透视：开展家长工作的价值

（一）基于生态学理论的新启示

　　美国学者 U. 布朗伦纳创建了生态学的理论，他认为儿童的发展受到与其有直接或间接联系的生态环境的制约，它是由若干个系统组成的一个同心圆。它给予我们这样的启示：幼儿园、家庭、社区是儿童生活最亲近的场所，对儿童的成长起着独特的作用，只有加强它们之间的联系，形成正向的、正能量的互动关系，才能优化儿童成长。

（二）基于教师与家长共育角色定位的新思考

　　在新时代幼儿园发展的背景下，教师与家长在家园共育中的角色正悄然发生着变化。老师是幼儿园的"迎宾者"，是家长心声的倾听者，是意见的采纳者，是育儿的合作者，是教育的"评价者"。而家长在幼儿的成长过程中始终扮演着双重角色，既是孩子的第一任老师，也是幼儿园老师的亲密伙伴。

（三）基于课题研究对家园工作样态的新认识

记得参加工作的第二年，我就着手申报课题，开启课题研究之路。在省规划立项课题"幼儿听读游戏识字与早期阅读的实践研究"的开展过程中，我逐步认识到让家长参与课题研究是一件非常有价值有意义的事情。我邀请家长共同策划、落实活动，充分利用家长资源为研究服务，实地参观、为孩子助教等，家长的育儿理念得到逐步提升。而后主持了市规划课题"有效运作'大手拉小手'幼儿社团的实践研究"，通过建构家园共同体形成了家园工作的新样态。

二、解析：实施家园共育的路径

路径一：通过家访，增感情

家访，是教师实地考察和了解孩子成长背景的必要环节，是针对性教育的基础，是教师通过个人素养的展现赢得家长好感和信任的机会，是教师和孩子、家长近距离、点对点相互沟通和相互教育的环节，是教师与孩子、家长建立情感的途径。家访一般安排在开学初。家访前，要制订计划，加深印象。家访后，及时整理所见所闻所想，为今后的家园沟通与班级保教做好准备。

路径二：开设家长开放日，建关系

家长开放日是教师结合主题活动、课程实施、节日活动等，向家长展示阶段性成果的"窗口"。一是根据主题内容决定活动形式，制订相应的方案、活动流程，提前一周向家长发出邀请函。二是班级教师与家委一起合作探讨，确定活动流程。三是活动结束后，及时召开座谈会，将事先收集的幼儿信息进行归类与说明。在形式上，有教师主讲、家长经验分享、大家共同商议话题等。新任教师在活动结束后要及时做好梳理总结，多发现不足，为下次家长开放日做好准备。

路径三：组建班级家委会，添能量

班级家委会，是指在班主任的指导下开展服务班级、协调家长工作，及时对幼儿园的工作提出意见与建议。一般每个班级设立 5—6 个家委成员，协助教师做好班级的日常管理、活动开展等。家委会成员一般具备"有人品、有态度、有能力、有时间"等四有品质。当然，家委会的委员尽可能以轮换的方式，让每一位家长都有机会担任，能成为班级教师的信息传递者、正能量传播者、活动的谋划者。

路径四：创建班级网络互动交流平台，强互动

班级网络互动交流平台是信息时代背景下的家长工作的新生事物，可以通过钉钉平台、微信公众平台、小程序等信息化手段与家长互动交流。作为新教师，可以开设班级公众号，将自己日常记录的幼儿园故事、随笔通过公众号向家长推送，让家长以另一种视角来陪伴孩子的成长，体悟教师工作的细致与贴心。

三、支招：家长沟通小策略

在带班过程中，你会发现每一位家长都有不同的特点，针对不同的家长必须采用不同的沟通方式。

（一）与祖辈家长沟通，耐心排第一

当前，祖辈是接送孩子的主力军。他们对孩子的爱显得比年轻家长更加独特，如何与这类家长做好沟通，我认为最重要的是耐心，能够将场景细化，以获得理解、认同、支持。海琪是我班级里的一位女孩子，爸爸妈妈在外地做生意，平日接送都由爷爷奶奶负责。她比同龄的孩子要懂事，会察言观色、见机行事。要是在幼儿园没有得到她想要的东西，就会说谁欺负她，爷爷奶奶也超级相信她，一听她被欺负了，就心疼得不得了，"不分青红皂白"，将海琪说的那个小朋友批评一顿，还恐吓说："要是下次再欺负海琪，就叫警察叔叔把你抓走。"孩子被爷爷奶奶训了之后，就和自己的爸爸妈妈说，家长们知道了反应很大，纷纷提出："要和海琪爷爷奶奶理论一番。"平日里海琪爷爷奶奶对班级的活动也是很支持的，但对孙女的这份"特殊的爱"十分不妥，我就与海琪爷爷奶奶耐心地聊了聊。首先肯定他们带孙女是一件很累人的事情；其次表扬他们将孙女养得这么好，在班级有很强的领导能力；再向他们说明，玩游戏的时候有一个小伙伴不想扮演她分配的角色，海琪很生气，说这是欺负她。爷爷奶奶听了之后，才恍然大悟。最后，我还说，有什么事情要先和老师沟通，再由老师向其他家长反映，这样有利于海琪和其他小朋友的交往。由于耐心、诚恳地沟通，祖辈家长很理解，后来这样的事情基本没有发生了。

（二）与高学历家长沟通，巧用"关键事件"

80后家长普遍都接受过高等教育，相对来说这个群体学习能力强，育儿理念也超前，重视孩子学习品质的培养。比如，他们会问孩子的专注力如何，孩子的学习习惯好不好，等等。与这类家长沟通可以聚焦于"关键事件"，将平时观察到的幼儿的游戏行为、生活动态、学习情况等梳理成一个小故事，向家长描述时不做评价，同时，多让家长提出自己的想法与建议，也可以借助反问、追问、提供问题线索等方式，与家长保持共同思考。比如，景小朋友的爸爸是一位博士。孩子平时在家里喜欢观察小动物。为了培养孩子的观察能力，家长也有意识地引导孩子观察、做好记录，养成持续性观察、表达、反思的好习惯。但是，景在班级里却总是独来独往，不喜欢与同伴交流。我和博士爸爸商量，是否可以聚焦"景的小实验"，让景与同伴分享他的研究成果，增进景与同伴的关系，提升景交流、分享的品质。博士爸爸非常赞同，立马与景将进行的实验做成PPT，在班级家长会上，景与爸爸用故事的形式向大家展示自己的研究成果，得到了同伴与家长的认可，景与小伙伴交往也频繁了。聚焦"关键事件"与高学历家长沟通，往往事倍功半。

（三）与低学历家长沟通，善用具体策略

低学历家长群体以从事个体经营居多，他们关注更多的是孩子在幼儿园学会了什么。他们生意忙，知识水平较低，往往没有时间也没有能力教育孩子。针对这类家长，我认为，最重要的就是要告诉他做什么，怎么做，指导得越详细越好。比如，明明的爸爸妈妈都是生意人，且高龄得子，对明明的宠溺有点过分。一次，由于爸爸不是第一个来接他，他一生气就在地上打滚。但是爸爸丝毫没有不悦，反而抱起他："是爸爸不对，没有第一个来接你。"……明明是一个非常聪明的孩子，每次上课发言都很积极，区域游戏中专注力也很高，他还会组织孩子做一些好玩的事情。事后我就与明明的爸爸妈妈做了一次长谈，对行为背后的原因进行了分析，并就如何改进做了细致的讲解。最后，明确告知，若想明明成长得好，家长必须配合。后来，明明在我与家长的共同努力下，进步很大。

四、共享：典型个案积累的经验

作为一名新教师，如果遇到戳心的事情该怎么办呢？我想，应该先从心

态调整开始，坦然面对，逐步成长。

（一）不要委屈，坦然面对，正视不足

当家长认为，将孩子放在资深老教师的班级放心，你可以试着换位思考：如果我是家长呢？同样的问题为什么有经验的教师和家长交流一两句，家长就放心，而年轻教师提出的做法家长不一定采纳？因此要调整好心态，理性分析家长不接纳的原因以及与经验型教师之间的差距，多倾听、观察老教师经典的做法，举一反三。不要委屈，要坦然面对，从多个角度正视自己的不足，慢慢地，你就会发现，自己与经验型教师的距离在明显缩短。

（二）不要气馁，找出优势，巧用秘诀

与家长沟通，需要大胆自信，还需要一些小窍门。要学会分析自己的优势，并结合示例多做说明和展示，让家长发现你的独特与优势。从细节入手，多与家长聊聊自己对孩子的一些小发现，让家长感受到你同样关心孩子、疼爱孩子。第一时间记住孩子的喜好、家中的习惯等，通过这些小秘招与孩子建立良好的情感，鼓励孩子向家长反馈"我喜欢这位新老师"。从称呼入手，对于祖辈家长，你可以随孩子的叫法称呼爷爷奶奶。在接送环节可以聊聊家常，表扬家长带孩子辛苦，孩子带得真好。相信这样的新教师每一个家长都会喜欢。

（三）不要回避，感情投资，日积月累

针对家长交代的小事情或发牢骚，不要回避，而是采用一些小创意行动来进行感情投资，这可以帮助你快速地与家长建立良好的关系。对家长有特别交代的孩子，要多花精力在孩子的生活细节方面，及时发现，及时告知，及时记录家长的反馈，并在下一步的工作中及时完善。准备一个本子，及时记录家长平时交代的小事，及时落实，及时反馈，让家长感受到你的用心与细致。慢慢地，家长就会越来越信任你，从而放心地把孩子交给你。

（四）不要孤立，遇到矛盾，借力化解

新教师在带班过程中，难免会在某一个环节做得不细致，或者疏忽某一个孩子，或者出现了意外，与家长产生矛盾，而后不知道如何解决。新教师千万不要把自己孤立起来，而是要学会借力使力，让大事化小、小事化了。首先，你要学会分析事件发生的缘由、过程以及矛盾的焦点；其次，要学会反思，思考自己的疏忽点在哪里；再次，要学会及时汇报，将事件第一时间

告知园长；最后，要借力，善用一切可以利用的资源解决矛盾。慢慢地，你对突发事件的解决能力会越来越强。

总之，缓一缓、想一想、说一说，学会思考、学会观察、学会反思、学会审视自我。只要彼此信任、尊重、理解、包容，真心、倾心、暖心地交流，做好家长工作并不难！

链接：发现被"隐藏"的教育智慧……

一日，在一次"幼儿园保育教育质量评估指南"研修活动中，听了中华女子师范实验幼儿园李文老师讲述的"粑粑自由"的故事，头脑中不经意间蹦出一个词——智慧。智慧藏在老师的话语里、行动里、理念里；如果孩子遇见智慧教师，将给成长带来无限可能。

在"粑粑自由"故事里，李文老师的原话是："你的粑粑太淘气了。"看似不经意的话，却隐藏着对孩子的爱与理解，认同与悦纳；站在孩子的立场看，这是为自己的"不小心"找借口。而后通过"圈谈"对话小班孩子拉粑粑的想法与看法，在自由、宽松、愉悦的氛围中帮助孩子回顾经验、获取新经验，这样的教育行为难道不够"智慧"吗？李老师的教育理念是："和孩子们在一起，在精神世界里崇拜孩子，在生活世界里关爱孩子。"多么朴实的话语，多么暖心的举止，而这一切源于她对孩子的爱与理解。

在"粑粑自由"故事里，扬扬小朋友因为听午间故事而忘了上卫生间，也或者是想忍忍回家再拉，最终不小心将粑粑拉在了裤子里。他当时肯定是害怕的，是难为情的。李老师拿出手纸笑着说："哇，看来你的粑粑有点淘气呀，都跑到了裤子里。"扬扬一听，扑哧一下乐了，说："我拉了个淘气的粑粑！"表情一下子就轻松起来。下午当小朋友发现了晾晒的裤子，扬扬一点都没有感到难为情，反而还非常高兴地说："是我，你们知道吗？我拉了一个淘气的粑粑，把裤子都弄脏了。"我们从扬扬的神情、话语、举止中可以看到一个自信、敢于担当、乐于分享的人，其实这些都是李老师的"智慧支持"。

　　我带班的时候，也遇到过类似的情况。当时有一个孩子，每天要在家里拉好粑粑再上幼儿园，但是有一天没拉粑粑就上幼儿园了。下午，他就不小心拉在了裤子里。他憋得脸通红，眼泪在眼眶里打转。看着他的样子，我没有批评他，帮他清理好、换洗好。但是，在此过程中我一句话都没有说，眼里可能还有"讨厌"的暗示。家长来接孩子的时候，连声向我道谢，我清晰记得，我没有看到孩子"笑"的表情，反而是一脸委屈、一脸苦闷。如果我早点读到"粑粑自由"的故事，肯定会有改进。

　　《幼儿园保育教育质量评估指南》中提到，教师要以充满情感、智慧的方式陪伴儿童成长。幼儿必须在真实生活情境中表现出自信，在互动过程中，表现出对周围事物的好奇和热情。让我们共同努力，多释放"教育智慧"，与孩子一起感受爱与自由，一起体悟生长的力量。

第三辑　与阅读的那些事儿

　　读书是一件令人愉悦的事情。作为一名儿童研究者，儿童本身就是一本"百科全书"，只有我们慢慢品、慢慢思、慢慢行，才能读懂这本"书"，才能让"书"绽放七彩魅力。我喜欢阅读，喜欢读"儿童"这本书，我将自己的全部精力都付诸读懂儿童上，与"书"对话、与自己对话，用叙述的方式将自己与"书"互动的历程记录下来，形成我的"读书心得"。

一次真正触动心灵的"文字"遇见

——读成尚荣的三本著作引发的思考

一、启"读"缘由

我有个嗜好，听说某人厉害，就很想读读他的文字。我觉得，文字最能反映人的思想、专业底蕴。一次，周坚慧园长从上海培训回来，和我提起"成尚荣"老先生的名字。她说，从没有听过这么震撼的演讲，一个八十来岁的老人，一直站着讲，神采奕奕，思路清晰，语言幽默风趣，观点鲜明入耳，太喜欢这个演讲的人了。听了周园长的评价，我迫不及待地搜阅他的著作。于是，就拜读了成先生的《儿童立场》《课程透视》《核心素养的中国表达》三本著作。①

二、悦"读"过程

在《儿童立场》的封面上赫然印着："儿童研究是教育研究的母题，儿童立场是教育的基本立场；在民族复兴伟大梦想的照耀下，儿童立场更具独特的价值光芒。"这应该是成老先生对"儿童立场"教育观点的精准阐述。翻开目录，从"自序"到"四辑"大大小小的标题，都深深吸引了我，着实令我佩服、膜拜。

---

① 成尚荣：《儿童立场》《课程透视》《核心素养的中国表达》，均由华东师范大学出版社出版，2018 年版。

翻阅"自序"与"写在前面",被成老先生的三点领悟感动。

领悟一:"年龄不是问题,走了那么久,才知道,原来现在才是开始。起点是自己把握的。"

领悟二:"人生是一首回旋曲,总是要回到童年这一人生根据地去。在根据地上回首建立自己的人生坐标。"

领悟三:"人的发展既可以规划又不能规划,最好的发展是让自己非连续发展。"这真实映照了德国教育人类学家博尔诺夫的"非连续"教育理论。

成先生说,读书、读报、思考、写作是他一天的主要生活内容,也是他的生活方式。这也是我一直追求的人生目标、生活愿景。细想,自己从教 20 余年最喜欢做的事情是什么?毋庸置疑是写点东西。写作,是我喜欢的事儿,将自己的所见所闻用文字描绘出来,是一件非常愉悦的事情。当然,也喜欢阅读,更喜欢去品读一些文章。

成老先生认为写作是打开感性之眼,运用自己的直觉去把握。他巧妙地将书籍、艺术、教科书、课程作为自己写作讲述故事的四大工具、法宝。他说,故事可以提供一个可供分享的世界,而他的目的不只在于分享,而在于通过故事让自己的时间人格化;回忆故事、讲述故事、梳理感受,也是梳理自己人格完善的过程。他的文字朴实、平淡,富有诗意,又能激起我的思绪。回顾近些年自己的所作所为所思,虽没有大起大落,但在不同阶段的书写中也逐步清晰了自己的人生坐标,在朴素平凡中遇见真正的自我。

每一次阅读,我都会做一些读书笔记。边看边记,总觉得可以留下美好的记忆。《儿童立场》是我摘录最多的一本书,单就名家观点就有 185 条,其他经典话语也足足有 100 条。

阅读《课程透视》,我不仅带着喜悦之情,更是带着些许疑问。在大课改的背景下,幼儿园课程该怎么研发,核心理念是什么,课程与核心素养是什么关系?

该书封面提要说:"课程好比透镜,具有独特的工具价值;更透射出立德树人的价值光芒;透镜将世界和未来聚焦在课程里,又放大视野,从课程出发,走向时代的地平线。"

成老先生说,学校是一种文化的存在,而课程是一种文化形态。课程本身就是文化，承担着传承与发展文化的重任。因此，课改的价值意义应该定位于文化建构、文化进步、文化境界的追求——这就是课改的初心。

现在几乎每所幼儿园都在构建自己的园本课程。个人认为，如果离开园所的根本和长期积淀的文化，光用时髦名词来界定自己的园本课程，是不可取的。在园所文化背景的烘托下，园本课程的建设，应始终坚持课程的最终目的——为了孩子的终身发展，这才是"不忘初心"的体现。

成老先生说，方式是文化的一把钥匙，掌握这把钥匙可以打开文化之门，打开未来之门。文化的方式在于吸引人而不是强制人，它是浸润式、探究式、体验式、感悟式的。我所在的幼儿园有着60余年的办园历史，"快乐教育"是办园思想。我想，快乐在课程中的体现可以做这样的解读，让孩子在玩中发现快乐，在学中体验快乐，在研中收获快乐，在复杂的情境中体验简单的快乐——支持幼儿做自己想做的事，从而令他们感受到成长的快乐。而承载着孩子快乐的园本课程是游戏式探究课程，"玩中做、做中玩"，让孩子通过适合自己的探究方式在实践中学会思考，学会表达，在成长中收获快乐。每年的科学探玩节、亲子科学实验周、科学作品展等，慢慢铸就了幼儿园特有的探究式课程文化。因此，站在儿童立场，对幼儿园探究式课程的另一解读，应该就是让幼儿用自己喜欢的方式来开启童年，在体验中遇见更好的自己。

一位诗人曾经说：以往的一切都曾经被想过，困难的是再思考。成老先生说：我们可以将再思考聚焦到研究、解决问题的方法上来，用隐喻去破解，而透镜就是这个"隐喻"，课程隐喻就是课程透镜，从不同的层面可以理解不同视角的透镜。

成老先生在书里通过四个专题"课程改革：回归与出发；地方课程：特质与边界；课程创新：智慧与品质；课程隐喻：洞察与阐释"来解释课程与透镜的真正关系。"让儿童在课程里站立起来"，儿童是课程的主体，是实践者、研发者。我很喜欢成老先生在书中提到的"班本课程、伙伴课程、角落课程以及让学生节日成为一种课程文化"等内容。教师与学生构成一个共研、互学的成长共同体，在角落课程、班本课程、伙伴课程中更能发现、探寻师生之间的互动关系。而要让这种关系持续、深入地开展，最先要转变教师的理念，更新教师的教学行为。变教材为本为儿童为本，变重视结果为重视过程；评价与观察要同步进行，互为补充，不能顾此失彼。但是现实的教学中，教师总觉得课程研发、教材编写是专家的事情。其实儿童才是课程研发的源头、主力军，只有认识到这一点，课程的研发可能就不那么难了。

《核心素养的中国表达》的封面上依然是四行字：发展学生核心素养，是国际教育的共同主题；植根中华优秀文化土壤，用人类智慧培育智慧学生。关键词：核心素养、中华优秀文化、智慧。

什么是核心素养？成老先生认为，核心素养是智慧的合金，在中华文化传统中，用智慧来解读、阐释核心素养，必定使核心素养的表达有中国的风格；智慧包含核心素养的基本要素，用智慧来解说更体现了核心素养的主要特征。思维的智慧、实践的智慧、创新的智慧，正是核心素养的要义，核心、特征和境界。儿童是核心素养的根源，核心素养发展的着力点是学中做、做中学、做中求进步；而智慧教师应该认识自己、发展自己，运用实际行动来改变自己。总结一句话就是：教师用智慧的方式来培育发展学生的核心素养。

核心素养的中国表达从总体上概括，成老先生是这样阐述的：其一，中国学生发展核心素养是一个结构，具有方向性、理念性、价值性、落实性，它是一个召唤性结构；其二，中国学生发展核心素养的根本任务是落实立德树人的根本宗旨，探索、建构具有中国特色的立德树人的育人模式；其三，中国学生发展核心素养体系深植于中华优秀传统文化土壤中，又面向现代化、面向世界、面向未来，具有中国文化底蕴，又有时代特点，两者互相融合和支撑。

书中通过"核心素养：时代的主题""核心素养，教育家告诉我们""向上飞扬、向下沉潜""请学会改变"四大板块，对核心素养做了全面的阐述。在以前的书籍中，核心素养提得多，讲得很泛，缺少合乎中国国情的发展要素与内容。在阅读了成老先生的文章之后，我对核心素养有了更深、更全面的理解。教育家所提倡的教育观点在我们教学实践中的运用，其实就是对核心素养的培育。我特别赞同成老先生提出的"儿童研究是教师的第一专业，认识与发现儿童是教师的大智慧"。是的，专业素养发展已成为教师专业发展的最核心话题，而成老先生运用亚里士多德提出的"第一哲学"的概念，指出，教师的第一专业是大智慧、全程性、统领性；是研究儿童发展的方向和方式，是研究促进儿童发展的方式。教师应是智者，应该在儿童这一根据地上讲述更多研究儿童的故事。

三、品"读"回味

成老先生的书就像百科全书，可以找到哲学家、教育家、作家、思想家的语录；就像诗文，每一个故事与案例都像诗歌一样优美，他的思考能给人以心灵的启迪与思维的跃动。

成老先生的写作自有成氏风格，所有的文字都是从他的心里流淌出来的，真实、自然，富有诗意，读他的文字，就是在欣赏美、感受美、体验美。黑格尔对美是这样定义的：美是用感性表达理念和理性。成老先生认为，写作首先是打开感性之眼，运用自己的直觉把握。每次写作，都是心灵的又一次敞开，自由呼吸，似乎沿着斜坡向上飞翔。心灵的自由才是最佳的写作状态。我喜欢这样富有诗意的著作，入人心，契灵魂。

我喜欢用叙事的方式来研究儿童，讲述儿童故事。在历年研究历程中，一直对游戏故事中的儿童进行观察、记录、评析；虽然能够在游戏场景中读懂儿童、发现儿童并走近儿童，但是直觉告诉我，这还不够。最重要的是要有一颗与儿童保持一致的心灵，在儿童的根据地里多采集他们的故事，用儿童的视角讲述他们的故事，在每一个故事里都能够看见孩子的学习和思考。我想，这应该就是大智，是中国式表达的"形而上"与"形而下"的思考！

有一种学习方式叫幼儿园学习方式，有一种
精神叫幼儿园精神

——读《终身幼儿园》的启示

在陈素平老师的推荐下，我有幸拜读了被誉为"乐高派珀特学习研究教授"的美国人米切尔·雷斯尼克撰写的著作《终身幼儿园》。刚看书名，以为是讲一所幼儿园的创办历程。读了才得知，"终身幼儿园"是雷斯尼克率领的麻省理工学院媒体实验室的一个项目团队。一位创新教育领域开拓者是持着怎样的理念与情怀，用"终身幼儿园"来提炼、凸显项目团队发展的精髓？

"终身幼儿园"项目团队致力于开发新的技术项目，思考如何给孩子提供创造性的学习体验；他们倡导幼儿园式的学习方式，认为学习应该像在幼儿园里搭积木一样，要让更多的孩子体验充满乐趣的创造过程，让这个世界充满会玩又有创造力的人。字里行间，我感受到了一位创造者、思考者的无限能量，领略了"让世界充满会玩又有创造力的人"的风采和远见，体悟到了雷斯尼克对儿童的尊重、敬畏，他的教育理念的独特与教育情怀的真挚。

创造力是一个概念，也是一个实践过程；创造力不仅是渐进式的，还是协作式的。只有在创造过程中，人的心智才是自由的、愉悦的、清澈而透明的。因为创造，人之所以为人才有意义。创造是思考的源泉、发展的动力，更是缔造人未来的核心与价值。雷斯尼克提出了创造性学习的四个根本特质：项目、热情、同伴和游戏，这也是他们提出的 4P 学习法：项目（Project）、热

情（Passion）、同伴（Peers）、游戏（Play）。每一个根本特质都有深度的解读。

我很喜欢书里的引读路径的创设，依据创造性学习，让读者学会观察、思考、想象、倾听、分享。在创造力实验室里，每一个孩子的项目研究的缘起、过程与收获，都有清晰的解说。在创造力观察里借助引言——关键点的提示语，让我们明确怎么做，做什么；在论点交锋里我们可以更加明晰作者观点。我想，作为教育者，要真正从儿童的发展立场出发，创造一切可研究、可制造、可发展的机会，提供一切可以利用的资源，给"P"机会，就是找到了挖掘孩子内在创造力的最佳教育路径。

我在阅读的过程中，学习到了教师专业技能如何在教学实践中得以落实的方法，改变了自己对项目观察的技巧和视角，对儿童立场有了新的审视。比如，"听听孩子怎么说"，聆听的不仅是孩子当前发展的状况，长大之后的回忆，还分享他们的表达。看似是孩子的反思，实则是教育者的反思。在倾听的过程中，了解儿童的兴趣、激发儿童的热情、满足儿童的欲望，激发内驱力，才是孩子真正喜欢的学习方式。这其实也是在激励教育者学会换位思考，采用最佳的策略与方法走进儿童的世界。在《向儿童学习——幼儿园教学反思》一书中，作者辛迪莉女士提出，教学就是与孩子一起成长，就是与儿童一起研究；在教学中透过孩子来观察自己，预知未来，看见未来的自己。

通过阅读，我对"项目"这一概念有了深入的理解。雷斯尼克教授指出，项目是创造的基本单位，是体验和参与创造性学习的全新途径。当孩子沉浸在项目的创造和制作中，才有机会成长为创造型的思考者。这与《幼儿园教育指导纲要（试行）》指出的"善于发现幼儿感兴趣的事物、游戏和偶发事件中所隐含的教育价值，把握时机，积极引导"，《3—6岁儿童学习与发展指南》提出的"最大限度地支持和满足幼儿通过直接感知、实际操作和亲身体验获取经验的需要""充分尊重和保护幼儿的好奇心和学习兴趣，帮助幼儿逐步养成积极生动、认真专注、不怕困难、勇于探索和尝试、乐于想象和创造等良好的学习品质"的要求不谋而合。

结合雷斯尼克教授提出的项目解读，我对温州游戏的类型划分有了重新审视，我觉得应该基于幼儿创造性思维维度来划分，从项目化游戏、空环境游戏、真环境游戏等方面开展自主游戏。而项目化游戏与规则性游戏、主题式游戏最大的区别是，它是基于幼儿自己的内驱力来发现问题、提出问题，并尝试解决问题，注重的是幼儿的亲身体验，实现的是幼儿的创造过程，提升的是幼儿的游戏热情，营造的是幼儿的互动情境。项目化游戏或者游戏化项目，关键词是项目，而核心价值是幼儿的创造体验。项目化游戏激发了幼儿学习的热情，点燃了幼儿学习的内驱力，在学习体验中学会合作、学会冒险，积累经验，从而收获喜悦。同时，我对安吉游戏教育的理念有了重新认识，对安吉游戏课程的"在协助幼儿透过直接经验去发现直接经验之间的关系，进而获得能力和智慧"，有了更深层次的理解。

雷斯尼克教授在书里与大家分享了一个名为"感知之门"的年会故事。一个名叫安妮的人，在她的身上看到了一种精神——"游戏精神"。雷斯尼克教授说："虽然安妮生活在一个狭小的空间里，被悲伤和匮乏所困扰，但她不断地实验、冒险、尝试新事物、挑战边界。在我看来，这些都是游戏的基本要素。游戏不需要开放的空间或昂贵的玩具，它是好奇心、想象力和实验的结合。有时，安妮失去了笑的能力，但她从未失去她的游戏精神。"雷斯尼克教授还列举了"婴儿围栏和游乐场"这两个游戏场本质的区别，支持的策略与创设的环境不同，导致游戏规则与作用也不同。"婴儿围栏"作为一种隐喻，比喻孩子缺乏实验的自由，缺乏探索的自主权，缺乏开发创造性冒险的机会。"游乐场"则给孩子提供了更多的空间去行动、探索、实验和协作，在此过程中，孩子会成长为一个创造型思考者。

我联想到幼儿园传统教学中的区域游戏与温州幼儿园提出的空环境游戏的本质区别：传统的区域游戏是教师根据领域为孩子创设的区角，提供相应的材料，幼儿在看似自由的环境中，实际上做着不自由的游戏，他们的思维是定向的，操作路径是单一的，他们的游戏缺乏创造性。而温州幼儿园提出的空环境游戏，是让孩子根据自己的想象来搜集材料、设定主题、布置环境、寻找玩伴，计划游戏的玩法、内容、环节，成为游戏的主人。在游戏结束的时候，回想其中的困难点与成功点，并寻找下次继续游戏的支点。整个过程，幼儿的状态是热情的、积极的、主动的、投入的、专注的，他们在思考、表达、想象。我又将这一过程融入了雷斯尼克教授提出的"创造性学习螺旋"：想象——创造——游戏——分享——反思——想象。我惊呼，两者的核心过程原来是一致的。

游戏是幼儿自发、自然的活动。游戏是幼儿园的基本活动。游戏是孩子的工作，游戏等同于学习。游戏也是幼儿最适宜、最喜欢的学习方式。刘焱教授在其《儿童游戏通论》一书中指出：儿童游戏具有"可观察"的特点。兴趣性体验、自主性体验、胜任感或成就感、幽默感，以及满足身体活动的需要而获得的生理快感是游戏活动不可或缺的构成因素。游戏性并不只是儿童的"奢侈品"，所有人在一生中都可以拥有"游戏性"的品性，游戏性伴随人的终身发展过程。游戏性强的儿童不仅拥有一个轻松自如、快乐的童年，而且较强的游戏性还预示着他们在未来也可以拥有健康幸福的生活。

我喜欢乔治·萧伯纳的一句话：我们不是因为年老而停止游戏，而是因为我们停止了游戏所以变老了。只要你始终保持一颗童心，只要你认定自己是长大了的儿童，那你就会拥有一种幼儿园式的学习方式、一种幼儿园式的精神。

未来，属于终身学习者。

改变命运唯一的策略是你变成终身学习者。

《终身幼儿园》值得一看再看。

一场微妙的巧遇：在别人的生命 叙事里读到"自己"

——由《教育的勇气》所想到的……

教育，如果能让一个人憧憬美好，

对人类有更辽阔的信念，

对自己生命的担当有更坚定的立场，

这样的教育，

可以说是最美妙、直达生命本质的教育。[①]

教育、生命、美好，这三个关键词引起了我阅读的欲望。就这样我走近了张文质老师——一位思考有关"生命叙事、生命哲学、生命感悟"的教育叙事者。

张老师长期植根于学校教育与儿童发展的研究，是生命化教育的倡导者、慢教育思想的提出者。他说，教师的专业成长是教师生命成长中的一个重要步骤；而一个人的专业成长，必定与多种元素联系在一起，其内在的含义意味着生命叙事。

生命叙事，可以不断地使自己的生命在敞开的同时获得一种新的理解，它可以有家庭叙事、成长叙事、学校生活叙事。每一个人对自己的成长，其实都有说不完的话题。作为一名教育者，谈教育的时候要回到生命源头去，

---

① 参见张文质：《教育的勇气》，长江文艺出版社 2018 年版。

这有助于我们理解常识。张老师提出，"重估一切价值"就可能提升为一场与灵魂的对话、与心灵的交流，而"前提是重估我们自己"。重估自己，需要勇气，而不是逃避。重估自己，亦即爱这个世界、爱生命、爱自己，才有勇气直面所有人性的鄙俗和阴暗，才有勇气揭去所有的伪装，承受幻想揭去之后刻骨铭心的疼痛。没有疼痛就没有记忆，也就没有新的生长。重估自己，就是重新期待，重新想象，重新实践，把生命重新收归自己所有。重估是过程，是创造的过程，是持续进行的不断回到起点的过程。

作为儿童研究者，应该尊重儿童生命成长的节律，尊重儿童生命成长的个性，让每一个孩子都能够获得心智的自由成长，这应该就是教育者的使命。

而这样的担当，并不是在所有的教育者身上都能够体现，因为，他们觉得教师就是一份工作、一种职业，可以解决生活的温饱，而对教师是一位"研究者"缺乏清晰的认识，由此导致职业倦怠、状态迷离，慢慢就形成了书里提到的"下层气质"，也就是"底层文化"。我抵抗底层文化，我的内心怀揣"仰望星空"的情怀，始终认为教育是一件美好的事情。教师必须与高贵、文雅的气质相匹配，以丰满生命的内涵。

我庆幸，自己有一副"孩子王"的气质。当我来到孩子中间，特别受孩子的欢迎，他们觉得我友善、有安全感，因为我能读懂、倾听孩子。记得有个小女孩入园后一直不愿意接受老师、同伴，把自己封闭起来，但是在我的鼓励下，她学会了接纳、学会了交往、学会了表达。一次偶然再相遇，她摸出藏在口袋里的"绿宝石"，一定要把它作为礼物送给我。这应该是世上最珍贵的"绿宝石"。还有个男孩子，一向沉默寡言，而且说话结巴，但每次见到我，他总会露出发自内心的笑容，主动跑来与我拥抱。这样温暖的故事还有很多很多。它们不华丽，不精致，但朴实、暖心。因为这些都是回到生命叙事的源头——爱与尊重。爱的动力是无限的，它助推儿童的成长，它滋养一个个富有生命气息的故事。

杨绛先生曾经说：我只是一滴清水，不是肥皂水。好教师好比一滴清水，很微小，但不渺小，它折射阳光，滋润土地。

洪宗礼老师说：我把工作当作学问来做；我要站在讲台上，我还要站在书架上。工作即研究，研究即学问。研究就在日常平凡、烦琐的工作中，学问就在即时的研究中；站在书架上，咬定读书，自己就成了一本书。

合作、倾听、学习：遇见教师专业成长中的美好

——读《跟随佐藤学做教育——学习共同体的愿景与行动》有感

　　《跟随佐藤学做教育——学习共同体的愿景与行动》不是佐藤学教授本人的著作，而是陈静静所著。[①]引发我阅读的缘由是书中对"学习共同体"的研究与思考。据钟启泉教授介绍，陈静静博士对"学习共同体"的改革实践如痴如醉，回国后与伙伴们进行了大量的思考与实践，后来写成了此书。当我阅读此书的时候，正跟随"温州游戏"项目做现场教研的研究。我很喜欢"共同体"这个称呼。

　　1988年，佐藤学教授应"神奈川县茅崎市教育委员会"之邀，基于他的"学习共同体"理念，展开了创建新型学校的实验。滨之乡小学揭开"学习共同体"的理念，教师们组成学习社群，展开"授业研究"，寻求共同的专业成长。授业研究不同于传统的"假设—验证"研究，教师不再是被研究的对象，而是研究者；研究者的作用也不再停留于单纯的观察者立场，而是基于研究者与一线教师的交互影响的关系，创生新的教育智慧。

　　在新课改背景下，教师是儿童研究者，教室是教师与儿童一起做研究的场域。"温州游戏"项目实施始于2014年，当温州市幼教教研员戴仙仙老师提出"自主游戏"的概念时，很多老师还处于茫然状态。游戏与集体教学活动到底有什么区别？自主游戏与规则游戏又有什么不同？在戴老师的引领

[①] 陈静静：《跟随佐藤学做教育——学习共同体的愿景与行动》，华东师范大学出版社 2015 年版。

下，老师们逐步对"自主游戏"这一概念有了清晰的认识。但是如何让每一位一线教师能够认识到"自主游戏"是未来幼儿教育发展的必然趋势，如何让"自主游戏"走入幼儿园课程研究的范畴，佐藤学教授的"学习共同体"引起我探索的兴趣。我就向戴老师提议，成立"温州游戏研究共同体"，并以"合作、倾听、学习"作为温州游戏研究共同体发展的路径、方法与价值。

何为"温州游戏研究共同体"？我们是这样定义的：以温州游戏为研究载体，以互学、共研为原则，以团队建设为动力，通过相互合作、相互学习、相互信任、相互尊重，实现教师专业的共同成长。它是教师相互学习的场所，也是幼儿开展"真游戏"的场所，更是家长参与游戏并相互学习的场所。共同体有三个关键词：合作、倾听、学习，合作是研究的纽带，倾听是学习的动力，学习是研究的根基。三者相辅相成，诠释了"温州游戏研究共同体"的发展路径与方法。"温州游戏研究共同体"成员在互学共研中学会质疑、学会辨析，敢于提困惑，乐于谈收获。在实施过程中，发挥每一个共同体成员学习的动力，向儿童学习，向同事学习，向专家学习。

佐藤学教授在《静悄悄的革命》一书中提出要合作学习。为什么要进行合作学习呢？佐藤学教授的回答是：其一，不组织"合作学习"，每个人的学习就不能成立。其二，要提高每个人的学习能力，合作学习是不可或缺的。合作学习就是互惠学习，通过双方的切磋与对话，丰富原有的经验，深化对某些事物的理解，建立知识之间的网络，从而形成深度的理解与认同、支持与协作，挑战更有难度的学习，充实自己。"温州游戏研究共同体"的成员来自各个幼儿园，教师的专业水平参差不齐。我们推出的"三维合作式"，从三个维度（幼儿园的性质、城乡归属、教师的发展水平）将参研的幼儿园老师分组，让他们在小组中再进行三分工——记录员、绘图员、表达者，然后聚焦某一话题，通过小组的合作观察，分析、梳理、表达。在此过程中，组员们通过观察、倾听、对话来促进相互观点的认同与融合，形成一种合作学习，扬长补短，真正实现向同伴学习。

佐藤学教授提出：教师要学会"倾听"，倾听所有学生内心的声音，让教学成为学生话语的交响乐。我想，作为教学组织者，在教研活动中，教师也要倾听同伴内心的声音，让教研成为教师话语的交响乐。这里的倾听不仅仅是听到、听懂，而是在倾听的过程中引发思考，梳理观点，运用合适的话语来表达，与同伴进行思维对话，从而产生情感、思考的共鸣。

佐藤学教授认为，只有以"每位学生的理解和心得都是无可替代的"信念为前提，教师才会像采撷珍宝一样珍视每一个学生的发言，才能创造快乐教学的新天地。而这样的信念与举措，同样适用于教研活动，教师在游戏现场倾听幼儿的心声，在教研现场倾听同伴的心声，会体验到思维碰撞的快乐、言语表达的快乐、真实学习的快乐。

"温州游戏研究共同体"的教研活动是这样开展的：先让教师走入游戏现场倾听幼儿、带班教师的心声，而后集中讨论，将幼儿与教师的心声通过录音、视频回放或者口述，让现场教研的老师在倾听中学会观察与记录、思考与表达，从而真正实现教师话语的和谐交响。

美国学者内尔·诺丁斯说：学习首先是一种关心，而学校教育就是要培养学生的关心品质。佐藤学教授对此极为推崇，将其完美地融入自己的教育理念中，这种对自然界、对自己和对他人的"关心"品质引入学习过程，就有了学习的对话性特征：学习是关心、多维的"对话"；学习是与客体的对话，是与自己的对话。佐藤学教授认为：教师是一种对话性他者的存在。在对话中，学会接受和悦纳所有的孩子，了解他们，喜欢他们，知道他们的想法，了解他们的需要；在对话的过程中，重审自己的儿童观、教育观、课程观，从而在专业成长中不断完善自我认知，不断发掘自己的潜能。

"温州游戏研究共同体"将学习贯穿在整个教研活动的始终，现场教研通过"七看"模式来开展——看理念、看环境、看幼儿、看教师、看材料、看评价、看课程。在教研活动之前，引导教师与书本对话，结合自己要观察的点进行文献查阅；在教研活动过程中，与幼儿、同伴、专家对话，表达自己的观点，倾听不同视角的声音，做好梳理与分析；在教研活动之后，与自己对话，分析自己在本次教研活动中收获了什么，遇到了什么困难。然后带着收获与问题回到各自的园所，以螺旋式学习的方式进行对话学习，在学习中遇见自己的专业美好。

《跟随佐藤学做教育——学习共同体的愿景与行动》推动我成立了"温州游戏研究共同体"，帮助我拓展了研究共同体教研活动的新思路、新模式。通过研究共同体内部引导和成员合作式学习，我相信，共同体研究一定会给教师专业能力的提升提供助力。

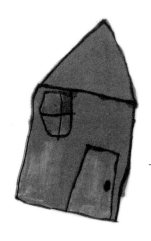

原来是"文化"在滋养着
每一个班级生命体

——读《幼儿园课程知识的文化哲学审视》后的思考

最近，我一直在思考一个问题：为什么走进每一个班级都会产生不一样的感觉？有的热烈、有的平静。是班级老师的教育理念、教学方式不同，还是幼儿的个性使然？为此我再次翻阅了李传英博士所著的《幼儿园课程知识的文化哲学审视》一书。

在书里，李博士提到，文化是一个人群相互分享的价值、信念和行为模式。不同的文化可以形成不同的人，不同的人具有不同的文化特点，不同的人的生活方式和视角方式也是不同的。[①]美国人类学家玛格丽特·米德在其经典著作《文化与承诺》中从文化传递方式的差异出发，将人类文化划分为三种不同的基本类型：前喻文化、后喻文化和互喻文化。[②]将这三种文化置于幼儿教育视域时，我认为，教师文化对幼儿的影响属于后喻文化，幼儿文化对教师文化的影响是前喻文化，而幼儿与幼儿之间、教师与教师之间的文化是互喻文化，即共同创造现在与未来。

那么，当三者在班级课程建设、师幼互动、家园共育中相遇时，是否会共同奠定班级风格，从而形成富有不同气息、不同发展状态的班级生命体。

---

① 参见李传英：《幼儿园课程知识的文化哲学审视》，西南师范大学出版社 2015 年版。
② 参见玛格丽特·米德：《文化与承诺》，河北人民出版社 1970 年版。

每一个幼儿都是独立的个体，当孩子入园的时候，面对陌生的老师、陌生的环境，都会有防备的心理；有经验的教师会用心观察，去发现、记录、探析每一个孩子身上积极的学习品质，从而构成自己班级的教育视野。教师常常思考"我可以为这些孩子做些什么，这些孩子需要我做些什么"，从而从幼儿的学习方式、兴趣与发展需求来构建班级课程。

李老师在幼儿刚入园的那段时间，和家长聊得最多的话题就是幼儿的生活习惯养成问题，让幼儿将自己看得见的与自己看不见的场景进行对照，从而帮助幼儿以最快的速度来适应集体生活。这个就是教师先前思考的"我可以为幼儿做什么"。户外是幼儿身心最自然放松的场所，可跑、可追，想干什么就干什么。于是，无论是晴天还是雨天，李老师都会带着孩子到户外乐园，做自己喜欢做的事情，做自己想做的事情，听空气中弥漫的声音、捡枝头掉落的树叶、闻泥土里散发的青草的味道……这就是"这些孩子需要我做什么"。

期末总结的时候，李老师说自己班级的孩子没有争抢玩具的现象，其乐融融。正因为李老师始终将理解孩子、悦纳孩子作为首要原则，从而形成了一种班级文化——爱与自由、包容与和谐。幼儿在班级文化的实践中经历了一个"通过文化塑造与被塑造的双过程"。

王老师的班级给人的感觉就是清爽、明朗、理性强于感性。在幼儿建构游戏的场所里，我吃惊地发现：孩子搭建的作品旁边没有一块多余或者零散的材料。一个孩子在介绍自己搭建的"百货大厦"时，对呈现的物品从里到外、从上到下，都有条理且细致地介绍。当被问及"你给这个大厦取了名字吗？"孩子诚恳地回答"还没有"。"我可以帮你取一个吗？""我想先自己想想。"过了大概20分钟，我已经离开这个班级，他在户外找到了我，说了自己想到的名字，还解释了取这个名字的原因。班级老师思考的"我能为孩子做些什么"这一问题，让班级里的每一个孩子都能够成为做事有条理、有责任心、有规划的小主人。当文化哲学现象在班级的课程实践中、在师幼互动中、在家园共育中渗透时，孩子就成了文化最大的受益者。

我由衷地感到，这个班级里的每一个自由生命体，在教师的信念、价值观以及专业行为的影响下重新塑造了自己的经验。教师用文化去滋养每个个体，使他们体验了喜悦，收获了成长。

对话，让"理解"视域下的专业成长更有活力

——品读《"理解"视域下的幼儿园教师评价研究》心得

　　"理解"是哲学解释学的中心话语。吴琼博士在其《"理解"视域下的幼儿园教师评价研究》[①]书中，基于哲学解释学对"理解"的论述，为我们构筑和谐世界，洞察人类生活和人的发展提供开阔视野，也为我们构思幼儿园教师评价的改革与创新提供了新的视域。她提出在"理解"视域下对幼儿教师进行评价，可以让教师的专业获得很好的发展。在调查研究中，她也无奈地发现，诸多的现实问题（教师评级、绩效、考核制度等）严重阻碍了教师专业发展的积极性、主动性和创造性。

　　"理解"视域下的幼儿园教师评价具有三个方面的特征：促进教师的职业规划、评价面向"事情本身"、评价参与者在对话中达成视域融合。她指出，"理解"视域下的幼儿园教师评价充盈着多种形式的对话，尤其强调教师的自我对话；在多形式的对话过程中，通过"理解"选择共同担当，实现对现实自我的把握和对未来自我的规划，并采取措施促进生命可能性的实现。在"理解"和对话中，在彼此尊重和融合中体现个体发展的独特性与差异性，是"和而不同"的，"和"得以共生，"不同"得以成长。

　　"理解"视域下的幼儿园教师评价过程强调教师立足于真实教育实践进

---

①参见吴琼：《"理解"视域下的幼儿园教师评价研究》，东北师范大学出版社2013年版。

行面向自我的对话。对话是实现视界融合的根本途径。保罗·弗莱雷说:"没有了对话,就没有了交流;没有了交流,也就没有真正的教育。"

所谓学习中的自我对话,意味着以自己的语言接近客体省察的活动,并以这种省察活动为对象展开反省性思维的活动。

——佐藤学

与自己对话,在不断地思考中唤醒内在的力量。 美国普林斯顿高等研究院教授弗里曼·戴森将数学家分为两大类:一类如同翱翔在蓝天的飞鸟,俯瞰着广袤的数学远景,喜欢那些统一人们思想,并将不同领域的问题整合起来的概念;另一类则如同生活在泥地里的青蛙,注视着周围生长的花儿,乐于探索特定的细节问题。我联系到了自己,如果要想自己成长得更好,我该像飞鸟一样还是像青蛙一样?

自参加工作以来,我都会随身带一个小本子,每天都会利用自己的碎片化时间将所见、所闻、所想及时记录下来。我会时不时地翻阅、修改。在与文本的交流中,我学会了反思,学会了提问,学会了梳理,让自己在"教育随笔"中与"另一个"自己对话,重新审视自我。史蒂芬·柯维曾说:"你不可能在一夜之间成为一个行为正确的人,这是持续一辈子的自我更新的过程。"

我从幼儿园里走出来到现在的岗位上已经两年多。回顾走过的路,一直在不断地学习、探索,一直在不断地与不同时段、不同场景中的自己对话,有时会为退缩懊恼,有时也会为耿直擦汗,有时更为充实而欣慰。

在与自己的不断对话中,我终于找到了答案,既要有飞鸟的远见,又要有青蛙的踏实。这样的定位,才能遇见最好的自己。

与书本对话,在文字的浸润中体验心灵沉静的美。我认为,书是世间永不过时的景致,也是世间最值得珍藏的礼物。当你辛苦一天后回到家,窝在沙发里,随手拿起一本书,翻上几页,休憩片刻,劳累顿消,原来书是解压良剂;当你为了一个难题百思不得其解时,你从书架上取下一本书,带着思考在密密麻麻的文字中探索,用笔及时画出可以帮助解决问题的文字,并摘抄在小本子里,让书里的文字换个地方待着,并在"字"的旁边伴上自己的思考，就这样，一场学习式对话顺利完成；当你为了完成一篇文章，需要一些话语来点缀而引用了某篇文章中的文字时，你会发现，这样既可以感受到文字的美，又能够体验到思的巧。这样的对话，难道不是一场最美的相遇吗？

学习首先是运用"心理学工具"——语言——的一种社会活动，心智发展首先表现为人际关系的沟通中的社会过程，其次是，这种沟通的语言是作为"内化"的"心理过程"表现出来的。

——维果茨基

在一次学习培训中，我聆听了鄢超云教授的讲座，就深深喜欢上了他的观点。鄢老师一直在做农村教师专业发展的研究，他说，农村幼儿园，需要被关注，需要有人喝彩，但大多数的农村幼儿园经常是接受别人的批评，作为市区优秀园的对比而存在，常常都是"对照组"，而无法成为"实验班"。很多人也关注农村学前教育，但是大家似乎更关注农村幼儿园教师流失的问题，而没有去关注留下来的。留下来的教师哪怕只有一个，也要让他感受到他留下来的价值与意义。

鄢老师的这一段话，引起了我的思考。是的，在乡村振兴的大背景下，乡村一片欣欣向荣，但乐意并全心全意扎根农村幼儿园的教师仍不多。如何改变农村学前教育的现状，改变大家意识、切换角度、重新审视教育中的重要个体，这才是能够激发"慧思巧做治本"的关键。在鄢老师的启发下，我想尽自己所能去做，于是，产生了这样的一种研究思路，通过未来乡村幼儿园的打造，来塑造未来乡村幼儿园教师的新群像，调动农村幼儿园教师的教育情怀，帮助他们感受"留驻乡村"不仅是一种责任，更是一种人生价值。就这样，在心底有了这样的念头后，我先后借助多种形式推出农村幼儿园教师的故事，我以叙事研究的方式树典型、寻亮点，助力农村幼师上电台、上平台，帮助他们实现自我价值。

我是幸运的，在人生的每一个节点都遇到了导师式的专家。在视域融合的情境下，在互相信任支持的和谐关系下，点亮向阳的人生。我工作生涯中的第一位恩师——徐秀丽老师，在与她的对话中，我寻觅到了自身的专业价值；陈苗老师，在与她的对话中，我领悟到了利用自己的所知所长去帮助、指导别人是一件非常温暖的事情；朱跃跃老师，在与她的对话中，我明白了只有不断探索、不断追求，才能遇见更好的自己；戴仙仙老师，在与她的对话中，我体验到了做自己喜欢的事情是多么幸福……

在与书本、专家、同伴、孩子建构性的对话中，我探寻到可以支持自身专业不懈怠的一种策略与方法，重拾了那份挚爱；并通过自认为最适合的方式表达、记录、分享，走向快乐，走向成熟，走向明亮的未来。

是的，教育场域应该是一个充满"理解"和意义的世界，对话让教育在实现"理解"的过程中不断创生着生命的意义和价值。我想，理解与教育的研究将为教育田野送来重塑教育理念的清新空气，让更多的一线教师都能够体验到"理解"视域下生命的价值与意义！

每一次机遇都是一次挑战

——读《让学校重生》遇见真成长

最近，我阅读了《让学校重生》一书，很受启发。书里提到，我们需要三种思维来改变处境：对现状的批判，对未来的愿景，以及对从现状到未来的"变革理论"的批评。[①]教育尚且如此，自我成长又何尝不如此？

对于一个人来说，满足于现状没有什么不好，容易满足才会过得幸福。有人说，满足是豁达的气度，懂得满足的人容易快乐；但也有人说满足于现状，不思进取，人就会颓废。而只有不满现状，才能让自己的学习能力、创造能力提升；持着一颗不安于现状的心，才能不断地去挑战自我、战胜自我。

哲学家王阳明认为，存天理去私欲，其精微之处必须时刻反省、体察、克制，才能渐渐有所得。从教20多年，比起那些荣誉满墙的学姐、学妹，我可能略逊色。但是，我对自己的每一个人生阶段都有一个明确的分析，我会从不同的角度认识自己：我是谁？我现在要做什么？我还需要怎样做？一个人只有经常反观自省，才能更清楚地认识自己、改善自己。

"知人者智，自知者明。"要达到这样的境界还需要修很久很久的道行。但三种改变处境的思维之第一种——对现状的批判，已在我头脑里萌芽、孵化。就如同现在的幼儿园课程改革，课改之路是漫长的，而这种思维的践行之路也是漫长而艰辛的，但只要具备这样的意识，我相信会越来越好。

---

① 参见肯·罗宾逊、卢·阿罗尼卡：《让学校重生》，浙江人民出版社2017年版。

所谓愿景是一种由组织领导者与组织成员共同形成，引导与激励组织成员的未来情境的意象描绘，在不确定和不稳定的环境中，提出方向性的目标，把组织活动聚焦在一个核心焦点上，使组织及其成员在面对混沌状态或结构惯性抗力过程中能有所坚持，持续依循明确的方向、步骤与路径前进。每个人都有自己的目标，每个人对自己的未来都有愿景。你的愿景是什么，会直接影响你人生的发展方向与价值取向。

在当前课改的背景下，课程的主体是幼儿已经越来越被人们所认识与理解。在游戏课程化理念的引领下，如何通过观察去发现幼儿游戏中的生长点，提炼、转化成新的课程而助力孩子获得真实成长，对教师课程观、儿童观、教育观形成了考验。从目前的教育状况来看，实现转化尚有难度。最近，我也被"项目、课程、主题活动、项目化游戏、游戏化项目"的多维运用搞糊涂了。为了厘清这几个概念，我忽然产生了一个"愿景"：在现状的批判中寻找自我，认清自我。那么，在未来的"愿景"中可否通过课程的建设来帮助幼儿回归自我，让幼儿真正站立在课程的中央？实现这样的目标应该就是共同体研究的责任。未来已来，与幼儿一起找到自我，实现自我。

园丁都应该知道，他们并没有使植物生长，也没有给植物粘上茎叶、画上花瓣，成长的是植物自己。园丁的工作仅仅是为植物的生长创造最佳环境。

思忆＋向往： 让自己遇见可能

——读《另一种可能——一个特级教师的跨界生长》有感

陈素平老师推荐了一本书——《另一种可能——一个特级教师的跨界生长》[1]，吸引我眼球的是"跨界"两个字，还有陈素平老师提到的八个字——"价值引领，无为而治"。出于好奇，我开始细细品味这本池昌斌老师的专著。

该书由六个章节构成，每一个章节一个主题，一个主题又由多个故事组成。品读故事的间隙，带给我最多的是思考、共勉与畅想。

一

"在路上"这一章给我最大的感触是自然教育。最好的教材是儿童的生活，最好的教室在大自然。那里有大山、树林、溪流、峡谷、原野、麦浪、乡村、草垛……源于自然的教育充满泥土气息，能激发儿童对世界的好奇与探究，传递淳朴和善良的情感！

现在很多幼儿园都在实施田园课程、户外游戏课程，但是，多数只是在做表面文章，虽然地开垦了，器材投放了，但是真正属于孩子的自然环境却不多。有个幼儿园则不然，有一个得天独厚的小乐园。春天孩子们可以拿着

---

[1] 参见池昌斌：《另一种可能——一个特级教师的跨界生长》，教育科学出版社2016年版。

望远镜观察刚刚冒出枝头的嫩芽，夏天孩子们可以在树底下乘凉，秋天孩子们可踩着树叶欢快地跳舞，冬天孩子们可以在树底下晒太阳、看书。每一个季节孩子们都可以在小乐园里做自己喜欢的事情，但是能真正发现它的教育价值的老师却不多。有一位李老师对大自然情有独钟，在她的影响下，她的班级的孩子成为乐园里最忠实的游玩粉丝。

回顾自己在前些年带班的过程中，我完成了一个市教科规划课题——"有效运作大手拉小手幼儿社团的实践研究"，主要借助家长资源、周边朋友资源，带着孩子和家长一起走进大自然，到大罗山挖番薯，到科普基地种花，到温州大学去种树。每一次实践活动都令孩子们收获多多。他们认为，这样的课堂比在教室里更有趣味。作为课题的负责人、活动的组织者，我非常享受这样的活动。

每年，我都会利用寒暑假带着女儿一起去各大城市走一走、看一看，去感受不同地域的文化。2周岁的时候带她去苏州、上海；3周岁时带她去了杭州欣赏美丽的西湖；4周岁时带她去武义泡温泉；5周岁时带她去了北京，爬了长城；6周岁时带她体验台州海洋馆，登览安徽龙脊山，游览香港迪士尼乐园；7周岁时带她走出国门，游览韩国；8周岁时带她去了呼和浩特；9周岁时跟着爱历史的哥哥畅游大连，了解军舰历史；10周岁时带她跟团体验东南亚国家的不同建筑与人文风情；11周岁时带她来到了历史古都——西安，观看兵马俑，翻越惊险的华山；12周岁时爬泰山，又到北欧，体验了瑞典、挪威、芬兰、丹麦四国的风情。每一次出游，女儿都与我一起整理物品，并将每一次游玩的心情、所见所闻一一记录，形成一篇篇游记，别有一番滋味。

好教育、好学校、好教师是在独立、自由、民主、尊重、开放、包容的教育氛围中自主成长起来的。与池老师的经历有点相似，我更深地理解了"梦想坚定，目标一定就会实现"，我也确信，曲折是通向未来的路。一个教师的专业成长，最关键的不是教学技巧，而是理性成熟的价值观和思维方式的形成。教师队伍建设需要跨思维与跨界体验。

1999年我从浙江幼儿师范大专班毕业，作为省优生，来到了峃阳村小任教学前班。一个班级60多位孩子，教室里摆满了桌椅，只有两条夹缝让老师与孩子侧身通行；一个教师负责一个班级，总共两个班级。上课的时候，所有的孩子坐在椅子上，教师只能看到一张张小脸。这哪里是幼儿园？但我不能违背我的教育理念。于是，我将孩子带出教室，在教室外面玩游戏；我利用每一次节日的机会，带着孩子玩游戏、排练节目。当时恰巧遇到澳门回归，我就编排了一支舞蹈《九九回归》，带着孩子们感受回归的意义。

有一次，瓯海区要举办一个多媒体课堂展示活动，多媒体展示在当时还是新生事物，大家都是零起点。我就设计了一节比较简单的科学活动课——"有趣的睡姿"，运用学过的PPT制作方法，将图片扫描、拼接成一个文件。那天展示的地点在温州市瓯海区瞿溪第一幼儿园。没有经过高人指点，更没有任何人给我些许的意见与建议。原生态的设计与课堂中灵巧的把控，深深打动了评委。她们评价说："环节设计有创意，活动内容呈现有自己的想法，虽然细节之处不如意，但该教师有潜力。"这次不经意的展示为我今后的专业发展搭建了平台。更重要的是我认识了教研员徐秀丽老师（现已退休），为我之后的专业成长铺设了一条更适宜的道路。

徐老师觉得我是可塑之才。每每有听课活动和评比项目，都会尽量让我参与，通过不同的学习平台来充实、提高自我。在她的帮助下，我有幸参加了镇优质课评比，获得一等奖，后被推荐参加区优质课评比，又获得一等奖。两年后我有幸获得瓯海区新苗奖，同时也被推荐为瓯海区名师培养对象。

2001年8月，我被调到新桥镇中心小学附属幼儿园，虽然这只是一个开办一年的幼儿园，但在这里不再是单枪匹马作战，有懂业务的姜丽园长，有懂科研兴教的谢进柳校长。在他们的引领和支持下，我开始着手科研，查阅文献，设计问卷，了解学情，撰写方案，申报区级课题、市级课题、省级课题，并被立项，有的还获了奖。就这样，一步一个脚印，专业水准有了大幅度的提升，同时随着上公开课、经验交流的次数越来越多，我还被称为"公开课专业户"。原创课例、自编教材、撰写论文、编创案例，做课题的两年多时间，我的论文获奖、发表篇数超20篇，区级、市级公开课达20余节，自编的教材在全区被推广使用。经过两年的实践研究，我的课题荣获了温州市基础教育科学规划课题一等奖，并成为浙江省首届"百课万人"课堂教学展示活动候选人，也有幸荣获了温州市教科研先进个人、温州市教育学会先进个人、温州市第八届教坛新秀。

我发现科研是我的最爱，我想与科研结缘并生根，在科研中真正感受到教的乐趣、研的真谛。科研是我专业成长的必由之路。

2005 年 8 月，我调到温州市机关第一幼儿园。作为科研骨干力量，我开始致力科研。从 2005 年至今，我主持了 4 个课题，参与了 3 个课题，相继在市里获奖。在课题研究的道路上也获得了新成果，2011 年有幸获得"浙江省教科研先进个人"；2015 年我加入了"陈素平科研名师工作室"，认识了好多科研领域的精英，让我的专业之路又多了一个新的起点。

<h2 style="text-align:center">二</h2>

所谓"问题儿童"，很多时候是成人思维对儿童的偏见。当老师要放平心态，用换位的思考方式来理解孩子，尊重孩子，与孩子一起去思考、衡量。池老师问："什么样的老师才能得到学生的喜欢、家长的认可？"我最大的体会是真心、真情付出。

在农村幼儿园任教期间，我带的都是大班幼儿，将近 5 年的时光里，我在家长和孩子的心中留下了美好的印象。家长们反映，这位老师很有自己的教学风格，特别是早期阅读活动开展得有创意，孩子们非常受益。孩子们反映，我上课非常有意思。比如有个小朋友媛媛，是一个性格内向的孩子，我通过笔记跟她母亲经常交流，帮她解惑释疑，让媛媛变得开朗活泼起来。再如小朋友包如广，是一个调皮捣蛋的孩子，我在跟他交流中，发现了他身上有很多闪光点，我鼓励他发扬优点，孩子变化很大，积极向上，我们也成了无话不谈的好朋友。在我结婚的时候，他们还给我送来了"爱的交换"手势雕塑，至今还放在我家的书架上。

2005 年，我来到温州市机关一幼，先后带了三届小班到大班的幼儿。最早一届的孩子如今也将中考。我到机关一幼带的蒙氏班，总共有 25 位幼儿，每一位幼儿都有不同的性格、不同的家庭背景，孩子、家长与教师的互动造就了各自不同的相互关系。

"柔软之心"——好老师首先要有一颗柔软的心。我们要经常问问自己的内心感受：我的学生需要怎样的帮助和支持？我的学生如何才能过得更有快乐感？怎样才能让学生对未来和生活抱有更多的希望？"柔软之心"这个篇章主要是叙述农村家长和孩子淳朴、真挚的故事。在农村缺乏教育资源的背景下，只有富有仁爱之心才会真正受到家长和孩子的尊重。人文情怀、人间真情都在池老师的笔下展现出来。是的，教育需要情感投入，用心投入才会产生珍贵的情感交流与互动。

三

如何培养好教师，应该成为教育进步的一个核心命题。失去了优秀而卓越的教师群体的支撑，任何美好的教育改革梦想都不会落地生根，更谈不上枝繁叶茂。

恩师难忘，在我的学生时代与教学生涯中，遇见了很多恩师。他们引领我专业成长，学会做人，学会思考，学会奉献。

麻老师是我小学三年的班主任，现在已经八十高龄。教我拼音，引我认字，因为她住在我家旁边，对我特别照顾。记得有一学期我的脚不慎骨折，爸妈又在外地做生意，她就每天背着我上下学。在她的关爱下，我时时感受到老师爱的温暖与朴实。

谢老师是我调到镇中心小学附属幼儿园时的校长。他对科研工作十分重视，对我开展课题研究给予了很大的帮助，包括科研经费与专业训练方面。在暑期，我出于对课题研究的需求，想自费到南京参加早期阅读培训，当他得知这一消息之后，给予我很大的支持，并指点我怎样才能学到要领；在申报教科研先进个人的时候，他与我一起梳理资料，并教我撰写申请报告；当幼儿园获得独立需要推荐保教主任的时候，他又推荐我，使我有了更好的发展空间。正是在他的鼓励和支持下，我与科研结下了不解之缘，同时也让我的教学风格形成了一定的特色。

徐老师是我一生都要感激的人。遇见了她，我才从迷茫中走出来；遇见了她，我才看到自己教学生涯的希望；遇见了她，我才逐步实现了我自己的梦想。因为她的鼓励、支持和引领，我慢慢走上了专业成长的阳光大道，并发现了自己的专业价值。在她的帮助下，我成为公开课专业户；在她的引领下，我成为温州市优质课一等奖获得者；在她的鼓励下，我的科研实践从启蒙到出成效。也是在她的支持下，我成为温州市首届教坛新秀。记得在评选教坛新秀的过程中，从镇到区再到市，必须通过层层选拔才能获此殊荣。在镇里选拔的时候，我执教的中班语言活动"森林音乐会"因出色而胜出，成为镇教坛新秀。接着在区里的评选中，当时有一位选手与我不相上下，两个人中只能推荐一个人到市里参加评选，在准备过程中，徐老师与我一起磨课，一直到深夜。第二天评选中，功夫不负有心人，我成为被推荐的人选，并最终成为市教坛新秀。我想，如果没有徐老师的帮助，这些荣誉、成绩可能与我的距离甚远。

....

文末，感谢池老师"另一种可能"的遇见，让我对自己的遇见、预见进行了回顾与梳理。且行且思，且思且行，让我在"另一种可能"中遇见更好的自己！

原来"人文素养"也可在灵动的课堂中悄然滋养

——读《向瑞吉欧学什么——〈儿童的一百种语言〉解读》带来的思考

由屠美如主编的《向瑞吉欧学什么——〈儿童的一百种语言〉解读》里有这样一段话：教育，不论是高等教育还是初级教育，它的对象都是人。对人的教育要求教育者必须具备丰富的人文素养，幼儿教师应"以关怀、接纳、尊重的态度与幼儿交往"，"应成为幼儿学习活动的支持者、合作者、引导者"。尊重幼儿在发展水平、已有经验、学习方式等方面的个体差异，用适当的方式给予帮助和指导，使每一个幼儿都能感受到安全、愉快和成功。说到底，尊重、理解、关爱幼儿是对教育活动中教育者和教育对象的交互主体性的认同，其精神实质便是人文素养。那么，人文素养在课堂中又如何体现呢？

在这节课里，孩子说了"一百种语言"

师：你认为这个救生圈是青蛙丢的吗？

幼1：是的，因为青蛙都张开手臂，说，是我的是我的。（从自身经验出发）

幼2：是的，因为青蛙在水面上不用救生圈，但是到很深很深的水里游，就要救生圈，潜水艇都是这样的。（从研究兴趣出发）

幼3：不是，因为青蛙在水里，救生圈没有地方放。（从已有经验出发）

……

师：你认为这个救生圈是鸭子的吗？

幼1：是的，我看到鸭子的眼睛一直看着这个救生圈，很想要。（从眼神出发）

幼2：是的，这个救生圈这么漂亮，鸭子说自己很喜欢。（从嘴巴出发）

幼3：不是，因为鸭子在水里，救生圈没有地方放。（和先前回答同一个人）

……

师：小鸡小鸡，救生圈是你丢的吗？（带着所有的孩子一起问小鸡）

幼1：不是的，因为小鸡长得胖胖的，喜欢在草地上走，不喜欢救生圈。（生活习性）

幼2：不是的，小鸡有翅膀，喜欢飞，不用救生圈。（生长特点）

幼3：不是的，小鸡不会游泳，她说救生圈我不要。

……

这是一个小班的语言教学活动中幼儿与教师的真实对话记录。孩子们对"救生圈是谁的"这个话题，从自身经验、细节观察、创想思考三个维度出发，纷纷说出了自己的想法；当老师把谜底揭开，说"救生圈是小鸡"时，所有的孩子都一起欢呼起来：我也说是小鸡的，我就说是小鸡的。

课后，我对执教老师开玩笑说，孩子的表现要超过老师，老师乐呵呵地说："是的，我班的宝贝可厉害了，以前是我问他们，他们不知道怎么回答。现在是他们问我，我不知道如何回答。他们都成了我的老师。"老师充满自豪的眼神引起我极大的兴趣。执教老师认真倾听每一个孩子的话语，允许每个孩子个性化地表达，只要孩子想说、愿意说，她都会侧耳倾听，并进行针对性的回应。正是在这样轻松、愉悦、自由的课堂氛围里，孩子的思维活跃了，话语丰富了，心理满足了，乐于将自己的想法说出来。因为，他们觉得自己是课堂的主人，是游戏的主人，是思维的主人，是语言的主人。

从幼儿身上发现教育背后的价值，从幼儿的表现感受教师蕴藏的教育理念，其实就是验证了我先前说的：尊重、理解、关爱幼儿是对教育活动中教育者和教育对象的交互主体性的认同，其精神实质便是人文素养。案例中幼儿充分的话语表达，不正是老师的人文素养的最好体现吗？

在这节课里，孩子有"一百种思考方式"

鸭子和鹅要举行比赛，可是它们两个可以比什么呢？比赛一：游泳；比赛二：飞翔。结果打成平手，鸭子是游泳冠军，鹅是飞翔冠军。孩子们说："这样的比赛不好玩，因为他们获得冠军的项目都是自己擅长的。"老师小结：说得有道理，那你们觉得比什么好呢？孩子们就大胆分析鸭子和鹅可能喜欢的游戏，但大多数是他们自己喜欢的游戏，比如跑步、跳绳等等。老师以小伙伴的角色参与其中讨论，并提出了自己的想法。孩子们说，这个好玩，而且鸭子和鹅玩的水平都差不多，最重要的是比赛者要有定力，不会受外界因素的影响。就这样，师生很自然地就进入了共读绘本《一根羽毛都不能动》的情境中。孩子们根据故事的情节不断进入思辨环节：狐狸出场的时候、带到洞里的时候、当鹅快被放进烧烤炉的时候、鸭子说自己比赛输了的时候。每一个孩子的思维都会跟着情节做出变动，话语在思维的跳跃中流畅地表达：有关于朋友情谊的思辨，有关于比赛规则的思辨，有关于救与不救的思辨，等等。

孩子 A 说：狐狸出来了，鸭子、鹅快跑。下次有机会再比赛。不要傻啦！再这样不动，就会被狐狸抓走啦！

孩子 B 说：鸭子会边跑边喊救命，让狐狸放下手中的鹅，跑过来追自己；鸭子和鹅是好朋友，不会不管对方的；鸭子会拿起手中的翅膀来拍打狐狸。

孩子 C 说：冠军是鸭子，因为他很勇敢，救了鹅；虽然这次没有比出胜负，下次找一个安全的地方再来比赛；鸭子是冠军，虽然他动了，可是也是为了救好朋友……

孩子 D 说：故事的题目就叫"勇敢的鸭子 幸运的鹅"；"鸭子和鹅的故事"；"鸭子和鹅来比赛"；"友谊第一 比赛第二"……

……

洛利斯·马古拉奇说，孩子是由一百组成的，有一百种语言，一百只手，一百个念头，一百种思考方式、游戏方式及说话方式。

在每一个富有思辨的环节中，我们看到了每一个幼儿都在思考，他们完全融入情境之中，时而慌张、时而兴奋、时而开心、时而纠结，每一种思考都会在生动的情绪中得以呈现，因为他们是课的主人，他们是自己思维的主宰者。这样的互动场景、思维活跃的场面、言语流畅的样态，展现出执教者的教育理念——给孩子思考的空间，给孩子表达的权利。尊重孩子的所言、理解孩子的所需、关注孩子的所想，只有宽松、自由、平等的氛围中才能形成这样的相互认同感、交流自如感。

课后，执教的姜老师很自豪地对我说："我班级的孩子是超有想法的，我觉得孩子的每一个想法其实就是一个智慧点，一个闪光点；每一次孩子在课堂中、游戏中、活动中的想法，我们都会让他们用自己的方式表达，可说、可画，带着自己的梦想去实践。有家长的支持、教师的支持，还有同伴的支持！"我想说：一节课的好与坏，不是形式多么花哨、领域牵涉多广，而是教师人文素养在课堂中的体现。

以阅"积"历：慧眼审视孩子的另一种成长

——读《给幼儿园教师的 101 条建议》的感悟

4 月 23 日是世界读书日，与大家分享哪本书呢？我想起了由邱学青教授主编、南京师范大学出版社组织编写的《给幼儿园教师的 101 条建议》系列丛书中的《游戏指导》一书。此书历经 3 年，融全国名园第一线教师的实践智慧，融理论专家的专业引领，文字生动朴实，内容贴切适宜，拜读此书，让我对游戏的概念有了重新认识，对游戏的分类有了新的理解，让我对游戏中教师专业发展的视角有了新的定位。该书不仅凝聚着集体的智慧，更体现了实践者的辛勤积累与无私奉献。

该书一共有 6 个篇章，有基本理念篇、环境创设篇、观察指导篇、讨论建构篇、环节渗透篇、游戏案例篇等。6 个篇章相对独立，101 条建议独立成章，但彼此之间又相互关联、交叉，目的在于给一线的教师提供一种理论与实践相结合、兼具实用性与操作性的指导，为贯彻落实"幼儿园以游戏为基本活动"这一基本理念提供一种努力的方向。虞永平教授在序中这样写道：在幼儿教育领域内，最多的读物可能就是面向实践工作者的读物，最难写的读物可能也是面向实践工作者的读物。在此系列丛书中，给教师的建议意味着一个理论的高度，一种实践的积淀，一种心灵的交融。"建议"这个词很恰当地给读者留出了心灵的自由空间，给思想的互动留下了一片天地。在《游戏指导》这本书里，我深切感受到实践者与理论者思想的融合、观点的互通、做法的统一，大家都以互动的眼光看待理论与实践，使读者读起来亲切、自然，同时又引领着读者领略高层次的理论知识。

游戏是什么？对于幼儿来说，不仅是他们体验生活的载体，也是全面发展的需要。游戏是幼儿的权利。正如席勒指出，"只有人充分是人的时候，他才游戏；只有当人游戏的时候，他才完全是人"。《幼儿园教育指导纲要（试行）》也指出：游戏是幼儿园的基本活动。这已成为幼教人的共识。大家的理念在转变，集体教学游戏化，一日生活游戏化，游戏就是孩子的学习、孩子的生活。孩子与游戏，就如同鱼和水，谁也离不开谁。游戏是幼儿通用的语言，游戏是幼儿独特的表达方式。游戏可以使幼儿用社会认可的方法来释放在日常生活中难以被人接受的消极情绪，促使幼儿为困难寻找出路，增强自信心。在现代社会，让幼儿成为完整的人是我们全人类的教育目标，拥有游戏童年的孩子，他们一定会在健康、安全、美好的环境中快乐成长。

美国教育家杜威曾说，在游戏中，兴趣集中于活动，而与结果并无多大的关系。连续发生的行为、印象、情绪，依靠这些表现就可得到满足。许多研究证明，幼儿的游戏是需要成人的干预与支持的。幼儿在游戏中的经验是需要梳理、提升和分享的。幼儿园教育要立足于"玩中教，玩中学"，要正确理解幼儿园以游戏为基本活动的含义，它追求的是"游戏"精神，就是尊重幼儿的身心发展规律和学习特点，关注幼儿的个别差异，注重每个幼儿富有个性的发展。在此书中，编者认为游戏作为一种内容和形式融入幼儿园教育，不应是孤立的、分割的，它应该以反映幼儿完整的经验为活动目的。安排活动的目的不是为游戏而游戏，而是为了借助游戏这种幼儿最有效的学习方式来促进他们的发展。

有了理念的引领，在实践操作中，环境的创设、观察指导显得更加重要。美国学者布朗芬·布伦纳认为环境既能提供机会，也能产生潜在的危机，如果幼儿被剥夺了经验，就会产生压力感和紧张感，从而影响其发展；如果环境提供了机会，幼儿就会朝着社会文化目标的方向发展。正如蒙台梭利所主张的那样：让幼儿在适宜的环境里从事愉快的活动，通过有趣的"工作"来塑造自己的人格，才能使幼儿达到"正常化"。结合自己当前在幼儿园开展的游戏化教学，贯彻落实游戏化精神，我想在游戏环境的设置中应该注意刺激性、层次性、合理性、计划性的问题，争取创设丰富的游戏环境、开放互动的游戏环境、有计划的游戏环境、有层次性的游戏环境。投放适宜的游戏材料，让幼儿在游戏中玩出材料的独特价值。当然，在幼儿游戏组织中，教师最难开展的就是观察指导。游戏的观察应主要围绕"人"和"物"两方面，把游戏主题、材料、行为习惯等方面作为主要的观察内容，具体表现为游戏中幼儿与幼儿之间的关系，游戏中角色与角色、角色与材料之间的关系。特别是书中提到的观察方法"扫描观察法""定点观察法""追踪观察法""综合图示法"等，给我们在实践活动中提供了很大的帮助。

在一次园本培训中，我与大家分享了自己在一周内对某一小班女孩的观察，运用的就是"追踪观察法"。小（1）班有一位女孩子名字叫茹茹，长得机灵，同时语言发展也非常好！但是，由于是单亲家庭，一直由外婆抚养，外婆对她疼爱有加，听之任之，形成了她娇惯任性的性格。在我进入她所在班级的第一天，她对我揣着戒备的心理，远远地盯着我看，不愿意和我亲近。开展集体活动的时候，其他的孩子都围坐在我的周围，她却托着腮帮靠在桌上。我准备过去请她，但转眼一想，如果这样过去，她会不会有逆反心理。于是，我就轻轻地走过去，问了一下："茹茹，你愿意坐到前面来吗？"茹茹看了我一眼，摇了摇头。看到她这样的反应，我也没说什么，就回去招呼其他的孩子。第二天，当我放音乐准备上课的时候，其他孩子都拿起椅子坐到我的跟前，茹茹比昨天进步了一点，端着椅子坐到了我的右边。有孩子说："茹茹，你应该坐到这里来。"我说："没事，茹茹今天想做凌老师的小助手。"就这样，茹茹坐在我的身边安静地上了一节课。但是，这节课之后，我发现茹茹与我的距离近了很多，游戏的时候，她会主动过来跟我聊天；吃点心的时候，她会自然地说："凌老师，这个我不喜欢吃。"茹茹已经完全放松了对我的戒备。但是，我又发现茹茹在团队里很不合群，孩子们很喜欢和她一起玩，但是她总是以一副高冷的态度拒之千里，而且会找各种借口来搪塞。"这些玩具我家里有，我今天不舒服，我不想玩这个……"

这天早上，我来到班级，和丁丁一起玩桌面积木，忽然听到天天在大声地和茹茹打招呼："茹茹，早上好！"我一转身，发现茹茹扭捏在外婆的身边，眼睛似乎游离，只听外婆说了一声："哎呀，天天，你的声音太响啦，茹茹喜欢声音轻轻，在家里她就是这么和我说的。"天天听了外婆的话，一脸委屈又很别扭地转身从门口往里走。看到这样的情景，我走到茹茹的身边："茹茹，你来啦！你看，天天这么喜欢你，大声地和你打招呼，表示很喜欢你，你喜欢他打招呼的声音吗？"茹茹点点头。我就说："那你喜欢天天吗？""喜欢。""那我们一起和天天说，天天，早上好！下次用美美的声音和我打招呼，我会更加喜欢哦！"然后，我转身对着天天说："天天，我们再和茹茹打个招呼吧！"就这样，两个好朋友手拉着手高高兴兴地走进了教室。外婆站在门口，看着这样的情节，似乎在思考，打了声招呼就回去了。后来，每天早上茹茹很高兴地和同伴一起打招呼。

区域游戏时间到了，其他的孩子都找到了自己喜欢的游戏开始玩耍。可是，只有茹茹一个人坐在位置上，耷拉着脑袋。我走到她的身边，问："茹茹，你为什么不去玩呀？"茹茹说："我不想玩，这些玩具我外婆家都有，不好玩。""那好吧，你就在这里看着小伙伴们玩吧。"过了一会儿，只见医生小刘拿着听诊器，很着急地对我说："凌老师，今天都没有人生病，我无聊死了。"我就顺着说了一句："哎呀，你看茹茹是否生病了，她一个人坐在那里不知道怎么啦，要不你上门去看看？"刘医生在我的点拨下，来到了茹茹那里，打开药箱，拿出听诊器，询问茹茹："茹茹，你哪里不舒服吗？""……"茹茹不想搭理，转了个身。"茹茹，你是不是肚子不舒服呀？我给你听听吧！"刘医生很敬业，拿着听诊器就开始给茹茹看起病来。一会儿，刘医生就拿出一沓药，对茹茹说："茹茹，你的心脏跳得太快了，赶紧吃点药。你好烫呀，好像发起了高烧。"刘医生边说边拿出手里的药，一一摆放起来，茹茹斜着眼睛看了看，五颜六色的药水瓶也吸引了茹茹的注意，她似乎被医生的行为所感动，于是，也情不自禁地端起了药，有模有样地喝起来。就这样，你一个动作，我一句话语，两个孩子很快就进入了角色。

在接下来的日子里，茹茹变得融入集体了，变得有礼貌了，特别是挑食的毛病也改正了。为期一个星期的观察，我的支持、适时介入很好地促进了孩子的成长。可见，运用"追踪观察法"关注个别幼儿游戏状况，关注孩子的生活细节，就可以获得很多有价值的信息。

读懂游戏，看懂孩子

——读《游戏中的"一百种对话"》的随想

每次到外地学习，总是习惯地购几本书带回家。这次在外学习三天，又带回了一本——《游戏中的"一百种对话"》。

看懂儿童："一百种对话"的基础

为"一百种对话"做准备

实施"一百种对话"的典型策略

促进"一百种对话"的游戏案例研修[①]

书的作者将看儿童、懂儿童作为"一百种对话"的基础，传递的理念就是站在儿童的立场去观察游戏，解读游戏中幼儿的行为，支持幼儿游戏的策略。看儿童很重要，然后是"懂儿童"，明白看来的信息意味着什么。"看"是手段，"懂"是目的；"看"体现的是教育动机，"懂"则呈现的是教育价值。正如编者在书里所说，"看懂儿童"其实凸显了教育支持"儿童立场"的出发点，表明了教育应持的基本态度和视点，彰显了"儿童主体"的教育理念。"看懂儿童"让我们回归到教育的基本元素，重拾幼儿对教师行为的意义，在"看懂儿童"中领略"一百种对话"的意义。

如何看，怎样懂？其实是幼儿园教师在游戏观察中最大的盲点。书的序

---

① 参见汪劲秋：《游戏中的"一百种对话"》，浙江教育出版社 2017 年版。

里有这样一句话："儿童有一百种语言，在游戏中教师就应该有一百种支持策略。"是的，游戏是幼儿的，游戏也是幼儿最适宜、最喜欢的学习方式。有支持，必须有准备；有支持，肯定有储备；有支持，才能展示教师的智慧。

我很喜欢书里提到的看懂游戏中幼儿的典型行为，如幼儿在游戏中的重复性行为、尝试性行为、模仿性行为等，每一种不同的行为背后都藏着儿童内心的秘密。

编者提出了观察的多样性，针对幼儿游戏中的重复性行为运用线索观察、全程观察、对比观察，从而形成螺旋式的支持策略：发现——理解——捕捉；针对幼儿游戏中的尝试性行为运用对比观察、细节观察、连续观察，从而形成个性化的支持策略：在对比中探索新知——在细节中捕捉相关因素——在连续中助推个性化成长；针对幼儿游戏中的模仿性行为运用认真观察、要素观察、细致观察，从而形成托底式支持策略，把握幼儿当下的理解水平、需要和兴趣点，静心等待，让每一个幼儿都能够在自己舒适的环境中、适宜的策略中获得发展。

我想起蒙台梭利著的《童年的秘密》里的一个章节——新发现。她运用了非常美的字眼来书写一个3岁幼儿在做重复动作中所展现的那种意境："她好像是从梦中苏醒过来，她微笑着，脸上带着快乐的表情。她的眼睛炯炯有神，她环顾四周，甚至还没注意到我们对她的干扰。""当她专心致志地将不同的物体相互组合或协调时，她手部的运动则非常有节奏。""尽管在这个年龄段的孩子，很少有人能像她一样如此忘我、全神贯注地工作，但我却发现人类有一种共同的怪异行为，而且在所有活动中，这种行为基本都能出现。这种行为就是"重复练习"。"重复练习"在生活中我们都会遇到，如孩子睡前会让我们讲无数次一样的故事，或者会N次看同一本书；有的孩子每天都在重复玩一种玩具。很多时候，老师或者家长总觉得孩子在无理取闹，或者无所事事，总会想方设法让孩子不要做重复动作。其实"重复练习"是孩子成长中的必经阶段，当孩子经历体验后，就像得到休整的人，充满着无限的生机与活力，充满着特别快乐的心情。可见，在《童年的秘密》里的自由选择、玩具与兴趣、儿童的尊严、秩序与纪律等新发现，正是促成"游戏中一百种对话"的源泉，也是助力对话开展的有力武器。

参与，是幼儿在教学活动中
获得真学习能力的金钥匙

——对《幼儿园教学活动中的幼儿参与》中关键词的解读

最近，我一直在思考一个问题，"幼儿参与"与"幼儿真学习的发生"在集体教学活动中是否存在真关联？

南京师范大学教育科学学院副教授原晋霞在《幼儿园教学活动中的幼儿参与》一书中通过理论思辨和实证分析，深入地研究了幼儿园集体教学活动中幼儿的参与问题，讨论了幼儿参与教学活动的条件，在分析教学活动中幼儿认知和情感参与的基础上形成了幼儿参与的类型，并讨论了不同参与型教学活动中教师的行为特征，以及不同参与型教学活动的系统特征与过程特征，提出了改善非整体性参与型教学活动的一些设想。[①]

在书里，原教授阐述每一个论点都会结合真实的课堂实录来分析，让读者明了两种参与型教学活动（整体性参与型教学与非整体性参与型教学）中教师的行为特征对幼儿参与学习的影响，让我们非常直观地认识到自己的教学行为特征属于哪种类型，从而重新审视自己对教材的理解力，对幼儿兴趣、需求、发展的洞悉力，对课程体系的驾驭力。

在一次诗歌学习活动中，带班老师问全班幼儿："你们知道我们班还有几个小朋友没有回答问题吗？"这时幼儿和教师一起用目光搜寻未举手回答

---

① 参见原晋霞：《幼儿园教学活动中的幼儿参与》，南京师范大学出版社2014年版。

的幼儿并争着说出还没有回答问题的幼儿的名字，然后教师逐一点名让未举手的四位幼儿各说出一句诗歌的内容，其中一位幼儿站起来后却沉默无语，这时教师厉声训斥道：你怎么不知道？

刚才有没有注意听呀？

注意听了怎么回答不出来呢？

别人能回答出来，你怎么回答不出来呢？

要认真听哦！

在课后的游戏时间，原教授去找刚被训斥的幼儿，他突然开口低声说："老师，我的记忆力不好，我真的记不得，老师教的舞蹈我也记不住。"

原教授问道："你喜欢看《猫和老鼠》的动画片吗？"

只见他眼睛一亮，提高声音说："喜欢！"

原教授又问道："你能说出里面的故事吗？"

他肯定地点点头。

原教授接着说："那你觉得你的记忆力好不好呢？"

他摇摇头，低头继续玩玩具……

看了这个对话片段，我与原教授一样感到痛心。参与的前提是什么？是理解幼儿，尊重幼儿；是有幼儿感兴趣的话题、营造宽松的氛围；是能够从幼儿学习的特点与方式出发，让他们以自己喜欢的方式去做自己想做的事。

于是，原教授就以此幼儿无意中对他的倾诉为源头，指出：幼儿园教学是让幼儿越来越热爱学习，还是越来越厌倦学习？幼儿在获得知识的同时体验到的是自尊自信、相互尊重，还是自卑消极？是变得越来越自主独立，还是越来越依赖教师，疏于思考？作为一个课程与教学专业研究者，应该研究什么问题？

带着同样的思考，我走进了原教授的书里。

什么是参与？原教授先引用古文《晋书·唐彬传》中的"朝有疑议，每参预焉"，从《辞海》里的"预闻而参议其事"之说，再到《现代汉语词典》中对"参与"的解释。最后，解释幼儿在教学活动中的参与情况，并提出了四个关键词——取得资格、身体在场、身心投入、分享决策，从表面参与到最高层次的参与，让我们真切体会到身心投入是幼儿参与教学活动的关键，是教学活动取得成效的重要条件；心理参与是幼儿真正参与教学活动的保证，分享决策是幼儿参与的高级形态。

《3—6 岁儿童学习与发展指南》中提到，要关注幼儿学习与发展的整体性，尊重幼儿发展的个体差异，理解幼儿的学习方式与特点，幼儿的学习以直接经验为基础，我们要创设丰富的教育环境，合理安排一日生活，最大限度地支持和满足幼儿通过直接感知、实际操作和亲身体验获取经验的需要。这些恰如其分地让我们从另一层面来理解参与的重要性与价值。

根据幼儿参与的不同情况，书里将幼儿园教学活动划分为四类：幼儿高认知积极情感参与型活动、幼儿低认知积极情感参与型活动、幼儿微认知混合情感参与型活动及幼儿低认知积极情感参与型活动。再根据教学活动中大多数幼儿情感参与和认知参与的情况及其对幼儿发展的作用，又将四种教学活动归并为整体性参与型教学活动与非整体性参与型教学活动两类。

原教授认为，整体性参与型教学活动有利于幼儿的发展，它是大多数幼儿在认知和情感方面均投入较高的活动，即情感上积极参与且认知参与水平高的活动。而非整体性参与型教学活动均不利于幼儿的发展，它是大多数幼儿在认知或情感方面投入较低的活动，即情感上积极参与而认知参与水平较低的活动、情感上有时积极有时消极且认知参与水平极低的活动和情感上消极参与且认知参与水平较低的活动。

我认为，导致两种参与型教学活动差异的最大因素是教师，教师的教学行为是产生这两种参与型教学活动差异的关键，包括教师的教学理念、教育信念、综合素养等。因此，重塑教师的教育价值观是当前教师正确理解集体教学活动的源头，而将儿童当作学习的主体是开展集体教学的意义所在。

在《全世界都想上的课——传奇教师桥本武的奇迹教室》这本书里，桥本武老先生的学生提到："桥本先生的课是参与型的，每个人都可以自由地发表意见，与其说教，不如说是把大家的想法引导出来，再一起调整。在桥本先生的《银汤匙》课堂上，既可以自由发表自己的感受和思考，又能在对比中加深对自身的认识，并养成倾听、了解及尊重他人的良好习惯……"

我由衷地感到：参与是一个行动的过程、思考的过程，更是一个提升自我、认识自我、实现自我的过程。参与也是幼儿在集体教学活动中获得真学习能力的金钥匙。

生长：让"爱与自由"
在课程中完美绽放

——《课程哲学：儿童、经验与课程》读后感

《课程哲学：儿童、经验与课程》的绪论中载，"哲学既是课程理论的观念基础，又是课程实践的深层语法"。哲学是课程的起点，是课程决策的基础。我以笔记摘录与反思札记的形式与大家分享：

> 生长
>
> 课程的目的——促进儿童生长；
>
> 课程应满足儿童的生长需要；
>
> 从"儿童是目的"到教育即生长；
>
> 教育应遵循儿童的生长规律；
>
> 教育即生长，意味着教育应遵循儿童自然生长、发展的节奏。

蒙台梭利说："一个婴儿有一种创造本能，一种积极的潜力，能依靠他的环境构筑起一个精神世界。"这种能力促使儿童在与环境的相互作用中，不断生长、发展和创造自我。教育究竟能起什么样的作用，取决于它是否尊重儿童生长的规律。

在"教育即生活""教育即生长""教育即经验的改组和改造"等观念

的指引下，杜威提出了以经验为核心，围绕儿童的经验展开，扩充儿童的经验为目的的课程观。儿童的生长表现为经验的生长。至此，"生活""生长""经验""教育"就有了内在的关联性和统一性。

儿童的生长和发展依赖经验的扩充与扩展。"经验"对儿童的生长和发展既有内在价值也有工具价值，也就是说，经验既是儿童生长和发展的目的，同时也是达到目的的手段。从内在价值即目的的角度来说，儿童之所以存在着、生活着乃是由于他时时刻刻活动着，与环境发生交互作用，因此活动是儿童的本能，也是儿童的需要。儿童的生长和发展总是表现为经验的生长和发展；儿童的生长和发展总是通过经验的生长和发展来达成。

课程的伦理基础——儿童是目的。课程就应致力于促进儿童的生长和发展，而经验既是生长的目的又是生长的手段，所以课程应帮助儿童获得经验的扩充与发展。

在新课改的大背景下，温州学前教育课程改革所倡导的核心理念是：看见爱与自由，看见生长的力量。这两个"看见"也是温州市幼儿园课程改革的精神追求和价值支撑。生长，预示着课程是富有生命力的一种象征，诠释着课程是在多元互动中的无限滋养，体现着课程在研发与实践过程中的真实与生动、自由与爱。

在课改的文件里，我们清晰地看到了课程改革的范本从生活化、游戏化、综合性三类来构建园本化课程体系；学习了三类课程体系的重要研发指向：生活化课程注重幼儿园的课程与幼儿现实生活的相关性，让幼儿在爱与自由的生活学习情境中习得经验、得以生长；游戏化课程将游戏的理念、精神渗透到一日活动中，创设自由、自主、愉快的环境，激发孩子自我生长的活力的；综合性课程强调课程内容的综合性，涵盖幼儿生长所需的五大领域内容的课程。这里，我们可以非常清晰地感受到三大关键词：生活、生命、生长。在生活中感受生命的存在，在生命中体验生长的力量，而生活则又能很好地反映生命的真实、生长的绵延。我想，可否这样说，温州课改的目的就是促进儿童自由的生长，享受爱的滋养。儿童本身就是目的。

简楚瑛在其所著《幼儿教育课程模式》中提到，安吉游戏教育的基本信念是相信孩子是有能力的个体，有不断发展的可能性；孩子就像科学家，在解决问题的过程中透过探索、假设、尝试错误、检验、延伸运用来获得对世界和社会的认识；在与世界和同伴的互动中形成自己的见解，进而去思考和规划，透过不断积累的经验、自律且不断突破自己，发挥自身的最大潜能。安吉游戏教育的目的是协助幼儿透过直接经验去发现直接经验之间的关系，进而获得能力和智慧。我想，儿童是独立的个体，儿童本身就是目的，儿童在属于他们的环境中用自己喜欢的、特有的方式进行学习、游戏、互动，从而积累经验，扩展经验，获得发展。而这样的"经验即生长"的美好教育是多么让人欣慰与喜爱。

生长，是奏响课程中爱与自由最美妙的旋律；

生长，也是教育生命绽放力量的最独特的方式；

生长，更是促使教育、课程、儿童三者形成最坚定的催化剂。

由"三张地图"引发的思考……

——读《读懂儿童》一文的收获

最近，看到鄢超云教授的一篇文章《读懂儿童》，文末有这样一段话：

根据现场发言，归纳出一名优秀幼儿教师应有三张地图的说法，即儿童发展地图、班级儿童发展地图和班级教育地图。儿童发展地图意味着应掌握儿童学习与发展的基本规律，班级儿童发展地图意味着对班级里的每一位儿童了如指掌，班级教育地图意味着我们知道在班级的哪里会发生什么、可以把哪些儿童引向哪里。

◉ 思考一："三张地图"成为鉴定"优秀教师"的一个标准——可以借鉴

在阅读中，我忽然感到，其实"三张地图"隐喻着教师必须具备的教育观、儿童观、课程观。我想到了这样的三观："儿童本位"的教育观、"相伴守望"的儿童观、"追随儿童"的课程观。而优秀教师是否都具备这三观呢？

在日常教学活动中，我们不免会遇到这样的场景：某一个教师在短短的几年时间里通过拼命上公开课，参加各种课堂教学评比，将一张张荣誉证书收入囊中，大家都说她课上得很好，认为她非常优秀。但是在同伴的眼里、孩子的眼里、家长的眼里，她不是他们心中的优秀教师，她只不过是一名荣誉满身的老师。因为为了每一次的评比，她总是要调休，将班级交给其他的老师来带，在班级和孩子们最需要她的时候，她则奔赴在"磨课、试课"的路上。而另外有一名教师，并没有为了荣誉而时不时离开班级，反而始终如一全身心地关注孩子，她温柔地看待每一个孩子，用朴实的行动去践行自己的教育理念，她从孩子进入小班开始就早早地开始"计划"：我需要和孩子、家长用怎样的方式来度过这三年？每一个孩子都是独立的个体，我在安排班级课程的时候应该先去了解每一个孩子的家庭背景、每一个家长的育儿方式，只有了解了、清楚了我才可以与孩子一起开展适合班级的课程。她上课不像前面的这位老师为了一节课、为了一张证书磨了又磨，而是以清晰的思路与孩子一起构建课程，让每一个孩子都能够在每一个活动中感受到成长的乐趣，体验到互动的喜悦。每一个孩子、每一个家长都说她是优秀教师，但是从她获得的荣誉来说，她并不优秀。

所以，我觉得鄢教授所谓的优秀教师应该是后者，眼里装着班级、心里装着孩子、脑里装着课程。教师、班级、孩子、课程其实是一个命运共同体，教师与孩子的成长、教师与班级的发展、教师与课程的实施都起着决定性的作用，一名教师只有学会思考，懂得理论与实践的结合，才能游刃有余地描绘"三张地图"，让每一张地图都能够呈现该有的轮廓，让每一张地图都能够有自己的路径与风景。我记得在一次闲聊中，有人跟我说，安吉的老师认为最优秀的教师永远是由孩子评选出的。在安吉游戏课程的探索实践中，教师不会刻意去展示上课技能，他们最关心的专业成长是教师对孩子的观察、教师对儿童之追随。我觉得，只有心中有"三张地图"的意识与动机，投入全身的力气去勾勒地图，才是迈入优秀教师领域的关键。

◉ 思考二：描绘"三张地图"其实就是在重塑"三观"——很有道理

18 世纪到 19 世纪上半叶，以卢梭、福禄贝尔为代表的教育思想家们提出了"儿童本位论"，主张教育要遵循儿童的本性，使其自然发展。20 世纪初期，杜威秉承此观点，提出了"儿童中心论"，认为教育应从儿童不变的本能、自发的兴趣和需要出发，以儿童自己的活动作为中心，反对传统的教师中心、书本中心。随着社会文明的进步和儿童相关研究的深入，"儿童本位"已成为现代社会关乎儿童的基本共识。"儿童本位"是一种思考与实践儿童利益相关事务时的立场，强调以儿童的利益为根本，尊重儿童作为"人"的尊严与权利,遵循儿童身心发育的规律与特性。那么,具体到幼儿园教育教学,"儿童本位"首先体现为对合乎幼儿利益的本能、兴趣和需要的尊重与满足。但是,幼儿的兴趣需要能否成为教育内容必须经过教师等专业人员有理有据地科学筛选。而我认为这是"三张地图"中的第一张,描绘的是"儿童发展地图",是儿童本位的教育观,是描绘其他两张地图的首选。

我想,每个教师都想亲手描绘"三张地图"。然而在现实生活中,每一个教师的出发点不同而导致每一张地图描绘的路径与图案都会有差异性。比如我先前举的两个例子,并不是否定前者教师通过自己的努力去成就自身的专业成长,但是作为一名优秀教师在描绘三张地图的时候,是否先沉下心来去试着读懂"儿童"这本书,不是一味地让孩子适应教材,而应该是让教材跟随孩子的发展去形成该有的教学活动。虽然集体教学是幼儿园必须开展的一项教学活动,也是基于咱们的基本国情而开展的一项能够展现教师教学技能的项目;但是我很不赞成那些为了一节公开课将教案磨了又磨,磨的不是孩子,而是怎样让自己的课上起来得心应手。每次面对的都是不同的孩子,但是每次上课的流程都是一样的,这样的课例是否与"儿童本位"的儿童观、教育观相距甚远?所以,我认为在描绘第一张地图的时候,应该先去了解上课对象,再结合对象的发展情况来调整上课的内容,只有这样不断地调整,面对不同的孩子才能上出不一样的课堂,这才是"儿童本位"的最初体现。

在课改的大背景下,各级各类幼儿园都在课改的大浪潮里进行园本课程、班本课程的开发与实施,每一所幼儿园在开发园本课程的过程中,都会基于自己的园情、师情、幼情来阐述课程研发的背景,从而确定课程理念、制定课程目标、开发课程内容。但是,不知道大家有没有发现,很多幼儿园将课程理念与办园理念相混淆,办园理念是对幼儿园未来发展的一种展望;而课程理念是课程实施之后助力幼儿发展的价值取向。如果将办园理念与课程理念同样对待,是否是儿童本位的缺失?还是儿童观与课程观的缺位?有的幼儿园由于受自身条件的限制(园龄、教师的专业等),没有具备第一张地图的理论高度,那么,我想就应该如同鄢教授所说,不要埋头苦干,多抬头看看,更要找相应的书本来读读、学学,在书里寻找自己所需要的。只有有理论支撑的观点、实践行为才能撑起你研究的深度与广度。同样,没有教育理论观点作为背景的园本课程,在课程目标制定的时候基本是大同小异。比如关于探究方面："乐探究、乐创、慧探究"；比如个性方面：自信阳光、健康阳光等。只是字面上改一下，而真正的指向都是一样的。大家都说每一个儿童都是独立的个体，如果你不了解孩子，你没有真正走进孩子的心田，园本课程也只不过是纸上谈兵。园本课程尚且如此，班本课程就更是"如有雷同，实属巧合"。

所以，本人认为，绘制儿童发展地图、班级儿童发展地图、班级教育地图，其实是一个教师重塑儿童观、教育观、课程观的过程，只有多去读"儿童"这本书，只有专心、用心、真诚地走进儿童的世界，去感悟教育教学中的每一点滴，你才有描绘地图的能力。

三张地图建起了教师、儿童、班级、课程的命运共同体，三张地图也架构起了教师研究、儿童发展、课程实施的共同愿景。多思考、多实践、多读书，我想，每一个老师都能够用自己的智慧与专业去描绘关于儿童发展、班级发展、班级教育的三张集宏观、微观于一体的蓝图。

与儿童平等对话的力量：师幼互动

——一次讲座与一本书的有趣链接

好久没有聆听应彩云老师的讲座、观摩她的课堂教学了，但我一直关注她发表在《上海托幼》"相约名师"专栏中的文章。她与儿童的关系、与儿童的对话、与儿童的互动，总让我觉得她有一双看穿儿童心思的慧眼，有一张打开儿童心灵的巧嘴，有一颗始终敬畏儿童、敬畏专业的初心。她到底有怎样的秘诀？

"师幼互动，是幼儿园老师一辈子的追求。"当我再次听到应老师讲到这句话的时候，内心为之动容。简简单单的"师幼互动"四个字，却是一位幼儿园老师一辈子的追求。以终为始，寓意深远。这追求，不简单；这追求，又幸福满满；这追求，值得一辈子去研究、去探索。

我开始扪心自问，是否曾经也将"师幼互动"排上"一辈子追求"的日程？回答是有，但并不纯粹。

记得在工作的第一个年头，我来到一所农村小学附属幼儿园，一人带一个班级，孩子多教师少，与孩子始终保持着那么一段距离，讲台也安置在教室的前端，更隔断了我与孩子的沟通与交流；那时，"一辈子的追求"可能就是怎么能够从逆境中走出来。工作的第三个年头，我从村迈向了乡镇，带着大班段年龄的孩子，做着自认为可以提升自身专业、科研能力的早期阅读研究；在这段时间，我反复阅读《上海托幼》中的一个个案例、一篇篇文章，模仿着开展一个个设计好的教学活动，特别是在课堂中教师对幼儿的回应。

那时，我的"一辈子追求"应该就是如何让自己在教学活动中与孩子进行无缝衔接对话。在阅读、聆听、研究中，我开始俯下身来，蹲下身子，用心聆听孩子的话语，切实走进孩子的世界。但，师幼互动最初的实践还只是停留在与幼儿的回应、与幼儿的对话上，师幼关系的处理还只是迈上了最初的一个台阶，走近但未走进。

《幼儿园教育指导纲要（试行）》中明确提出，教师要成为幼儿学习活动的支持者、合作者、引导者。我无数次对这"三者"进行解读；支持、合作、引导，它们应该是架起"师幼互动"的桥梁与纽带，而能够将这三者进行巧妙融合、灵活运用的前提应该是对儿童的尊重，对儿童的再认识、再熟悉。如何做好支持者、合作者、引导者？在工作的第七个年头，我来到了新的单位，所带的班级为"蒙氏班"，也叫"实验特色班"。每一个孩子的家庭背景都不一样，但每个孩子在蒙氏班级营造的那种氛围中，都会呈现出一种样态：专注与投入。孩子有事情做、教师有时间听，师幼在平等的环境中产生沟通、交流、对话。在这样的氛围下，才能营造美的师幼关系。于是，我开始将追求有质量的"师幼互动"作为自己提升专业水平的追求。

我想先从集体教学活动入手。因为教学活动是教师根据教育教学目标有目的、有计划地组织幼儿开展的学习活动，它是一种相对结构化、比较正规、教师组织指导下的专门性活动。在以往，我想设计一节自认为好玩、有趣的课，但是受环境、幼儿人数等客观因素的影响，总会有着这样那样的惰性思维与行为的干扰。自从与"蒙氏班"的孩子一起学习、一起游戏、一起生活，我充分感受到了与孩子共同成长是一件多么纯真、美好又值得回味的事情。基于班级幼儿的需求、兴趣、经验，我找素材、编教材，上幼儿喜欢的课，玩幼儿喜欢的游戏，做幼儿喜欢的事情，重新审视学与教的方式，重新定位幼儿的学习方式。在师幼互动过程中，都会给予孩子适宜、适时、适度的回应。在此回应过程中，我体悟到了师幼互动的真实性与生动性，也感受到了师幼互动对我的教育观、儿童观、课程观的改变。

华东师范大学朱家雄教授说："师幼互动过程，本质上是协商的过程。"应彩云老师在文章中举了一个异曲同工的例子"搬砖头与运篮球"：一分钟里哪队搬砖头搬得多、哪队运球运得多，哪队赢？但很有意思的是，一分钟时间到的时候，都出现了同样的活动现象。红队和蓝队都没有完成任务，但红队马上停下手中的活儿，而蓝队还是按照原先的动作在继续着，无视比赛的时间。而后，组织搬砖头的女老师这样说道："红队的孩子，你们是遵守规则的好孩子，老师给你们点个赞。"而组织运篮球的男老师则这样说道："时间到，红队停了，蓝队没有停，蓝队犯规，红队赢了。"同样的一种现象两位教师两种不同的话语表达，虽然都没有错，但师幼之间的关系，显然是男的老师离孩子近一些。在男老师的话语表达里，我们感受到师幼关系是平等的关系，老师是幼儿的玩伴，是幼儿的合作者，老师与幼儿共同负起游戏的责任。而前面的女老师，则更像是一个师长的身份，鼓励、肯定，师幼之间还差那么一点距离。

许卓娅老师著的《平等对话的力量——从怎么看到怎么办》中提到，所谓的理论人实际上一直都是有实践追求的；而所谓的实践人实际上一直也是有理论追求的；无论是理论人还是实践人都不应该仅仅是学会交流，更要追求学会独立思考；不仅仅追求学会批判，更要追求学会尊重、学会分享、学会关怀、学会建设，学会在共同创造新知识的过程中推进中国幼教理论与实践的和谐发展，提升我们的工作、学习、生活品质，学会在相互扶持下并肩进步。

工作的第20个年头，我调离一线来到行政岗位，每天面对的都是一些行政事务，与孩子的接触、沟通少了，实践的时间也在逐渐减少，只能通过与教师、幼儿、家长等其他行业人士的对话，来重新梳理自己的师幼观，来重新认识自我。有时，还生怕自己眼里"曾有的孩童光芒"也会随着岁月的流逝而消失。"师幼互动"是否可以成为我"一辈子的追求"？我不禁再次陷入沉思。

弗洛伊德曾说过：在我们心灵的最深处，我们是儿童，并且保持终生。敬畏儿童，尊重儿童，坚守儿童立场，与儿童平等对话，保持童心、感怀童年。师幼互动——是我一辈子的追求。

重拾专业有趣、有序、有用的生动叙述

——读《把自己作为方法——与项飙对话》的体会

趁着春节假期,我终于读完了牛津大学教授、人类学家项飙的著作《把自己作为方法——与项飙对话》。"对自己生活的小世界始终发生兴趣;分析一件事的时候,要有登上山丘看到平原的心态;任何东西都是做出来的,不做的话什么都没有;反思就是提问,提问要有一定的逻辑性,根据实际的观察进行比较,推演……"①,这些关键话语给我带来启发:兴趣是保持工作热情的新鲜剂,实践是理论形成可沟通性的试金石,观察是事件叙述表达的前提,反思是提升专业厚度的本源。

兴趣是保持工作热情的新鲜剂。在书中,项教授提到:"FUN 的意思就是能够对事情本身产生很大的兴趣和热情,不需要外在的回报来刺激热情。"我发现项教授无论对哪个话题,都会点到"这个话题很有趣""你这个问题提得我很感兴趣""虽然这个场合我也不是很喜欢,但是在这种社交场景中我发现也有很多我感兴趣的话题……""好玩、好奇"是他对每一件事情保持热度的最关键的秘诀。我想,只有内心充满着对自己所从事的这份职业的敬畏、对这份专业的热爱,才能生发这样的情愫。

实践是理论形成可沟通性的试金石。在书中,项教授提到,"理论不在

①参见项飙、吴琦:《把自己作为方法——与项飙对话》,上海文艺出版社 2020 年版。

于新不新、深不深，更不在于正确不正确，而是能不能形成沟通性"。他认为，可沟通性非常重要，哪怕是一个浅显的理论，一下子就能调动对方的思想，把对方转变成一个新的主体，那这个理论就是革命性的。当下，很多幼儿园教师都有这样的困惑：做一项课题研究、谈论一个观点的时候，别人问你的理论依据是什么，总是去深挖一些"高难度"的专家观点，让人看得云里雾里，自己也不知道这些理论依据到底适不适宜。导致很多人感到迷茫，理论怎么与实践相融合？实践与理论老脱节？个人觉得，理论是基于实践提炼而成的一种个人经验或观点。任何事情都是做出来的，能够用朴素、直白的方式将自己的实践过程进行提炼，并形成自己的观点，将这一观点进行清晰地分析、解释，让人听得懂、听得明白，同时，能够激发对方内心的触动，那么，这是否也可以理解为朴实化"理论"呢？理论是互动性的，理论是一种劝说，理论是一种动员。

观察是事件叙述表达的前提。观察是幼教工作者必须掌握的一项技能。自从游戏成为幼儿园基本活动之后，如何学会观察孩童、记录孩童、分析孩童、提供支持策略已经成了幼儿园教师提升专业水准的必修课。但是，由于先前在学校里未曾接受过这样的课程训练，看到了但看不懂，看不懂就不会分析，不会分析也就不能去理解儿童，导致面对儿童一直处于茫然状态。项教授在书中提到"乡绅"这个概念，认为他们立足于自己的小世界，是乡土的思考者和观察者。"乡土"可以不单指农村，任何地方都会有愿意观察、愿意记录的人。我想，如果我们能够用"乡绅"的态度，去把自己周边的世界了解清楚、分析透彻，并能够用朴素直白的语言进行叙述，何尝不是一项最好的基本功训练，这就要靠对日常生活细节的观察。

反思是提升专业厚度的本源。书中提到，"反思的意思是，你要阻止自己，要把自己停住，不要线性地往前冲，想一想为什么今天要这么做，不能用别的方式"。反思是幼儿园教师提升自身专业重要的元素，也是每天的必修课。集体教学活动之后，要在反思中找到优化流程的路径；游戏组织结束之后，要在反思中思量材料投放的适宜性、幼儿能力发展的提升度；一日活动结束之后，要在反思中探寻课程实施中的生长点……但很多教师往往在反思中缺乏"驻留"的空间，不会追问自己为何做，做得怎样，还可以怎么做。书中提到，"反思就是提问，为什么这样，为什么不能这样，提问要有一定的逻辑性，根据实际的观察进行比较，通过推演。这不是对别人的责任感，也不一定是共同体的责任感，其实就是对自己、对自己周边的反思"。任何问题如果是真问题，它都是在地的。

我想到了在温州幼教研究领域中的两个课改项目：温州游戏与九把钥匙，都提到了研究的文化背景基于温州人精神——敢想、敢创、敢拼。《把自己作为方法》中提到的一些观点、理念也正是对温州人精神的生动叙述。透过自身专业领域去观察、学习、领悟其他领域中的典型做法、精彩观点，何尝不是跨领域阅读带来的收获与喜悦？

当我谈创意设计时我谈些什么

——读《当我谈跑步时我谈些什么》之后的迁移写作法

日本作家村上春树有本书叫《当我谈跑步时我谈些什么》，我也想套用这本书的书名来谈谈我对创意设计的一些思考。

◉ 一谈：偶遇"创意设计"之书带给我的启发……

多年之前，我就购置了一本由华东师范大学出版社出版（2006 年）、何幼华主编的《幼儿园管理创意设计》。书的卷首语提到，改革是一个艰难而渐进的过程，从人们理念上的转换、适应到实际行为上的接受、改变，需要无数个阶段式的小改革来作为先锋使人们逐步体会到变革的价值，激发他们变革的需求，产生变革的动力，最终达到变革的效果。在创意中求变革，在创意中求发展，在创意中提高管理能力，管理创意设计也逐渐成为幼儿园园长管理工作的组成部分。书中收集了幼儿园依法办园与制度创新、办园发展决策与规划、幼儿园课程改革、幼儿园文化建设、教师教育与队伍管理、幼儿园资源管理、幼儿园家庭社区互动、幼儿园自主评价等八个方面的案例。每个设计案例，都是幼儿园园长在管理改革中的新探索；每个创意设计都很具体、操作性强。

阅读此书，对我教学实践中的创意设计产生了深远的影响。记得在做"幼小衔接"主题活动时，我面向小学教师开展问卷调查、对幼儿进行观察、与家长进行需求面谈，巧用"小本子"指导幼儿学会记录、倾听、表达，较好地完成幼小衔接中一些生活习惯的培养、一些日常行为的习得、一些能力的发展。"创意记录"成为班级管理的一个特色、班级文化建设的一项举措。而创意设计也让家园互动更为融洽，让资源利用更为融通。

◉ 二谈：开讲"创意设计"之话题带给我的思考……

因为疫情，温州市教育教学研究院开设了"教育科研微课"这一创意活动，而我也有幸成为该系列微课中的一名开讲者。当时，微课面向的观众是全市不同学段的教师，而我作为一名学前教育的代表，心中甚是忐忑。我从温州市教育教学研究院拿来了一本由浙江教育出版社 2016 年出版的《教育创意在温州》。当时担任温州市教育教学研究院教科室主任的张作仁教授说，你只要将这本书研读透了，自然就可以开讲无忧了。于是，我非常认真地看完了整本书，说是看，更多的是学习。书有两篇序，第一篇序为张肇丰主任写的《创意设计：教师实践研究的新途径》，他在文中提到，创意设计是指有一定创新意义的教育教学活动的方案设计，是近年来在教改实践中发展起来的一种新型的教师实践研究的途径和方式。创意设计是一个有创新意义的教改设想在实践应用过程中不断生成完善的过程，是一种在预设与生成中不断总结经验、发展提高的研究方式。实践出真知，创新无止境。第二篇序为编者撰写的《创意，让温州教育更精彩》，其中提到一个关键词——"创新精神"，他认为教育创意，首先要有创造性，其次要有应用性，最后要有实效性。发展无限度，创意不停步。整本书从课程、作业、评价、活动、管理、教师、校园七个范畴来讲述温州教育者的创意设计，创意行动生成的创意文化、创意成果，反哺教育，促进教育内涵发展。

通过对话题材料的搜集、梳理、学习，我认为创意的立场其实是一种儿童研究，一种"向儿童学习"的研究。大家可能都有这样的意识，越小的孩子越有创意，他们天生就会有一种创造意识，并能够全身心地付诸行动；但是随着年龄的增长，人的创造性越来越小。

温州市第三幼儿园的一群娃，用泡沫垫子在地上搭出了一个泳池，并在泳池的边上布局了自己想要的设施，等一切都布置完备之后，还设计邀请函，邀请自己的朋友、园长老师等来参加泳池聚会，从计划到体验到表达，不就是一种创意设计的呈现吗？

温州市机关第二幼儿园的娃们，为了让自己在冬天洗手的时候不弄湿袖套，用方便面盒子、塑料板等做了防水袖套；当他们发现午睡室的窗帘不利于自己入眠的时候，就邀请了大人来一起设计、一起布置、一起改造窗帘；他们还会巧用自己的体验来帮助乌龟安置一个温馨的冬眠之家。从发现到探索到收获，不就是一种创意思维的体现吗？

温州市第十五幼儿园的娃们，用自己的游戏创想搭建了一系列创想空间：藤桥美丽大转盘、藤桥快乐小农场、双藤公路滴滴滴……他们在玩中激发想象，在做中实现创想，让思维与行动同步沸腾，这不就是因为有了创意，才让活动变得更加精彩吗？

当然，更为重要的是有一群支持与鼓励儿童敢于创新、乐于创造的教育者。家庭实验室的创始人陈耀老师就是这样的一位创意行动者，他运用抖音把孩子的科学实验内容录制下来，让枯燥的科学活动变得有趣，让复杂的科学知识变得浅显易懂，深受孩子喜欢。

◉ 三谈：梳理"创意设计"微课带给我的收获……

在"创意设计"微课开讲之后，我对自己微课研发中的一些创意设计进行了梳理。我运用了"三镜"来做总结：放大镜——聚焦创意点；哈哈镜——罗列新奇点；显微镜——彰显独特点。一是用放大镜去捕捉生活中的不同点，要有一种"创"的敏锐度。就像我的微课的引题部分，很多人都是直接切入话题，马上进行概念界定之类；而我巧用了一个富有创新精神的快递小哥的故事，不同的引题其实也是一种"创"的表现。二是用哈哈镜去摄取别人创意设计中一些有趣、有意思的地方，一一进行罗列，直接将关键要素进行提炼，从而在表达形式上呈现不一样的效果。三是用显微镜将这些创意的地方刻画出来，而且在写的角度与方式上做到人无我有，人有我优，这样就可以将"创"变得更为精彩。

当找谈创意设计谈什么，我最想谈的就是用儿童的视角来发现生活的各种美好，用孩童般的好奇心去对待一切新鲜的事物；用孩童般的创造力去感受、体验世界的新奇；用新视角去点亮新创意，开启实践研究新路径，去创造更多有趣、有料、有味的创意故事。未来，让我们用一种"未来智慧"去点燃"创意未来"。

参考文献

著作：

1. 马克斯·范梅南 . 教育的情调［M］. 北京：教育科学出版社，2019.

2. 玛利亚·蒙台梭利 . 有吸引力的心灵［M］. 杭州：浙江工商大学出版社，2018.

3. 蒋勋 . 美，看不见的竞争力［M］. 北京：中信出版社，2011.

4. 何幼华 . 幼儿园管理创意设计［M］. 上海：华东师范大学出版社，2006.

5. Ш·А·阿莫纳什维利 . 孩子们，你们好［M］. 北京：教育科学出版社，2005.

6. 杜威 . 儿童与课程［M］. 福建：福建人民出版社，2017.

7. 陆娴敏 . 三叶草的故事［M］. 南京：南京师范大学出版社，2016.

8. 宋占美 . 美国学前教育课程标准的实践与思考［M］. 上海：华东师范大学出版社，2014.

9. 佐藤学 . 学习的快乐，走向对话［M］. 北京：教育科学出版社，2004.

10. 高建华 . 赢在顶层设计［M］. 北京：北京类安心和出版有限公司，2018.

11. 刘晶波 . 社会学视野下的师幼互动行为研究——我在幼儿园里看到了什么［M］. 南京：南京师范大学出版社，2006.

12. 龚敏 . 静待花开：探索回归幼儿生活的语言教育［M］. 上海：上海三联书店出版，2016.

13. 高杉自子 . 幼儿教育的原点［M］. 上海：华东师范大学出版社，2014.

14. 艾美·赫曼 . 洞察［M］. 北京：中信出版集团，2018.

15. 安妮特·西蒙斯.故事思维［M］.江西：江西人民出版社，2017.

16. 津守真.幼儿园工作者的视野［M］.上海：华东师范大学出版社，2014.

17. 成尚荣.儿童立场［M］.上海：华东师范大学出版社，2018.

18. 成尚荣.课程透视［M］.上海：华东师范大学出版社，2018.

19. 成尚荣.核心素养的中国表达［M］.上海：华东师范大学出版社，2018.

20. 辛迪莉·维拉瑞尔.向儿童学习：幼儿园教学反思［M］.南京：南京师范大学出版社，2018.

21. 刘晓颖.发现儿童的力量［M］.北京：北京少年儿童出版社，2015.

22. 黄锦敦.陪孩子，遇见美好的自己［M］.北京：北京联合出版社，2017.

23. 米切尔·雷斯尼克.终身幼儿园［M］.浙江：浙江教育出版社，2018.

24. 刘焱.儿童游戏通论［M］.北京：北京师范大学出版社，2004.

25. 仓桥物三.幼儿园真谛［M］.上海：华东师范大学出版社，2014.

26. 张文质.教育的勇气［M］.湖北：长江文艺出版社，2018.

27. 陈静静.跟随佐藤学做教育——学习共同体的愿景与行动［M］.上海：华东师范大学出版社，2015.

28. 李传英.幼儿园课程知识文化哲学审视［M］.重庆：西南大学出版社，2015.

29. 吴琼."理解"视域下的幼儿园教师评价研究［M］.吉林：东北师范大学出版社

30. 肯·罗宾逊、卢·阿罗尼.让学校重生［M］.浙江：浙江人民出版社，2017.

31. 池昌斌.另一种可能——一个特级教师的跨界生长［M］.北京：教育科学出版社，2016.

32. 屠美如.向瑞吉欧学什么——《儿童的一百种语言》解读［M］.上海：科学教育出版社，2018.

33. 邱学青.给幼儿园教师的101条建议·游戏指导［M］.南京：南京师

范大学出版社，2011.

34. 汪劲秋. 游戏中的"一百多种对话"［M］. 浙江：浙江出版社，2017.

35. 原晋霞. 幼儿园教学活动中的幼儿参与［M］. 南京：南京师范大学出版社，2014.

36. 蒋雅俊. 课程哲学：儿童、经验与课程［M］. 北京：人民教育出版社，2015.

37. 加藤积一. 藤幼儿园的秘密.［M］. 北京：北京师范大学出版社，2018.

38. 许卓娅. 平等对话的力量——从怎么看到怎么办［M］. 南京：南京大学出版社，2013.

39. 项飙、吴琦. 把自己作为方法——与项飙对话［M］. 上海：上海文艺出版社，2020.

40. 戴安娜·布赫. 领导力的 36 个关键［M］. 北京：北京联合出版公司，2018.

41. 莱拉·甘第尼，乔治·福尔曼，卡洛琳·爱德华兹. 儿童的一百种语言［M］. 南京：南京师范大学出版社，2008.

期刊：

1. 王艳. 西方儿童地理学的发展阶段、研究视角及启示［J］. 早期教育（教育科研），2019（3）：2-7.

2. 石中英. 从 SARS 看人生与教育［J］. 教育研究与实验，2003（3）：2-4.

3. 刘宇. 整合性儿童视角下幼儿园游戏环境的优化模式与实施路径［J］. 早期教育，2021（38）：41-45.

4. 李江美，陈文军，陈燕娜. "场再现"之幼儿膳管会［J］. 学前教育 2021（5）：52-54.

5. 冯晓霞. 构建 21 世纪的中国幼儿园课程——幼儿主体性发展课程思考［J］. 教育科学研究，1999（1）：57-64.

6. 虞莉莉. 基于生活和游戏，推动课程变革——浙江学前教研的十年探索历程［J］. 幼儿教育，2021（10）：15-19.

7. 崔利玲.幼儿园单元课程的实践建构——陈鹤琴活教育思想的传承与发展［J］.江苏教育研究，2015（C2）：13–17.

8. 王典，吴玲，李克建.幼儿园结构性质量要素组态对课程质量的作用路径与机制——基于模糊集定性比较分析法的研究［J］.学前教育研究，2022（9）：1–14.

9. 鄢超云.幼儿园应该是一个可以后院玩到屋顶的大玩具［J］.幼儿教育 2018（16）：4–5.

后 记

做朴素研究，在叙事中遇见最好的自己

屈指算来，我做幼儿园老师已有 24 年。其间，与人合作、参与撰写的著作不下 10 本，但由个人独立完成的《园中偶拾：一位幼儿教师的教育叙事》是第一本，这也是我反思性成长之路上最花心思的一本书。我非常珍惜此书的出版，也非常愿意与有缘人分享此书成稿前后的一些故事。

记得刚踏入幼教工作之门时，我发现眼前的教育现场与之前脑海中的教育现场天差地别。一间教室几十个娃只有 1 位老师，没有保育老师，没有游戏区域，没有游戏材料，有的只是大黑板、粉笔、黑板擦。当时条件艰苦，但我喜欢孩子，喜欢做幼儿园老师的初心没有被磨灭。如何做才是喜欢孩子的表现？怎样做才能成为孩子喜欢的幼儿园老师？这两个问题在我从教之初就始终在我脑海中盘旋，我经常陷入思考，期待着在实践中做得更好。

喜欢孩子，做孩子喜欢的老师，意味着双方需要相互了解、相互尊重，知己知彼才能百战百胜。在班级人数较多的情况下，如何才能做到看见每一个孩子、读懂每一个孩子？ 如何才能在理解、领会孩子的兴趣和需求的基础上来设计教学活动，开展适宜他们发展的课程？我想，"倾听、观察、记录、分析、反思"，应该是走进孩子世界最好的策略与方法，而这些策略与方法也应该是助力我成为孩子喜欢的老师的最佳法宝。倾听，是迈入孩子世界的第一步；观察，是发现孩子好奇行为的最佳渠道；记录，是让孩子成长可视化的有效载体；分析，是从看见孩子的行为到看懂的过程；反思，是重塑教育理念、形成自身教育思想的最佳途径。那么，怎样可以将"倾听、观察、记录、分析、反思"串联起来，将"研究思维、研究视角"贯穿始终呢？

一个新的名词"叙事探究"映入我的眼帘。《叙事探究：质的研究中的经验和故事》一书的序中言，"叙事探究"的理论来源主要是杜威的实用主义思想。持实用主义思想的人大多强调行动、实践的决定性意义，认为哲学应该立足现实生活，注重把确定的信念作为行动的出发点，把采取行动看作生活的主要手段，把开拓、创新看作基本的人生态度，把获得成效看作生活的最高目标。杜威的经验概念所具有的连续性、互动性的特征，为叙事探究提供了理论解释的基础。叙事是呈现和理解经验最好的方式。叙事探究不仅是"理解经验的一种方法"，也是"一种体验形式、一种生活方式"。而教育的目的也就是协助幼儿透过个人的经验去发现直接经验之间的关系，进而获得生长。因此，我是否可以用叙事的方式去撰写自己的所见、所闻、所思，让自己的"儿童研究、研究儿童"变得更为朴素、真实，让自己的思考变得更具有生活气息、更富有哲理性？

于是，练就"一双会发现的眼睛、一颗好奇的心、一只热衷笔耕的手、一个善于思考的大脑"成为我开展叙事研究的行动与终极目标。每天午休期间，我的笔尖在小本子上游走的"唰唰声"与孩子们此起彼伏的"呼噜声"巧妙融合；每天晚上，我的思绪又会随着键盘的敲击声再次沸腾，让教育现场在"文字"中灵动呈现。从刚开始的"流水账"到后来一个个富有情节的"故事"，从刚开始的"我眼中的你"到后来一个个独立存在的"富有个性的你"，与儿童之间的那种默契、亲密关系已经逐渐形成。孩子们说，"我喜欢凌老师给我们上课，太有趣了"；家长们说，"这个凌老师带班很用心，我们很放心"；同事们说，"凌老师是一个会写故事、会讲故事，还会分享故事的达人"……"做孩子喜欢的老师"这一心愿就在"叙事思考"中慢慢变为现实；而"喜欢孩子"的智慧与能力也在"叙事思考"中慢慢得到验证。"叙事思考"也让我从一名农村幼儿园老师成长为一名爱思考、爱用文字表达观点的学前教育人。

2019 年，我的工作岗位发生了变动，但我对"研究儿童"的热情丝毫未减，对"叙事思考"有了新的认识与阐述。在步社民老师的引领与启发下，我开通了个人微信公众号"素心凡履"。步老师说，思考可以是永不停止的，我们可以通过"偶拾"的方式，将自己的发现、思考用叙述的方式呈现出来，彰显个人专业成长的张力与魅力。是呀，"偶拾"是不经意间灵感的突然显现，是间或一时的顿悟，这种方式正是《叙事探究：质的研究中的经验和故事》中提到的："叙事探究不是以一个问题开始，而是以一个研究者感到好奇的现象开始。""偶拾"我的发现、"偶拾"好奇的现象，为"叙事思考"做好铺垫。于是，我将"偶拾"与叙事行动研究无缝对接。短短 3 年时间，"偶拾"而得 245 个灵感，撰写了 245 篇叙事文，其中有发表的，有获奖的，而最大的成果是整理成了这本《园中偶拾：一位幼儿教师的教育叙事》。书稿整理完后，步老师围绕"偶拾"这一词，结合温州市幼儿园课程改革理念"看见爱与自由、看见生长的力量"，毫不犹豫地给书取名为"园中偶拾"，我非常喜欢。我由此悟到，"偶拾"其实正是幼儿园一线老师开展叙事行动研究的一种常态化方法，一种朴素的路径，一种专业成长的范式。

在"偶拾"的路上，感恩熟悉的、未曾谋面的专家的思维帮扶，让我的观点更加清晰，让我的思考更有深度。比如：成尚荣老先生的"教师的第一专业是儿童研究"这一观点，让我重塑了自身的教育观、儿童观；虞永平教授"生活化、游戏化、过程性"的课程理念，指引着我形成课程意识与课程构建能力；鄢超云教授的"朴素理论"和"儿童视角"，引领我撰写了多篇与儿童、课程相关的文章，帮助我将理论与实践进行了巧妙的整合；胡华园长"幼儿教师的教育哲学观""成为我自己、我们在一起"的办学思路，给了我很多重塑幼儿教师专业自信的思考，让我的"叙事思考"变得更为丰满；佐藤学教授的"学习共同体""静悄悄的革命"等观点，启发我更理性地与自己、同伴、书本之间开展对话；朱跃跃老师、陈素平老师、张作仁老师是我的科研亲友，他们的"科研人的气质""科研人的态度"一直引领着我走向更加开阔、明朗的研究彼岸……

在"偶拾"的路上，要谢谢我的孩子们，是你们让我始终带着童心，用孩子的眼光去发现、捕捉、记录"好奇"的教育现象；是你们给了我很多灵感与触动，在你们的身上我学到了很多；是你们让我的教育叙事变得有张力、活力。在"偶拾"的路上，要感谢一直支持我思考与研究的陈苗老师，她称呼我为"好奇宝宝"，她总是不厌其烦地倾听我对某一观点的看法。她说，读我的叙事文是一件非常舒服的事情。在"偶拾"的路上，也要谢谢自己，感谢自己对写的喜好，对思的热衷，对儿童的喜爱，对幼师这份事业的挚爱，让我在叙事文中遇见了更好的自己。

我想，"偶拾"之路还在探索中，"叙事思考"还在继续中。期待若干年后，我的教育叙事会带来更多的惊喜。

凌素凡

2023 年 9 月 27 日